冯志文——著

理财赢家

股票投资精进指南

中国铁道出版社有限公司
CHINA RAILWAY PUBLISHING HOUSE CO., LTD.

内 容 简 介

本书旨在揭示股市中信息不对称的问题，从选股、操盘、看图、战法到寻找买卖点，内容层层递进，让散户了解市场本质，学会分析机构意图，给大家还原一个你平时看不到的市场。总之，股民只有认清市场的原貌，看清A股真相，才能在股市里稳定持续盈利。

本书不仅适合准备与即将参与炒股的新手，同时也适合资深股民、散户，并可用作相关培训的参考教材。

图书在版编目（CIP）数据

理财赢家:股票投资精进指南/冯志文著.—北京:中国铁道出版社有限公司，2020.6

ISBN 978-7-113-26835-0

Ⅰ.①理… Ⅱ.①冯… Ⅲ.①股票投资-指南 Ⅳ.①F830.91-62

中国版本图书馆CIP数据核字（2020）第066962号

书　　名：理财赢家：股票投资精进指南
作　　者：冯志文

责任编辑：张亚慧　　**读者热线：**(010)63560056
责任印制：赵星辰　　**封面设计：**宿　萌

出版发行：中国铁道出版社有限公司（100054，北京市西城区右安门西街8号）
印　　刷：北京柏力行彩印有限公司
版　　次：2020年6月第1版　2020年6月第1次印刷
开　　本：700 mm×1 000 mm 1/16　**印张：**17.5　**字数：**285千
书　　号：ISBN 978-7-113-26835-0
定　　价：59.00元

前　言
PREFACE

2010 年，我组织策划了很多场股票讲座，请专家学者到全国各地巡回授课，我们走到哪儿，当地的粉丝就纷纷报名听课，很多人都想学习怎样才能把股票炒好。

有一次在杭州，我空闲的时候看见几个散户朋友在聊天，有个 40 多岁的女性非常眼熟，好像在哪里见过，我过去问她是不是之前听过我们的课，就这样聊了起来。

原来她之前去北京听过我组织的课，她说只要这个老师的课，她都要听，老师全国跑，她就乘飞机全国跟着。我问她："那你听过这么多课了，现在股票做得好吗？"

她说："比以前好多了，亏得没那么多了，但还是不太赚钱。"

我又问："那你听课学习大概花多少钱了？"

她答："几十万了吧！"

我们聊了挺久，聊得很开心，我听她讲述炒股经历、学习经历，心里五味杂陈。从交流过程中我能看出来她是一个非常善良的人，而且生活也比较富足，喜欢股票，希望能赚更多的钱。她炒了近十年股票，亏得特别多，但她非常乐观，觉得现在好好学习，以后一定可以赚回来。

其实，我现在已经记不清她的模样，但她给我的印象很深，她是千万股民的写照，盲目跟风、追涨杀跌、信小道消息，等等。他们非常勤奋，懂得的东西很多，但就是不懂股市。

股市是人性的“修罗场”，甚至是人性的放大镜，你的弱点在K线的起伏中暴露无遗，其实资金最能看透人性的弱点，知道怎么做能把散户“洗”出去，怎么做让散户追进来。散户在这场博弈中，就像穿着新衣的皇帝，以为自己高高在上，分析得头头是道，其实“人家”早就看穿了你，你却不知道“人家”在哪。主力资金对散户的降维打击就是这样形成的，你们在精细的研究财报，结果垃圾股飞涨成“妖”；你们在套用技术分析，但好股票根本不按套路出牌。

影响股市的因素成千上万，这就像我们的人生，每天都不是简单的重复，你预测不了生病、预测不了邂逅、预测不了意外、预测不了彩票，事情发生了你才能去应对。股市也是如此，那些夸夸其谈涨或跌到什么点位的，吹嘘自己曾经有多牛的，一般都是“骗子”；那些精致的利己主义分析师，对某只股票口吐莲花，某只股票也许是真的好，但适不适合你做，又是另外一件事。

因此，炒股最重要的不是学这、学那，最重要的是认知自我，做适合你的事情，学适合你的方法。而且你还必须学会适应环境，比如在不同时间、不同位置，同样的事情发生，可能结果都是不同的。股市里没什么绝对对的、死板的。也许这次你用这个方法赚了很多钱，但下次再用这个方法却也可能让你亏很多钱，因为没有一个指标的成功率能达到80%以上。

散户对分析师和股神的痴迷是天生的，是人性的一部分，否则“骗子”早就没有了市场，根本也赚不到钱。你们还迷信主力，我说过几百次，基金、游资、社保、证金、汇金等任何资金都不是“神”，它们也会踩雷，乐视网、康得新、康美药业“炸雷”的时候，主力机构都亏得很惨，每年龙虎榜都在一茬一茬地更新，其中有人大赚，也有人亏得很惨。市场里根本没有神，除非你“一战封神”再也不玩了，你只要在市场一天，就只能老老实实地敬畏一天，庄家、主力都不是“神”。

前面写的那个大姐，让我非常怜惜，我非常希望能对散户朋友做点儿什么。我从2007年入市，2009年真正入行，接触了金融圈里太多的人，有非常好的学习环境，所以我想把股市里的一些真相告诉散户朋友，我希望散户朋友们能稍微看透这个市场。还是拿人生做个比方，很多人在临终前才放下自己这辈子关心的一切，后悔自己为什么纠结那么多无用的事情，那我们为什么不能趁年轻就好好地享受人生，放下纠结，幸福地活着！所以，散户不要总是纠结技术面、基本面和小道消息，至于怎么客观地看待这些问题，本书都会一一讲到。

从 2012 年我开始写股评，2013 年做公众号“巴菲特的侄儿”，后来又通过头条号“小巴侃股”积累了大量粉丝，我很幸运地看到当初想做的事情实现了，那就是让更多散户开始了解股市，从乱操作到有章法，从亏钱到赚钱，从不知所措到有的放矢。

在这个过程中，很多粉丝成了我的朋友，还有的成了我的徒弟、学生。即使这样，质疑我的人依然很多，有些人即使告诉他真相，他也不理解或不想理解。有些人只想要牛股，有些人只想看预测，道不同不相为谋，我又何苦去叫醒一个装睡的人呢！所以一切随缘就好了。但我希望这本书对大家能有所帮助，这就是我最大的心愿。也提醒大家，任何投资都有风险，尤其股票市场瞬息万变，请读者朋友们牢记，股市有风险，投资须谨慎！

编 者

2020 年 3 月

目录
CONTENTS

第 1 章

快速入门，如何开始自己的炒股“生涯”

对于散户们来说，要想在股市里面捞“一桶金”不算难事，难的是源源不断地获得盈利。究其原因，就是散户不懂得更新知识和自如地运用学到的知识。对于股票基础知识基本为零的新手们来说，应该懂得“武装”好大脑，才能“武装”好钱包的道理。

1.1 充分理解股市：股市是一个浓缩的人生

华尔街有两位“炒手”不断交易一罐沙丁鱼罐头，每一次甲方都用更高的价钱从乙方手里买进，这样双方都赚了不少钱。一天，甲决定打开罐头看看：一罐沙丁鱼为什么要卖这么高的价钱？结果令他大吃一惊：鱼是臭的！他为此指责对方。乙的回答是：罐头是用来交易的，不是用来吃的！

从这个炒卖沙丁鱼罐头的故事中不难看出其反复交易的本质，就是不断地提高罐头的价格，从中获得最大的利益，而股票的本质也在于此。

在当今社会中，股票已经不是一个陌生的名词，但很多人对其真正的理解却并不深，作为目前最火爆的投资方式之一，股票风靡全球。对于想要开始学习炒股的投资者来说，需要进一步认识股票究竟是什么？

1.1.1 股票有哪些入门的基础知识

股票是股份公司（包括有限公司和无限公司）在筹集资本时向出资人发行的股份凭证，代表着其持有者（即股东）对股份公司的所有权。这种所有权为一种综合权利，如参加股东大会、投票表决、参与公司的重大决策等，并收取股息或分享红利等。在股票电子化以前，股民购买股票的时候可以得到一张印刷精致的纸质凭证，即实物股票，如图 1-1 所示。

随着股票交易的电子化，实物股票逐渐退出了股票交易的历史舞台。现如今，实物股票已被我国国家博物馆界定为文物，已经几乎很难再看到。

股票一般可以通过买卖方式有偿转让，股东能通过股票转让收回其投资，但不能要求公司返还其出资。股东与公司之间的关系不是债权、债务关系。股东是公司的所有者，以其出资额为限对公司负有限责任、承担风险、分享收益。

在一些西方国家（如美国），投资在社会经济中已经占有极为重要的地位，在资产经济繁荣的华尔街上，来来往往的人士中有大部分都是投资家，如资金雄厚的企业家、银行家、经济学家等，通过与全球不同国家和地区的公司的合作，涉及领域广泛，投资后所得到的回报也是相当可观的。

上海真空电子器件股份有限公司股票
股份总额贰百万股　每股金额人民币壹佰元整　股票号码 0394436
股东
本股票壹股计人民币壹佰元整
壹股
100
股票期限　不限期　发行日期　1987年1月24日
董事长
副董事长

• 图 1-1　实物股票

1. 股票特点

股票作为一种有价证券，有以下几个特点。

（1）不可偿还性

股票是一种无偿还期限的有价证券，当投资者认购了股票后，就不能再要求退股，只能通过二级市场卖给第三者。股票的转让只意味着公司股东的变更，并不减少公司资本。从期限上看，只要公司存在，它所发行的股票就存在，也就是说，股票的期限等于公司存在的期限。

（2）参与性

作为股票的持有者，每一位股民都有参与股份公司盈利分配和承担有限责任的权利和义务。股东有权出席股东大会，选举公司董事会，参与公司重大决策。股票持有者的投资意志和享有的经济利益，通常是通过行使股东参与权来实现的。股东参与公司决策的权利大小，取决于其所持有公司股份的多少，只要股东持有的股票数量达到左右决策结果实际所需的多数时，才能掌握公司的决策控制权。

（3）收益性

股东凭其持有的股票，有权从公司领取股息或红利，获取投资收益。股息或红利的大小，主要取决于公司的盈利水平和公司的盈利分配政策。股票的收益性还表现在股票投资者可以获得价差收入或实现资产的保值、增值。通过低价买入和高价卖出股票，投资者可以赚取价差利润。

（4）流通性

股票的流通性是指股票在不同投资者之间的可交易性。流通性通常以可流通的股票数量、股票成交量以及股价对交易量的敏感程度来衡量。可流通股数越多，成交量越大，价格对成交量越不敏感（价格不会随着成交量一同变化），股票的流通性越好，反之就越差。

股票的流通使投资者可以在市场上卖出其所持有的股票，取得现金。通过股票的流通和股价的变动，可以看出人们对于相关行业和上市公司的发展前景和盈利潜力的判断。那些在流通市场上吸引大量投资者、股价不断上涨的行业和公司，可以通过增发股票，不断吸收大量资本进入生产经营活动，收到了优化资源配置的效果。

（5）价格波动性和风险性

股票在交易市场上作为交易对象，和商品一样，有自己的市场行情和市场价格。由于股票价格要受到如公司经营状况、供求关系、银行利率、大众心理等多种因素的影响，其波动有很大的不确定性。正是这种不确定性，有可能使股票投资者遭受损失，价格波动的不确定性越大，投资风险也就越大。

股票是一种高风险的金融产品。例如，称雄于世界计算机产业的国际商用机器公司（IBM），当其业绩不凡时，每股价格高达 170 美元，但在其地位遭到挑战，出现经营失策而导致亏损时，股价下跌到 40 美元。因此，如果投资者不合时机地在高价位买进该股，就会导致严重损失。

2. 证券交易所和券商

股票市场是指已经发行的股票按市价进行转让、买卖和流通的市场。相比而言，股票流通市场的结构和交易活动比发行市场更为复杂，其作用和影响也更大，大部分国家和地区都有一个或多个股票交易所。

证券交易所是有组织的有价证券交易市场，属于非营利的事业法人，接受国家证券主管机关证券委员会及证监会的领导、管理和监督。证券交易所的业务主要是提供证券集中交易的场所和设施。在主管机关批准的范围内管理证券商和上市公司，提供证券市场的信息服务等。

通常情况下，证券交易所本身并不参与证券交易，而且也不能决定证券价格。证券交易所主要有两种组织形式：公司制和会员制。例如，国内的深圳、上海两大证券交易所都是采用会员制组织形式。由于证券交易是由会员组成，它只给会员提供交易场所，因此普通自然人和法人不能直接到证券交易所进行买卖交易，所有证券交易都必须通过券商来进行，即成为交易所会员的券商可以进入交易市场参与交易。

从券商的功能分，券商可分为证券经纪商、证券自营商和证券承销商。

（1）证券经纪商：是指代理客户买卖有价证券的证券机构，是中介者，以赚取佣金为目的。

（2）证券自营商：是指自行买卖证券的证券机构，它以自己的名义、账户在交易市场买卖证券。

（3）证券承销商：是以包销或代销的方式发售证券的机构。

目前，我国在上海和深圳分别设立了证券交易所，各地券商则分别是两个证券交易所的会员。在国内，券商可以兼营以上三种业务。

通常投资者只需要和证券公司有直接联系，如果需要买卖股票，可到证券公司办理委托，券商的业务员在受理委托后，便会立即通知在证券交易所内的驻场交易员，驻场交易员接到委托通知，按一定方式在场内依照委托要求进行公开申报，完成交易。

1.1.2　股市的本质其实就一个字——钱

看看下面几个问题有没有正在困扰你：

（1）股价的涨跌是怎么形成的？

（2）资金流入、流出是什么意思，为什么很多走势怪异的大盘资金流出，股价还能涨？

（3）如果股价涨很多，大家都赚钱，那我赚的是谁的钱？

（4）我买的这家上市公司基本面特别好，但为什么就是不涨？

（5）公司上市后，股价和上市公司有什么关系？

以前，笔者以为只有新股民会不理解这些问题，后来发现，很多炒了多年股的老股民也被这些问题困扰，只是怕问题太小，不好意思问。这些问题虽然很小，但这是股市的根本，因为大家没学过基础的金融知识理论，不明白股市的根本逻辑和原理，所以才会产生这类问题，但不用怕，笔者会用最通俗的话语把股市的本质讲清楚：股市的本质其实就一个字——钱。

理论上，如果有资金持续地买入一家公司，一直拉动它的股价，那它的股价可以上一千元、一万元、一百万元，甚至一亿元。

股价的高低跟基本面并没有绝对的关系，再好的公司，没有资金关注，股价也不会涨；再不好的公司只要有资金买，也能一飞冲天。

那有些人会问了，既然这样，中国资本市场有那么多钱，为什么连个千元股都没有？是的，股价为什么不会无脑地涨到几千元、几万元？

其实股价涨到多少并没有任何实际意义，只是账面价值，只有账面盈利，卖出去获得收益后的价值，才是实际价值，才会产生实际盈利。

1. 股价为什么涨跌

股价涨跌的原因很简单，就是上面说的根本因素“钱”推动的，具体怎么办到的，可以按照以下的思路分析。

股票的成交方式可以分成两种，主动成交和被动成交。主动就是以卖盘的价格买股票，以买盘的价格卖股票，可以直接成交；被动就是以买盘的价格买股票，以卖盘的价格卖股票，无法立即成交，只会把你的委托单挂上去，等待有主动成交与你达成交易。

举个例子，如图 1-2 所示，假如此时你特别看好该只股票，用 8.59 元的价格买入，其中会有 302 手立马成交，股价此时就是 8.59 元；但如果你的资金量较大，那就要用更高的价格买入，才能立马成交，比如用 8.60 元买入该股票，则至少能成交 1386 手股票，此时的股价就是 8.60 元。因此，股价的上涨就是主动买单推动的，下跌就是主动卖单推动的。

		价格	数量
卖盘	5	8.63	234
	4	8.62	263
	3	8.61	194
	2	8.60	1084
	1	8.59	302
买盘	1	8.58	508
	2	8.57	1464
	3	8.56	2351
	4	8.55	473
	5	8.54	346

• 图 1-2　卖盘与买盘价格

2. 股票流入、流出

上述例子也是资金流入、流出的原理，股民不要觉得资金流入了，就是买股的远远大于卖股的。

其实买卖双方的成交永远是等量的，有卖的你才能买进来，所以资金流入只能说明该股票更多的人喜欢主动买入，容易推动该股上涨。但如果抛压很重的话，即使主动买盘的很多，该股票也有可能下跌。这就是上面第 2 个问题的答案。

3. 零和博弈

第 3 个问题总有很多人想不明白，因为很多专家说股市必有输赢之分，为什么大牛市，股票都涨，所有人都赚钱，那谁亏钱?

其实这还是逻辑问题。我们看涨跌要看实际盈亏，而不是看账面盈亏。实际盈亏是你在卖出手里的股票后，最终确定的盈亏，是已经实际造成的盈亏，此时的盈利才是真的盈利，你赚的钱就是买你股票那个人的钱，也就是所谓的“接盘侠”的钱，“接盘侠”手里的股票如果能继续涨，最后有人接盘，那么他也会赚钱。

这就是上涨为什么需要放量的原理，因为股价越涨越高，需要支撑的资金量也会越来越大，所以必须得有更多的资金支持，更多的“接盘侠”出现，才能保证股价继续上涨，不断有资金进场接盘，散户们才能持续不断地退场，形成真正的盈利。所以不要被账面盈利误导，实际盈利才是我们要关注的，才是最重要的。

4. 基本面与上涨问题

相信说完上面这么多，第 4 个问题很多人应该能自己找到答案了。

基本面的好坏不能决定一只股票的涨跌，基本面好的股票拿着更稳妥，长期的投资价值更高，这个毋庸置疑。但没有资金青睐的话，它依旧不会涨，甚至很多基本面特别优秀的股票也能有 50% 以上的下跌波段，这都是很正常的。

5. 股价和上市公司的关系

第 5 个问题是很多股民的“心病”，同时它也是逻辑问题。有些人说股价涨是不是公司也赚钱，这种是典型的逻辑错误。

股价和公司盈利是两件事。股价涨，如果公司有股票，那它账面上一定是赚钱的，如果兑现出来的话，就是盈利；但如果不兑现，其实也仅是账面利益而已。

所以上市公司 IPO（上市公司面向社会公开募股）是为了融资，但融资结束，股民打新股的钱给了上市公司以后，上市公司的此轮融资就结束了。上市公司用股权换资金，用资金去发展壮大，同时股民因为获得股权，也能有分红收益。

1.1.3 几种常用的股价指数是什么

股价指数是运用统计学中的指数方法编制而成的，反映股市总体价格或某类股价变动和走势的指标。

股价指数也称股票价格指数，是动态地反映某个时期股市总价格水平的一种相对指标。具体来说，就是以某一个基期（基准日期）的总价格水平为 100，用各个时期的股票总价格水平相比得出的一个相对数，即各个时期的股票价格指数。股票价格指数一般是用百分比表示的，简称“点”。

从本质上看股票指数即股价平均数，但是在计算股票指数时，通常会把股票指数和股价平均数分开计算。因为股价平均数以算术平均数表示，反映的是多种股票价格变动的一般水平。股票指数则是一个相对指标，反映不同时期的股价变动情况。所以在一个较长的时期中，股票指数比股价平均数更能精确地反映股价的变动和走势。股价指数的计算有简单算术平均法和加权平均法两种。

（1）简单算术平均法

道·琼斯股价平均数是世界上第一个股票价格平均数，在 1928 年 10 月 1 日前它使用的就是简单算术平均法。它的计算方法很简单，就是将样本股票每日的收盘价之和除以样本数。

正如“简单算术平均法”这个名称所言，这种计算方法简单实用，只需要收集每日收盘价求平均数即可。

例如，所计算的股票指数包括 4 只股票，其价格分别为 10 元、15 元、20 元和 30 元，那么其股价算术的平均值为：（10+15+20+30）/ 4=18.75（元）。

（2）加权平均法

加权股价平均数是指在计算股价平均数时，不仅要考虑每只样本股票的股价，还要根据各种样本股票的相对重要性进行加权平均计算的股价平均数，其权数可以是成交股数、股票总市值、股票发行量等。理论上权数类型很多，但是，在实际应用中，对股价平均数影响最大的权数一般是成交股数和股票发行量。

某一指数基金采样股票有 A、B、C、D 四种，在某一交易日它们的收盘价分别为 20 元、30 元、15 元和 35 元（公式中的 P_1~ P_4），发行股数分别为 4 亿股、3 亿股、2 亿股和 1 亿股（公式中的 M_1~ M_4），计算该指数基金股价平均数。

股价平均数 =（$P_1 \times M_1 + P_2 \times M_2 + P_3 \times M_3 + P_4 \times M_4$）/（$M_1 + M_2 + M_3 + M_4$）

=（$20 \times 4 + 30 \times 3 + 15 \times 2 + 35 \times 1$）/（$4 + 3 + 2 + 1$）

= 23.5（元）

在实践中，上市公司经常会增、拆股和派息等，使股票价格产生除权、除息效应，失去连续性，不能进行直接比较。因此，在计算股价指数时也要考虑到这些因素的变化，及时对指数进行校正，以免股价指数失真。

股民在看股、买股过程中除了会用到股价平均数的计算方法，还需要了解相关的股票指数。

1. 上证指数

上证指数是由上海证券交易所编制的股票指数，于 1990 年 12 月 19 日正式发布。该股票指数的样本为所有在上海证券交易所挂牌上市的股票，新上市的股票将在挂牌的第二天纳入股票指数的计算范围。如图 1-3 所示为上证指数行情。

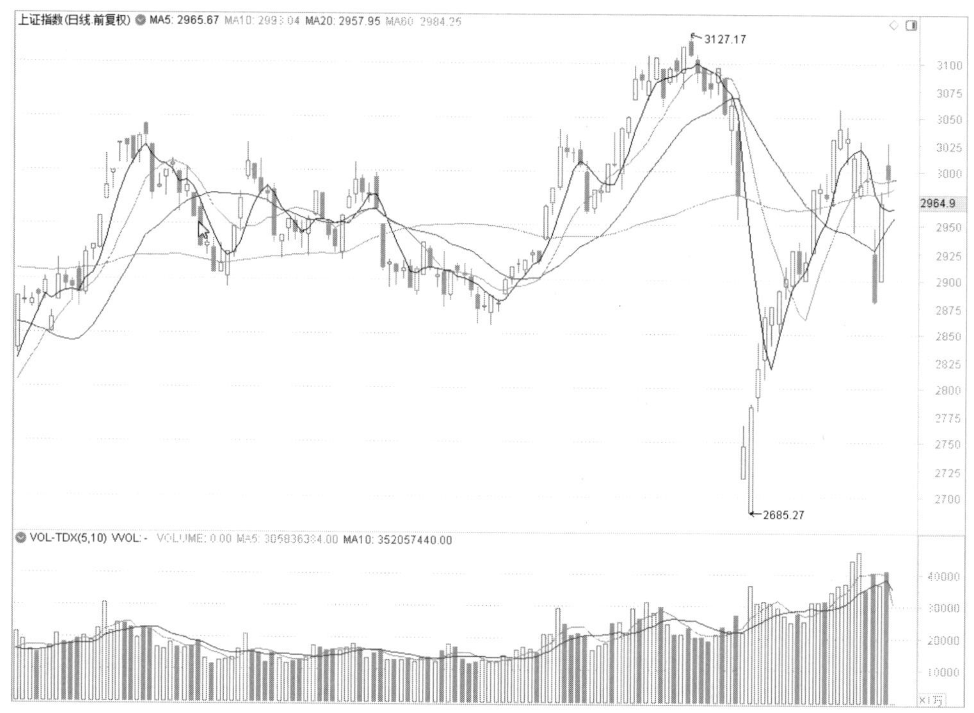

• 图 1-3　查看上证指数行情

因上证指数是以各上市公司的总股本为加权计算出来的，故盘大的股票较能左右上证指数的走势，如马钢股份、中国石化等。股票指数的发布几乎和股市行情的变化是同步的，它是我国股民和证券从业人员研究和判断股票价格变化趋势的重要参考依据。

2. 深证指数

深圳综合股票指数是由深圳证券交易所编制的股票指数。如图 1-4 所示为深证综指行情。该股票指数的计算方法基本与上证指数相同，其样本为所有在深圳证券交易所挂牌上市的股票，权数为股票的总股数。

目前，深圳证券交易所并存着两个股票指数：一个是老指数深圳综合指数，另一个是现在的成分股指数，两个指数之间的区别并不大。

深证成指（或深成指）全称深圳证券交易所成分股价指数，是中国证券市场最为人熟知的指数之一，也是我国第一只成分股指数。该指数由深交所于 1995 年 1 月 23 日发布，精选深市 A 股中有市场代表性的 40 家上市公司为样本，以流通股本为权数，通过加权平均法计算得出，具有良好的市场代表性、流动性与蓝筹股（长期稳定增长的、大型的、传统工业股及金融股）特征。

• 图 1-4　深证综指行情

3. 中证指数

中证指数有限公司成立于 2005 年 8 月 25 日，是由上海证券交易所和深圳证券交易所共同出资发起设立的一家专门从事证券指数及指数衍生产品开发服务的公司。

（1）沪深 300 指数

沪深 300 指数是沪、深证券交易所于 2005 年 4 月 8 日联合发布的反映 A 股市场整体趋势的指数，简称“沪深 300”，成分股数量为 300 只，指数基日为 2004 年 12 月 31 日，基点为 100 点。如图 1-5 所示为沪深 300 指数行情。

• 图 1–5　沪深 300 指数行情

沪深 300 指数与上证 50 的不同之处在于：沪深 300 指数兼顾上海证券交易所与深圳证券交易所的股票，而且指数行业分布状况基本与市场行业分布比例一致，它可以整体反映国内大盘股的整体走势；同时由于沪深 300 指数兼顾上海证券交易所与深圳证券交易所的股票，所以入选上证 50 指数的大盘股基本都入选了沪深 300 指数。

沪深 300 指数的编制目标是反映中国证券市场股票价格变动的概貌和运行状况，并能够作为投资业绩的评价标准，为指数化投资和指数衍生产品创新提供基础条件。中证指数有限公司成立后，沪、深证券交易所将沪深 300 指数的经营管理及相关权益转移至中证指数有限公司。

（2）中证规模指数

中证规模指数的计算方法、修正方法、调整方法与沪深 300 指数相同。

中证规模指数包括中证 100 指数、中证 200 指数、中证 500 指数、中证 700 指数、中证 800 指数和中证流通指数。这些指数与沪深 300 指数共同构成中证规模指数体系：中证 100 指数为大盘指数、中证 200 指数为中盘指数、沪深 300

指数为大中盘指数、中证 500 指数为小盘指数、中证 700 指数为中小盘指数、中证 800 指数由大中小盘指数构成。

4. 纳斯达克 100 指数

纳斯达克 100 指数于 1985 年 1 月 31 日发布，如今已经成为反映美国股票市场走势的三大指数之一，指数代码为英文——NDX，简称纳斯达克 100 指数。

纳斯达克 100 指数选取的是在纳斯达克交易所上市的 100 只非金融股作为成分股，其中主要是市值较大的高科技成长股，然后在市值加权的基础上按相应的指数编制规则计算出来，以反映纳斯达克整体市场或者美国高科技走势。如图 1–6 所示为纳斯达克 100 指数（简称 NASDAQ100）行情。

• 图 1–6　纳斯达克综合指数行情

纳斯达克 100 指数最初的指数为 100 点，十年后突破 200 点，到 2017 年突破 5700 点。随着纳斯达克交易市场成为全球最大的证券交易市场，纳斯达克指数也成为反映纳斯达克证券市场行情变化的重要指数。

1.1.4 如果你要选股票，你会选择什么类型的板块

目前 A 股的上市公司已经达 4000 多家（截至 2019 年 2 月 28 日）。证监会和证券交易所会对其进行划分归类，按照行业划分便是其中一种归类方法。

股票板块划分的依据主要有 5 类，即区域、行业、业绩、股本规模、概念，如表 1-1 所示。不过，板块的划分标准不是一成不变的，一家上市公司可以同时属于多个不同的板块，因而具备多重身份。

表 1-1 股票板块划分

划分依据	分类
按照上市公司所在地	可以分为北京板块、上海板块、广东板块等 32 个地域板块
按照上市公司所属行业	可以分为金属行业、钢铁行业、化工行业、家电行业、纺织行业等 51 个行业板块
按照上市公司经营业绩	可以分为一线绩优蓝筹股、二线股和三线绩差股或亏损股板块
按照上市公司股本规模（主要依据是流通股本规模的大小）	可以分为超级大盘股、中盘股和小盘股板块
按照上市公司所具有的独特概念	可以分为数字电视、环保、5G、网络、机构重仓等板块

对于投资者而言，通过行业划分可以明确地知道一个上市公司的主要业务，对于在选择股票和投资领域时有重要的参考作用，是其做出初步判断是否买进一只个股的重要依据，尤其对于基本面投资者来说更是如此。

1. ST 股

ST 股是股市中很常见的一种股票，股民在新入股市时会发现这种股票很显眼，因为前面冠了英文字母的除了 N 就是 ST，而且有的还前缀星号，因此股民新入市时必然存有疑问：什么是 ST 股？

ST 是英文 Special Treatment 缩写，意即“特别处理”。冠名 ST 的对象是出现财务状况或其他异常状况的上市公司。简而言之，ST 股就是由于某些事件导致风险提示的股票，ST 前缀实际上是一种风险提示，一般被加上 ST 的原因无非是财务和违规操作等问题。

ST 股票日涨跌幅限制为 5%，需要指出的是，“特别处理”并不是对上市公

司的处罚，而是对上市公司目前所处状况的一种客观揭示，其目的在于向投资者提示市场风险，引导投资者进行理性投资，如果公司异常状况消除，可以恢复正常交易。

ST 股可以被加前缀，自然也可以去掉“恶名”，去 ST 前缀的过程一般称之为“摘帽”。ST 股“摘帽”一般只需要消除风险提示的原因，同时没有出现其他风险提示即可。

2. 大盘股

大盘股（large-cap share）没有统一的标准，一般约定俗成指股本比较大的股票：一般流通股本在 1 亿元以上的个股称为大盘股；5000 万元 ~ 1 亿元的个股称为中盘股；不到 5000 万元的个股称为小盘股。像中国石化、中国石油、中国神华等有十几亿元甚至几十亿元流通盘的股票称为超级大盘股。

就市盈率而言，相同业绩的个股，小盘股的市盈率比中盘股高，中盘股要比大盘股高。特别是在市场疲软时，小盘股机会较多。在牛市时大盘股和中盘股较适合大资金的进出，因此盘子大的个股比较容易被看好。由于流通盘大，对指数影响大，往往成为市场调控指数的工具。投资者选择个股，一般熊市应选小盘股和中小盘股，牛市应选大盘股和中大盘股。

3. 龙头股

龙头股指的是某一时期在股票市场的炒作中对同行业板块的其他股票具有影响和号召力的股票，它的涨跌往往对其他同行业板块股票的涨跌起引导和示范作用。龙头股并不是一成不变的，它往往只能维持一段时间。

股民要想操作龙头股，首先必须发现龙头股。股市行情启动后，无论是一轮大牛市行情，还是一轮中级反弹行情，总会有几只个股起着“呼风唤雨”的作用，引领大盘指数逐级走高。龙头股的走势往往具有“先于大盘企稳，先于大盘启动，先于大盘放量”的特性。因此，无论是短线还是中长线投资，如果投资者能适时抓住龙头股，一般都能获得不错的收益。

4. 低碳概念股

低碳概念股就是证券市场里以节能环保为题材的上市公司的股票。新能源产业正孕育着新的经济增长点，也是新一轮国际竞争的战略制高点。

低碳经济概念主要包括以下两个大的类别：

（1）新能源板块

包括风电、核电、光伏发电、生物质能发电、地热能、氢能等，如长城电工、天威保变、中核科技等。

（2）节能减排板块

包括智能电网、新能源汽车、建筑节能、半导体照明节能、变频器、余热锅炉、余压利用、清洁煤发电和清洁煤利用板块（包括 CDM 项目）等，如中原环保、方大 A、浙江阳光等。

1.1.5 股票常用术语有哪些

股票术语就是在股市中用来表达各种量能关系的特殊语言，股票术语广泛流通于股票交易与市场分析之中。在了解了相应的股票和股票市场知识后，投资者需要对相关的股市名词术语进行了解，如表 1-2 所示。

表 1-2 常用股票术语

常用术语	名词解释
牛市	“牛市”也称为多头市场，指证券市场行情普遍看涨、买入者多于卖出者、延续时间较长的大升市。此处的证券市场泛指常见的股票、债券、期货、期权（选择权）、外汇、基金、可转让定存单、衍生性金融商品及其他各种证券
熊市	“熊市”也称为空头市场，指行情普遍看淡，延续时间相对较长的大跌市，是指股市行情萎靡不振，交易萎缩，指数一路下跌的态势
利多	利多也称为利好，是指刺激股价上涨的信息，如股票上市公司经营业绩好转、银行利率降低、社会资金充足、银行信贷资金放宽、市场繁荣等以及其他政治、经济、军事、外交等方面促使股价上涨的有利消息
利空	利空就是指能够促使股价下跌的信息，如股票上市公司经营业绩恶化、银行紧缩、银行利率调高、经济衰退、通货膨胀、天灾人祸等以及其他政治、经济、军事、外交等方面促使股价下跌的不利消息
多头	多头是指投资者对股市看好，预计股价将会看涨，于是趁低价时买进股票，待股票上涨至某一价位时再卖出，以获取差额收益。一般来说，通常把股价长期保持上涨势头的股票市场称为多头市场，多头市场股价变化的主要特征是一连串的大涨小跌
空头	空头是投资者和股票商认为现在股价虽然较高，但对股市前景看坏，预计股价将会下跌，于是把股票及时卖出，待股价跌至某一价位时再买进，以获取差额收益。采用这种先卖出后买进、从中赚取差价的交易方式称为空头。通常把股价长期呈下跌趋势的股票市场称为空头市场，空头市场股价变化的特征是一连串的大跌小涨

续表

常用术语	名词解释
买空	买空是投资者预测股价将会上涨，但自有资金有限不能购进大量股票，于是先缴纳部分保证金，并通过经纪人向银行融资以买进股票，待股价上涨到某一价位时再卖出，以获取差额收益
卖空	卖空是投资者预测股票价格将会下跌，通过向经纪人交付抵押金，并将股票抢先卖出。待股价下跌到某一价位时再买进股票，然后归还借入股票，从中获取差额收益
除息	除息是指股票发行企业在发放股息或红利时，需要事先进行核对股东名册、召开股东会议等多种准备工作，于是规定以某日在册股东名单为准，并公告在此日以后一段时期为停止股东过户期。停止过户期内，股息红利仍发给登记在册的旧股东，新买进股票的持有者因没有过户就不能享有领取股息红利的权利。同时股票买卖价格应扣除这段时期之内应发放股息红利，就是除息交易
解套	当套牢时通过各种策略使股票回归成本或有盈利
除权	除权与除息一样，也是停止过户期内的一种规定，即新的股票持有人在停止过户期内不能享有该种股票的增资配股权利。配股权是指股份有限公司为增加资本发行新股票时，原股东有优先认购或认配的权利
开盘价	开盘是指某种证券在证券交易所每个营业日的第一笔交易，第一笔交易的成交价即为当日开盘价。按上海证券交易所规定，如开市后半小时内某证券无成交，则以前一天的收盘价为当日开盘价。有时某证券连续几天无成交，则由证券交易所根据客户对该证券买卖委托的价格走势，提出指导价格，促使其成交后作为开盘价。首日上市买卖的证券经上市前一日柜台转让平均价或平均发售价为开盘价
收盘价	收盘价是指某种证券在证券交易所一天交易活动结束前最后一笔交易的成交价格。如当日没有成交，则采用最近一次的成交价格作为收盘价，因为收盘价是当日行情的标准，又是下一个交易日开盘价的依据，可以据此预测未来证券市场行情，所以投资者对行情分析时，一般采用收盘价作为计算依据
建仓	股票建仓就是买入股票。建仓是个形象的说法，一般指某个个体看好某只股票的前景，进行有计划地、持续地买入一定数量的该股票。稳定持有等待其股价上涨，建仓期就是完成这个买入计划所花费的时间
平仓	平仓一般指买进股票后，股价上涨有盈利后卖出股票并有了成交结果的行为
斩仓	斩仓一般指买进股票后，股价开始下跌造成亏损后，卖出股票并有了成交结果的行为。例如，投资者第一天以 10 元 / 股买进了万科 800 股，第 3 天股价下跌，投资者认为股价还可能继续下跌，于是当天以 9 元 / 股卖出了 800 股，顺利成交后，该行为称为斩仓
拔档	投资者做多头时，若遇股价下跌，并预计股价还将继续下跌时，马上将其持有的股票卖出，等股票价格下跌一段时间后再买进，以减少做多头在股价下跌那段时间受到的损失，采用这种交易行为称为拔档
回档	在股市上，股价呈不断上涨趋势，终因股价上涨速度过快而反转回跌到某一价位，这一调整现象称为回档。一般来说，股票的回档幅度要比上涨幅度小，通常是反转回跌到前一次上涨幅度的三分之一左右时又恢复原来的上涨趋势

续表

常用术语	名词解释
反弹	在股市上，股价呈不断下跌趋势，终因股价下跌速度过快而反转回升到某一价位的调整现象称为反弹。一般来说，股票的反弹幅度要比下跌幅度小，通常是反弹到前一次下跌幅度的三分之一左右时，又恢复原来的下跌趋势
停板	因股票价格波动超过一定限度而停做交易，其中因股票价格上涨超过一定限度而停做交易称为涨停板，因股票价格下跌超过一定限度而停做交易称为跌停板。我国证券制度规定，除上市首日之外，股票（含 A、B 股）和基金类证券在一个交易日内的交易价格相对上一个交易日收市价格的涨跌幅度不得超过 10%，超过涨跌限价的委托为无效委托。我国的涨跌停板制度与国外制度的主要区别在于股价达到涨跌停板后，不是完全停止交易，在涨跌停价位或之内价格的交易仍可继续进行，直到当日收市为止

1.1.6 股市里最不能怕的一件事是什么

人类有很多本性，但市场是反人性的。所以真正的炒股“牛人”和已经成为“职业玩家”的股民必须有反人性的能力才能在股市里赚钱。

人类有个非常大的弱点，叫作怕错。笔者身边有很多人，你说他做错了什么，他不愿意承认，甚至还要找一大堆借口搪塞。其实一句“我错了”也无所谓，谁都不会往心里去，但人的本能告诉他，他错了就显得他不行，没有面子，所以不能认错。

股市里最怕的就是不认错，因为你不认错，就永远改正不了错误。

有些人喜欢追涨股票，等他买完之后，涨得好好的股票开始下跌，这个时候很多人往往不会面对或反省自己的错误，而是觉得为什么很多股票都涨“疯”了，我买的股票偏偏成不了“妖”，我的运气太差了。

事实上不是你的运气差，成“妖”的最强势股你不敢做，你敢做的就是弱一些的次强股，但这些股票价格说跌就跌。其实错误都在你自身，为什么有些人总觉得自己运气不好，恐怕不是运气的问题，而是你自身的问题。

最可气也最常见的是有些人买完股票，开始涨了不多没卖，然后走弱了被套牢。通常散户解决小幅被套的方法就是——等回本再卖掉，不止损；等下跌超过 20%，只能继续持有；跌到 50%，我实在受不了了，以后再也不炒股了，而该股票也差不多见底了。

如果该股没有像你预期的那样上涨，那就说明你错了，错了就要认，而且要把错误造成的伤害降到最低，所以应该尽早止损，有冲高就应该出局，非要死缠在里面，最后只能把小错酿成大祸。

即使是基金、游资（投机性短期资金）等一些机构，都有非常严格的止损制度。所以我们必须要勇于面对、正视错误。

真正实现长期稳定盈利的投资，都是亏小钱、赚大钱。让盈利“飞”起来，甚至没有边际，但把亏损永远控制在一个小的范围内。

其实股市就是一个浓缩的人生，它甚至比人生还要丰富多彩，充满“刀光剑影”。你平时的工作、生活能保证自己一天不说一句错话，不办一件错事吗？生活中犯错误是常态，炒股也一样，我们不要害怕错误，要拥抱错误，在错误中学习，这样才能进步，才能犯错越来越少。

1.2 没有不赚钱的股市，只有不会炒股的人

股市中有句行话说：“不要懵懵懂懂地随意买股票，要在投资前扎实地做一些功课，才能成功。”在了解了股票的基本知识后，投资者还必须明确如何进行炒股、需要注意的具体事项以及各种交易操作手法等，只有做足了准备，才能稳步前进。

1.2.1 新手如何炒股，怎样开户，怎样入市

股票账户是指投资者在券商处开设的进行股票交易的账户。作为一个新入股市的投资者，在进入股市进行证券交易之前，必须首先开立股票账户，有了这个“通行证”，才能入市进行证券买卖操作。

1. 选择合适的券商

大多数投资者在初入股市时，最急切关注的一个问题就是：哪家券商好？我的账户要开在哪里？如果不仔细斟酌就随便开户，日后可能会产生许多不必要的麻烦，投资者必须牢记投资炒股的一大禁忌——切忌盲目跟风。买股票如是，选择券商亦如是，正所谓“没有最好的，只有最适合自己的”。如表 1–3 所示，列出了选择适合自己的证券公司的常用方法。

表 1-3 选择合适的证券公司的常用方法

常用方法	选择标准
选择实力强、信誉好的证券公司	（1）正规的、信誉好的大券商； （2）资金安全性； （3）股票交易软件稳定性； （4）股票交易跑道的通畅性； （5）券商开展各种业务的资格； （6）后续服务的完整； （7）收费的诚信透明
选择服务好、操作方便的证券公司	（1）优秀的软硬件支持； （2）良好通畅的沟通渠道； （3）时时通畅的客服服务； （4）稳定快速的系统维护
选择业务全面、渠道丰富的证券公司	（1）证券产品发展的多元化； （2）更为方便、快捷的业务； （3）优先试点政策倾向性

2. 股票入市的交易流程

对于在知识、信息、设备和资金方面都处于劣势的中小投资者来说，不可能花费太多时间和精力去钻研股市理论和行情，所以有不少股民是在对股票知之甚少、甚至一无所知的情况下入市的，这使得他们面临着很大的投资风险。

因此，炒股首先要全面而详细地认识各种股票，了解上市公司，掌握股市行情，眼观六路，耳听八方，慎重交易。其中，最重要的一点就是要熟知股票入市交易流程，如图 1-7 所示。

新股民要做的第一件事就是为自己开立一个股票账户（即股东卡）。股票账户相当于一个“银行户头”，投资者只有开立了股票账户才可以进行证券买卖。

总之，成功需要正确的方法，炒股更是一门高深的学问，如果认为随随便便买卖股票就可以赚钱，贸然入市，那一定会损失惨重。因此笔者建议，投资者一定要牢记炒股的交易流程，积累一定的股票知识和操作经验。

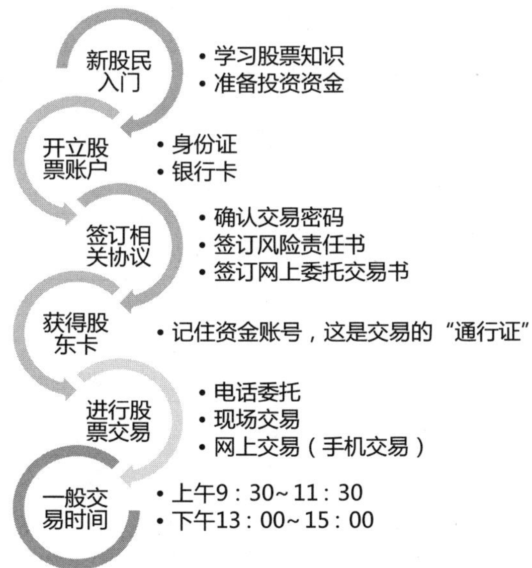

• 图 1-7　入市流程

3. 委托券商进行买卖操作

投资者在开通股票账户后并不是直接就可以买卖股票。在股市中，股民没有直接进入证券交易所进行股票买卖的资格，所以交易活动必须办理委托，通过券商来进行买卖。委托买卖又是券商通过接受投资人的委托，赚取一定佣金的交易行为。券商起到一个桥梁的作用。

（1）委托方式

投资者在开户的同时，需要对今后自己采用的交易方法、资金存取方式进行选择，并与证券营业部签订相应的开通手续及协议。例如：电话委托、网上交易、手机炒股、银证转账、柜台委托、传真委托，如表 1-4 所示。

表 1-4　委托方式

类型	说明
电话委托	电话委托不需要委托人亲自到证券营业厅，只需拨通营业部的委托电话，然后根据电话提示，通过电话上的数字键来完成相关操作
网上交易	网上委托通过互联网下达委托命令，以便快速完成操作

续表

类型	说明
手机炒股	基于移动通信的数据传输功能来实现用手机进行信息查询和无线应用的炒股方式，让一个普通手机成为综合性的处理终端
银证转账	在银行与券商联网的基础上，投资者直接利用在银行各网点开立的活期储蓄存款账户卡、折作为证券保证金账户，通过银行的委托系统（如电话银行、银行柜台系统、银行网上交易系统、手机银行）或通过证券商的委托系统（电话委托、自助委托、网上委托、呼叫中心等）进行证券买卖的一种新型金融服务业务
柜台委托	柜台委托是最原始的委托方式，由于委托人需要填写委托单，所以也称作填单委托，委托时必须出示相关证件，操作比较麻烦
传真委托	传真委托以传真的方式，将确定的委托内容与要求通过传真发送给券商，委托他们代为买卖股票交易

现在的交易基本都是网上交易了，投资者要考虑除网上交易之外是否还有网上咨询服务、手机交易软件、电话语音报单等其他服务，为的就是交易更加方便顺畅。

（2）办理委托报价方式

常用的委托报价方式有限价委托和市价委托两种。

- 限价委托就是在买入股票时，限定一个最高价，只允许证券经纪人按其规定的最高价或低于最高价的价格成交；在卖出股票时，限定一个最低价，只允许证券经纪人按其规定的最低价或高于最低价的价格成交。其特点是股票买卖可以按照投资者希望的价格或更好的价格成交，有利于实现预期投资计划。
- 市价委托是指定交易数量而不给出具体的交易价格，但要求按该委托进入交易大厅或者交易撮合系统时，以市场上最高的价格进行交易。其特点是能保证即时成交，相对其他委托报价，消除了因价格限制不能成交所带来的风险。

投资者在委托买卖股票时，报价十分重要，了解交易所竞价规则，掌握报价技巧对投资收益有很大的帮助。无论在哪个交易所，成交价格都遵循“价格优先，时间优先”的原则。同时，在这个原则中，“价格优先于时间”。

- 价格优先：较高价格买进申报优先于较低价格买进申报，较低价格卖出申报优先于较高价格卖出申报。

● 时间优先：买卖方向、价格相同的，先申报者优先于后申报者。先后顺序按交易主机接受申报的时间确定。

1.2.2 股民怎样才能在股市里赚到钱

股市是一个浓缩的人生，你的性格决定你能做出什么样的事！

比如特别在意小钱的股民，很容易在买卖股票的时候纠结于几分几毛钱，导致无法成交错失机会；心理素质差的人往往拿不住股票，心脏跟着股价剧烈跳动，赚点小钱就会卖掉，永远把握不到一个翻倍行情；性子急的人容易追涨杀跌，看到别人赚钱忍不了，赶紧追高“杀进去”，最后等待他的就是套牢。

笔者接触散户很多，绝大多数的散户都处于“水深火热”的状态。有的花很多钱去听课学习，最终还是亏钱；有的加入了所谓的“牛股集中营”，天天给你涨停股，每个月收你几千块钱会费。难道你不清楚如果他能每天操盘成功，哪怕每天赚 2%，他可能早就比巴菲特有钱了，还会在乎这点儿会费？但散户不了解这里的“套路”，信所谓的大 V，追所谓的“股神”。

股民不要相信那些所谓的“牛人”，这类人通常都只会吹牛而已。操盘特别厉害的人，睡着觉、喝着茶、旅着游就能把钱赚了，根本不屑赚那一点儿钱。

那究竟什么样的人能在股市里赚钱？我总结了成功的职业股民的如下几个特点。

1. 看破人生，看透市场

当人生阅历达到一定程度，只需要知道一点“风吹草动”都知道对方想干什么。股市里也一样，这个放量的上涨究竟是主力在进货还是出货，那个股票究竟是真突破还是假突破，真正的高手一眼就能洞悉一切。这些高手在股市里身经百战，交过无数的“学费”（亏钱），最后才有了那些宝贵的人生经验，才能看穿市场里的大多数事情，做大概率正确的事！

2. 形成自己的系统性理论体系，严格遵守原则

买卖股票既然是系统的，那它就应该是一个拥有一整套从选股到买卖股票的完善的方法，这套方法一定是你经过千锤百炼总结出来的。

因为市场里的各种分析方法很多，你必须多看、多学、多用，最后找出最适

合自己的。别人成功，他的方法可能好，但肯定是最适合他的，不见得适合你。

比如说，股民最爱做的一件事就是让笔者诊股。诊股对我来说是再简单不过的一件事，但问的人太多，而且是不间断地问，甚至一只股票每天问一次。后来我发现给大家诊股根本就是饮鸩止渴，因为他们太过于依赖诊股，自己就不再去主动学习，更不会买卖。而且诊股是没有太大意义的，因为我当下对一只股票的观点，只代表那个时间点，如果第二天或随时发生新的变化，我的观点也有可能随时转变。每只股票都是动态的，如果你不会自己找买卖点，总是要问别人才敢操作，那你永远也操作不好股票，因为买卖的最佳时机往往只是一瞬间，决定买卖的因素也是多方面的，你问别人的时候，可能早就过了合适的买卖时机了。

4. 做好人，做成熟稳重的人

有些人会觉得，炒股跟做人有什么关系——真是非常有关系。为什么说好人能赚钱，因为好人意志坚定，不投机取巧、不乱听小道消息、不与人攀比，具有开放包容的胸襟，不见异思迁、不怨天尤人、自爱自省、不贪图蝇头小利。

5. 正确的投资理念

债券、外汇、期货、保险、基金、股市等，这些金融工具的最初诞生不是为了让大家投机，它们都有各自的作用。

债券是最早期的直接融资渠道；外汇是国际金融的核心；期货是套期保值和无风险套利的工具；保险是保障；基金是让专业的人帮你理财。股市是上市公司的融资工具，也是股民分享上市公司业绩果实的途径，在这里我们应该跟着上市公司或某个行业一起成长，伴随着企业或行业的发展达到共赢的目的。因此股市是一个获取长期持续稳定盈利的地方，我们看的不是短线的暴涨暴跌，我们要让自己的资金量稳步上行，利用复利让自己的财富发生飞跃。

1.2.3 我们或许可以在十年内将十万元变成二十亿元

每次行情好一点，很多股民的手机就响个不停。配资的、免费送牛股的、证券公司的，都想在丰收的季节割一批“韭菜”。

配资就是加杠杆，也是真金白银进入市场，只不过是借的钱，所以放大了风险收益，这是市场里的一个角色，没有什么好争议的。只是过度加杠杆风险会非常大，很多人在不懂股市逻辑和金融知识的情况下玩配资，容易给投资者造成不可逆的伤害，所以国家大力控制、限制，其实只要相关的法律法规健全，配资将会成为非常正当的行业。

证券这个行业跟农民一样，属于靠天吃饭，行情好的时候证券公司就开始红火起来，要是证券公司的员工跟你联系，做培训、搞分析，我觉得都可以参与，因为他们是证券市场里比较正规的工作人员，会受到严格监督，他们最希望自己的客户赚钱，这样他们才能从中赚取手续费。

假如你有 10 万元钱，每天都能抓住涨停板，有 10% 的收益，你会得出下面的结论：

第 8 天，10 万元变成 21.44 万元，大概涨了 1 倍；

第 25 天，10 万元变成 108 万元，大概涨了 10 倍；

第 49 天，10 万元变成 1067 万元，大概涨了 100 倍；

第 73 天，10 万元资产变成 1 亿多元，大概涨了 1 000 倍。

我们通常说一年有 250 个交易日，半年有 120 个交易日，这样投资半年后——第 120 天，你的资产会变成 90 多亿元。

有人要说了，抓涨停板不代表一定赚 10%，但是每天赚 2% 应该不难。如果按赚 2% 计算，还是 10 万元，我们来看下面的数据：

第 35 天，10 万元变成 20 万元，涨了 1 倍；

第 117 天，10 万元变成 101 万元，大概涨了 10 倍；

第 233 天，10 万元变成 1 008 万元，大概涨了 100 倍；

第 250 天（一年），资产变成 1 412.7 万元，大概涨了 140 倍；

两年后，资产可以达到 20 亿元，大概翻了 2000 倍。

根据以上数据，每天赚 2%，10 万元钱两年后可以变成 20 亿元。如果连这个都做不到，那些人还算什么牛人，如果他们做到了，不到十年他们的个人资产就可以超过巴菲特。所以大家觉得“牛人”靠谱吗？他们真有这本事为什么不自己在股市里赚钱，非得赚你的几千元钱会费？

再退一步讲，我们只是普通老百姓、普通散户，我们总是有盈有亏的，不可能每天都赚 2%。

没问题，我们把自己的目标设置成每个礼拜赚 2%，5 个交易日就是一个礼拜，每个礼拜赚 2% 就意味着你用 10 年时间就可以将 10 万元钱变成 20 亿元，是不是瞬间觉得自己离亿万富翁又近了一步？

即使一个月赚 2%，10 万元钱用 40 年左右的时间也能变成 20 亿元。现在才 30 岁左右的 90 后们，你们 60 多岁的时候手握几个亿其实是非常简单的事，你们只需要做到“不亏、不贪、持续、稳健”这八个字就可以。

所以说，复利是最神奇的工具，是投资理财最好的朋友。

第2章

手机炒股，让股票投资变得更加简单

目前已进入移动时代，人人皆有手机，手机就是电脑，就是炒股“利器”。本章主要以手机同花顺为例，重点讲解运用手机 App 进行操盘和炒股的技巧，同时也适用于平板电脑、iPad 等智能移动设备，帮助投资者时时、处处掌控股票投资，实现资金的快速增值。

2.1 手机操盘技巧，学会了你就是投资达人

有数据显示，股民中有 90% 的人无法经常到证券营业厅查看行情并进行交易，而电话委托交易的费用较高，并且时常占线。另外，电话委托和网上交易终端的固定性决定了不能随时随地进行交易，而手提电脑也不能老带着，手机炒股克服了以上不足，这是其受到青睐的主要原因。本节将以同花顺 App 为例，介绍使用手机操盘的相关方法和技巧，帮助投资者随时掌握股市行情的变化。

2.1.1 如何用手机看股票大盘走势

使用手机观察股指走向的具体操作方法如下。

步骤 01 打开同花顺手机交易软件，登录主界面，点击“行情”按钮，执行操作后，进入“行情”界面，显示国内外的常用指数，如上证指数、深证成指、创业板指、沪深 300、上证 50、中证 500、沪深 2001、纳斯达克等，如图 2-1 所示。

步骤 02 选择某种大盘指数后，点击进入其分时走势页面，如图 2-2 所示。在分时图上可点击显示与移动光标，并以浮动框显示光标时间点的分时数据信息。

• 图 2-1 “行情”界面

• 图 2-2 大盘分时页面

步骤 03 用户也可以结合 K 线图走势进行分析，以提高预测准确度。按住屏幕向右翻动，即可进入大盘 K 线图页面。在 K 线图上可点击显示光标，并查看光标时间点的相关数据信息，如图 2–3 所示。

步骤 04 ❶ 点击左边的“日、周、月、更多”等按钮，在菜单中可以选择相应的 K 线周期；❷ 点击右下方的指标，在弹出菜单中可以选择 K 线图的“晴雨”等辅助指标，如图 2–4 所示。

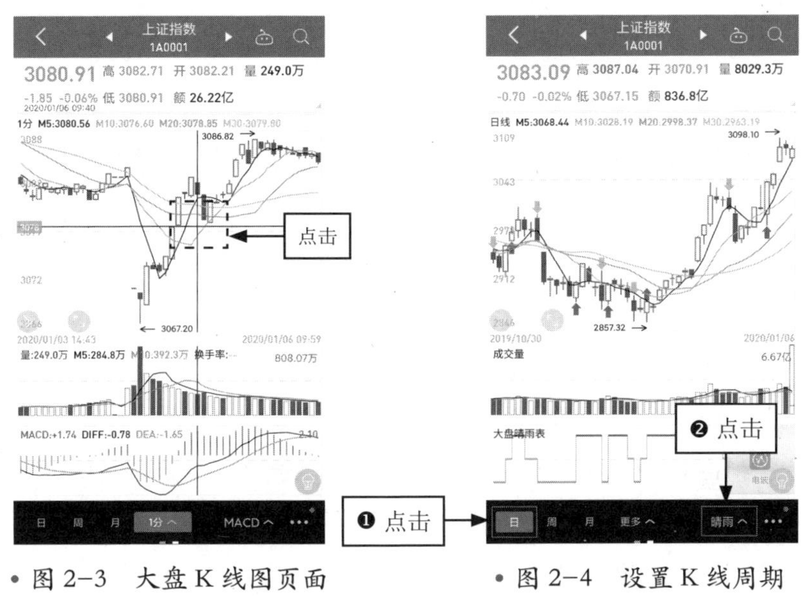

• 图 2–3 大盘 K 线图页面 • 图 2–4 设置 K 线周期

2.1.2 如何从涨跌家数看市场人气

通过手机炒股 App 中的涨跌排名看市场人气的具体操作方法如下。

步骤 01 在“行情”界面点击“A 股”按钮，在“沪深”模块中向上滑动，可以查看沪深股票的涨跌幅、快速涨幅、成交额、量比榜、换手率等，如图 2–5 所示。

步骤 02 在“行情”界面的下方点击“更多 >”按钮，可以查看更多股票的涨跌幅信息，如图 2–6 所示。

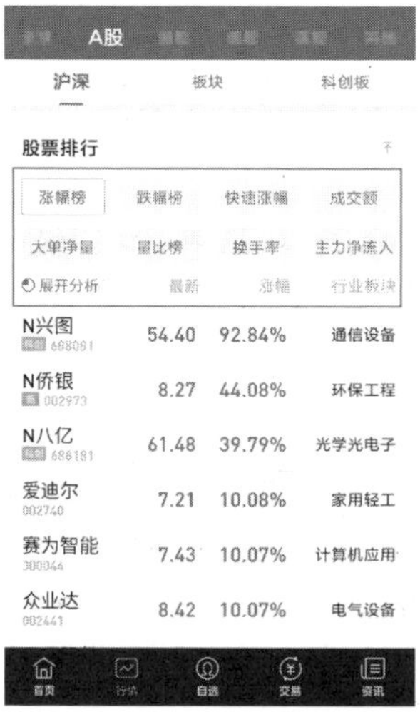

• 图 2-5　更多沪深股票详情信息

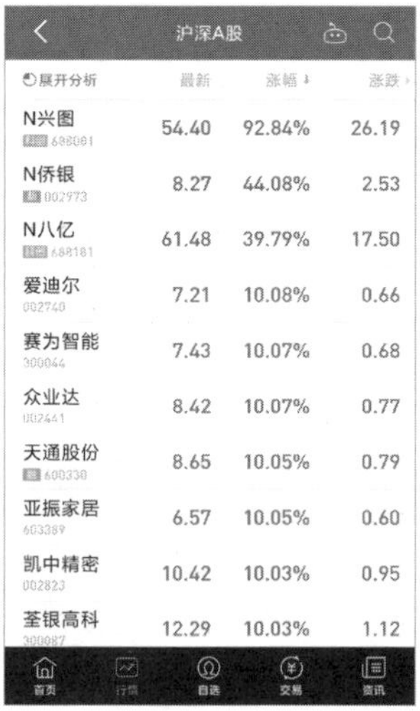

• 图 2-6　更多股票的涨跌幅信息

步骤 03　在数据区域左右滑动屏幕，还可以切换查看涨速、总手、换手、量比、现手、市盈（动）、市净率、振幅、金额、总市值、流通市值等排行数据。

步骤 04　在“行情”界面点击“港股”等按钮进入其界面，可以查看港股（AH 股、港股主板、港股创业板）的相关行情，也可以查看美股（热点中概股、热点美股、盘前榜单、热点 ETF）的相关行情，其中“港股”界面如图 2-7 所示。

步骤 05　在“行情”界面点击“其他”按钮进入界面，可以查看现货市场、全球市场、基金、个股的相关行情，如图 2-8 所示。

• 图 2-7　“港股”界面

• 图 2-8　“其他”界面

2.1.3 怎么在手机上快速查看个股行情

通过手机炒股 App 查看个股行情的具体操作方法如下。

步骤 01 在同花顺主界面点击右上角的“搜索”按钮。执行操作后，进入“股票搜索”界面，在搜索框中输入相应的股票代码或名称，即可跳转至对应的界面。

步骤 02 点击左下方的“分时量”图标，可以在“AI 分时”“成交对比”“大单净量”“大单金额”等标签中切换，如图 2-9 所示。

步骤 03 ❶ 点击右侧的“五档”“明细”两个标签，可以切换查看相应的盘口数据等，如图 2-10 所示。❷ 之后点击右下角的“…”按钮，弹出窗口后点击右上角的设置图标，跳转至“分时 K 线设置”界面。

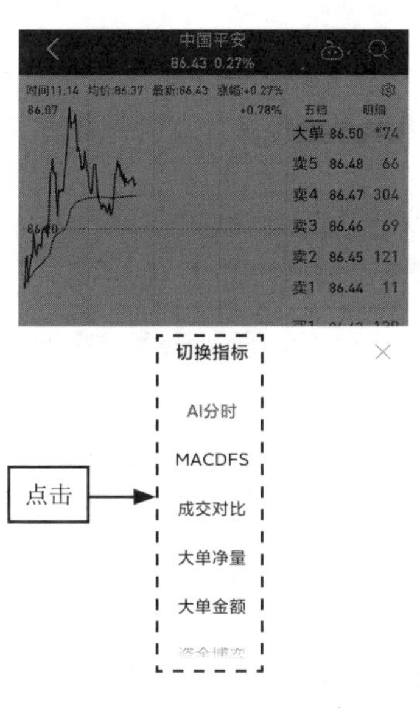

• 图 2-9 切换图表

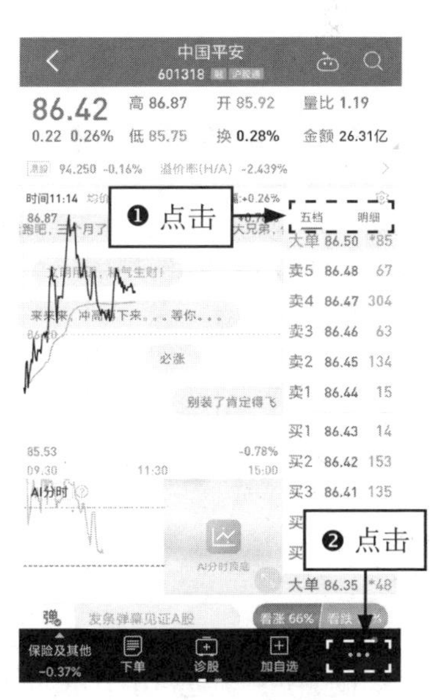

• 图 2-10 切换查看盘口数据

步骤 04 在“分时 K 线设置”界面点击底部的“K 线指标设置”选项，跳转至“K 线指标设置”设置指标参数，如图 2-11 所示。

步骤 05 在“K 线指标设置”界面点击“添加指标”图标之后，可以自由添加 ENE、VR、SAR、BIAS、DMA 等指标，如图 2-12 所示。

K线指标设置
已添加17个指标
指标名称 设置 拖动
成交量
成交额
MACD
KDJ
主力密码
主力买卖
RSI
BOLL
WR
指标广场

• 图 2-11　设置指标参数

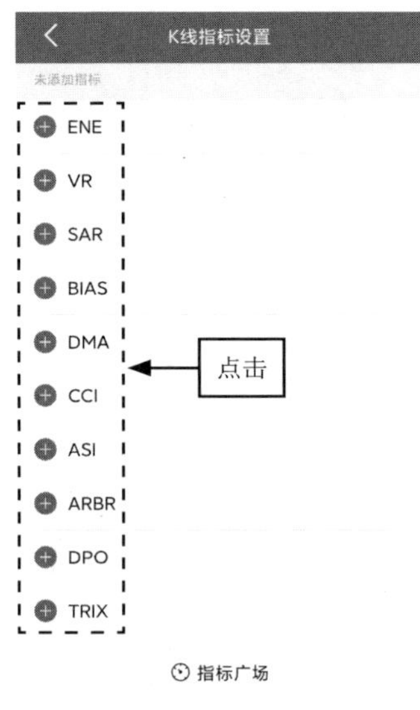

• 图 2-12　添加指标

专家提醒：值得一提的是，股票代码是沪深两地证券交易所给上市股票分配的数字代码。这类代码涵盖所有在交易所挂牌交易的证券，熟悉这类代码有助于增加投资者对交易品种的理解。

（1）上交代码

上海证券交易所上市的证券通常采用 6 位数编制方法，前 3 位数为区别证券品种，例如 600000 浦发银行、600004 白云机场等。

（2）深交代码

深圳证券市场的证券代码由原来的 4 位长度统一改为 6 位长度，例如 0696 ST 联益、0896 豫能控股等。

另外，S 开头表示未进行股改；ST 开头表示连续两年股东收益为负等；*ST 开头表示有退市风险；XD 开头表示该股票今天除息。

2.1.4　使用手机查看个股资讯，掌握实时动态

使用手机炒股软件，通常在走势图界面中就可以查看当前股票的相关新闻，具体操作方法如下。

步骤 01　在同花顺 App 中，进入相应个股的走势图界面，点击上方的“新闻”按钮，如图 2-13 所示。然后向上滑动屏幕，执行操作后，即可查看最新的个股财经新闻列表。

步骤 02　点击相应新闻标题，即可查看具体内容，如图 2-14 所示。

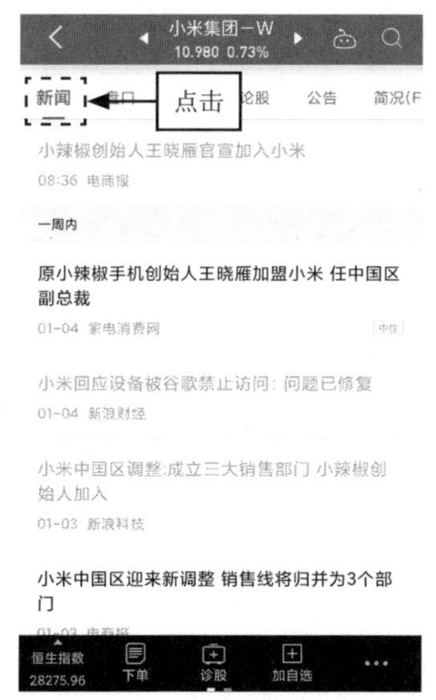

• 图 2-13　最新的财经新闻列表

• 图 2-14　个股新闻内容

股市作为目前最大的投资市场之一，长期以来都占据着人们投资理财最重要的地位。随着移动互联网技术的进步、市场的发展，如今人们开始使用手机查阅各种股票信息。对于新手投资者来说，当看到股市盘面后，常常会被复杂的数据与各种曲线弄得头晕脑胀。实际上，投资者可以通过手机 App 快速了解这些内容，轻松看懂各种盘口信息，进一步帮助读者更准确地找到股价的运行方向。

同花顺手机炒股软件最大的特点就是操作非常简便、用户使用体验极佳，同时具备非常强大的行情资讯功能，在移动互联网时代，帮助手机用户掌握主力和机构动态，以便在股市中获利。

2.1.5　手机如何看盘？两个步骤教你看懂盘面

使用手机炒股软件查看个股盘口动态信息的具体操作方法如下。

步骤 01 在个股分时图界面，点击底部的"盘口"按钮，如图 2-15 所示。

步骤 02 在个股分时图界面向上滑动"盘口"选项，执行操作后，即可查看昨收、均价、换手等盘口数据，如图 2-16 所示。

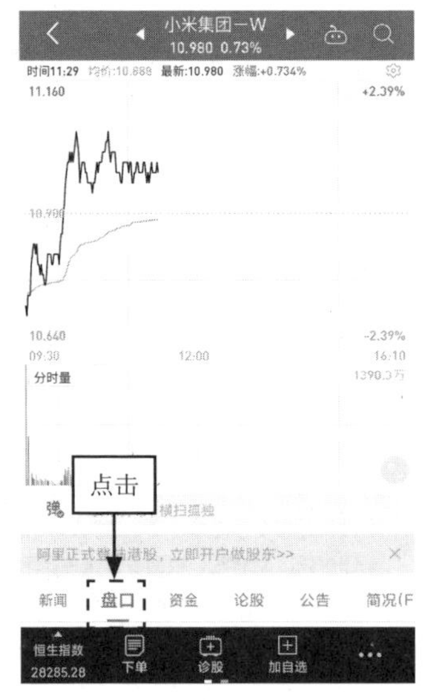

• 图 2-15　点击“盘口”按钮

小米集团—W 10.980 0.73%

新闻　盘口　资金　论股　公告　简况(F

昨收	10.900	量比	1.27
均价	10.888	换手	0.37%
成交量	8814.7万	振幅	4.04%
成交额	9.60亿	委比	11.13%
内盘	4208.9万	市盈率(动)	23.67
外盘	4605.8万	市盈率(静)	17.09
流通股	240.2亿	市盈率(TTM)	21.55
流通值	2637.7亿	市净率	3.00
参与CAS	是	总股本	240.2亿
参与VCM	否	总市值	2637.7亿

恒生指数 28290.14　下单　诊股　加自选

• 图 2-16　“盘口”界面

2.2 手机炒股高招，用手机赚钱很简单

同花顺 App 还具有多窗看盘、股票开户、快速下单、模拟炒股、股票预警、手机诊股等炒股的实用功能，本节将分别进行介绍。

2.2.1 对比分析多只股票，综合查看股票行情

同花顺手机炒股软件具有综合分析功能，用户可以在手机上打开多个分析窗口进行对比，综合查看股票行情，具体操作方法如下。

步骤 01 在同花顺 App 中，进入相应个股的走势图界面，点击底部的“保险及其他”按钮，如图 2-17 所示。

步骤 02 执行操作后，弹出一个小窗口，显示与该股（中国平安）相关的行业板块（保险及其他）、“沪（上证指数）”“深（深圳成指）”“创（创业板指）”的分时走势图和成交量信息，如图 2-18 所示。

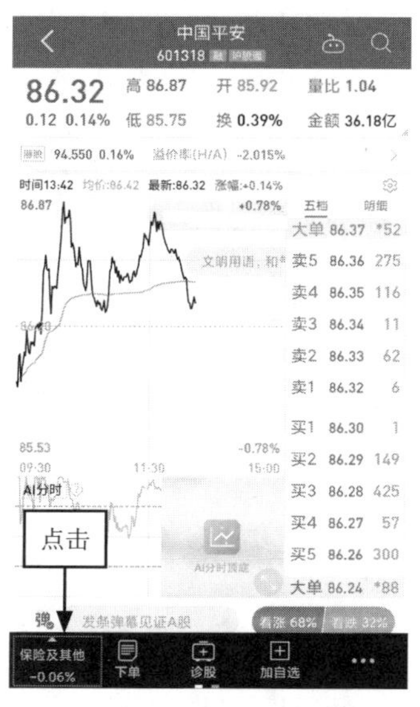

• 图 2-17 点击相应按钮

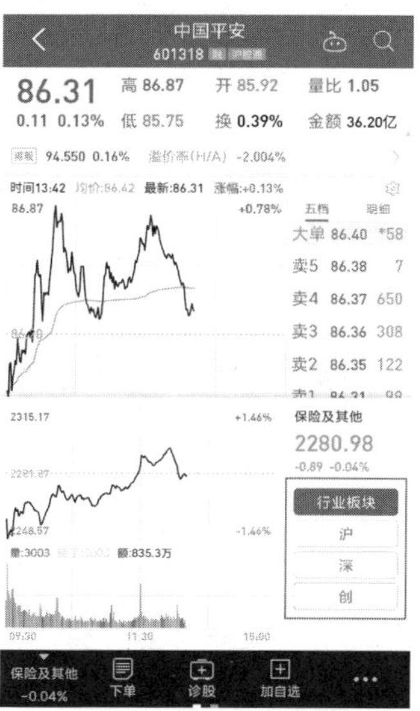

• 图 2-18 行业板块窗口

专家提醒：手机炒股软件除了券商自主研发设计的还有第三方提供的，在市面上流行的手机炒股软件也有很多种。在选择手机炒股软件的时候，需要注意以下 3 个方面：

- 方便：操作方便、上手快，成为选择手机炒股软件不可忽视的一个因素。看盘要方便，K 线图要清楚、及时，还有就是能不能直接做交易等。
- 速度：反应速度快，及时了解大盘的走势。
- 安全：安全问题往往是交易者使用交易平台时的一个关注要点。

2.2.2 手机开户，流程更简单

使用同花顺手机炒股软件开户的具体操作方法如下。

步骤 01 在 App 首页进入“股票开户”界面，选择相应的券商，点击“立即开户”按钮，会自动提示用户加载插件，如图 2-19 所示。

步骤 02 加载完插件后，稍等片刻进入“手机验证”界面，如图 2-20 所示。在“手机验证”界面输入自己的手机号码，点击“获取验证码”，接收到短信后将验证码填入验证码框内，点击“下一步”按钮。

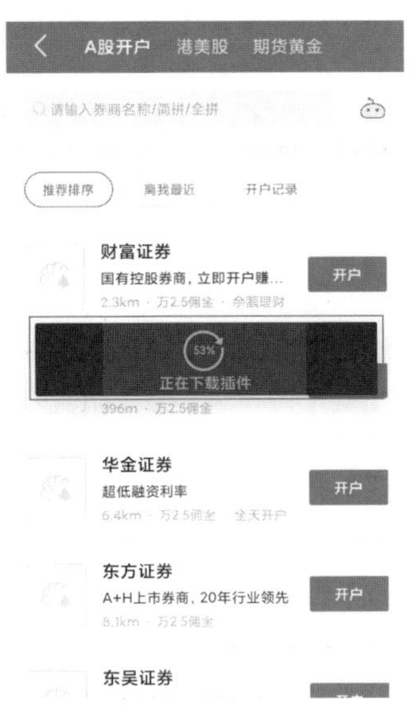

• 图 2-19 加载插件

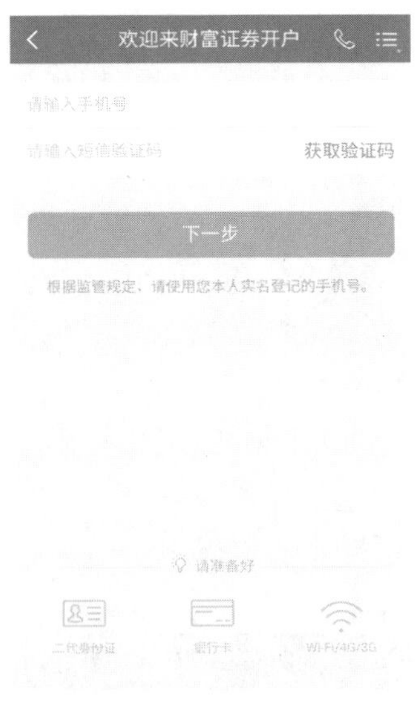

• 图 2-20 进入新界面

步骤 03 进入“上传身份照片”界面，如图 2-21 所示。

步骤 04 在“上传身份照片”界面根据提示添加相应身份信息照片，如图 2-22 所示，照片添加完成后，点击“下一步”按钮，系统会自动识别个人信息并补全，确认无误后，点击“下一步”按钮。

• 图 2-21 上传身份照片

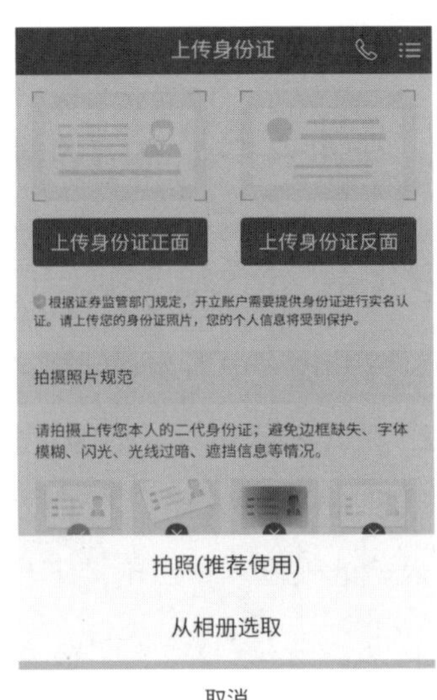

• 图 2-22 选择拍照或上传

步骤 05 进入“选择营业部”界面，系统会自动选择营业部，点击“下一步”进入“20 秒视频见证”界面，点击“开始检测”按钮。之后，证券商客服人员将通过视频对用户进行身份确认，验证过程中客服会进行逐一提示，用户只需按照要求回答相关问题即可，验证完成后请按要求进行操作（安装证书、银行卡信息填写、回答问卷），最后等待券商审核之后即可获得券商资金账号。

同花顺股票开户的整个流程非常简单，3 ~ 5 分钟即可完成，包括上传身份证信息、视频见证、风险测评等。用户需要准备的资料有：本人身份证原件、一张银行卡，另外手机需要通过 4G、5G 或 Wi-Fi 访问互联网，以保证视频见证的通畅。

已经开过户的客户，可以先使用同花顺股票开户 App 选择相应的券商办理转户手续，之后需要在交易允许的时间内到现场的营业部去办理相应的转户手续。

2.2.3 怎么用手机买卖股票

使用同花顺手机炒股软件下单的具体操作方法如下。

步骤 01 进入个股分时走势图界面，点击底部的“下单”→“买入”按钮，如图 2-23 所示。

步骤 02 执行操作后，进入“A 股交易”界面，点击“券商设置”按钮，添加开户券商，如图 2-24 所示。

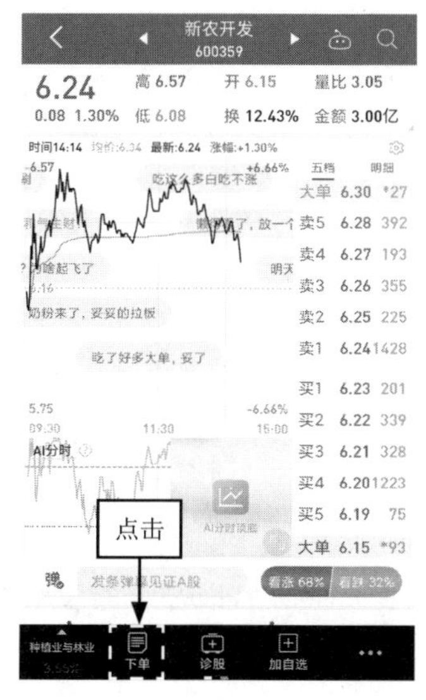

• 图 2-23 点击“买入”命令

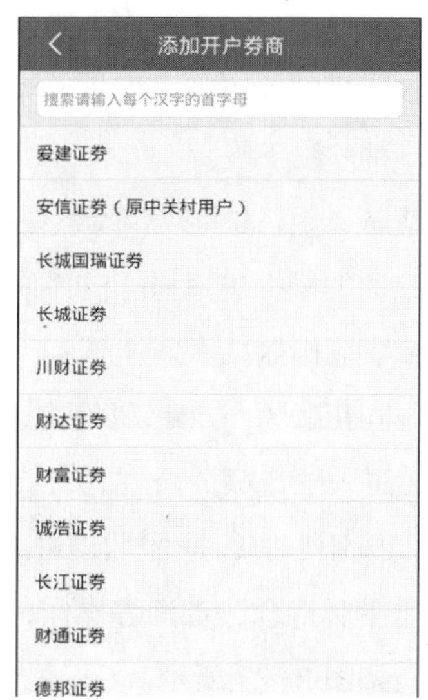

• 图 2-24 添加开户券商

步骤 03 设置开户券商后，输入交易账号和密码，点击“登录”按钮，如图 2-25 所示。

步骤 04 设置买入数量后，点击“买入”按钮，即可下单，如图 2-26 所示。

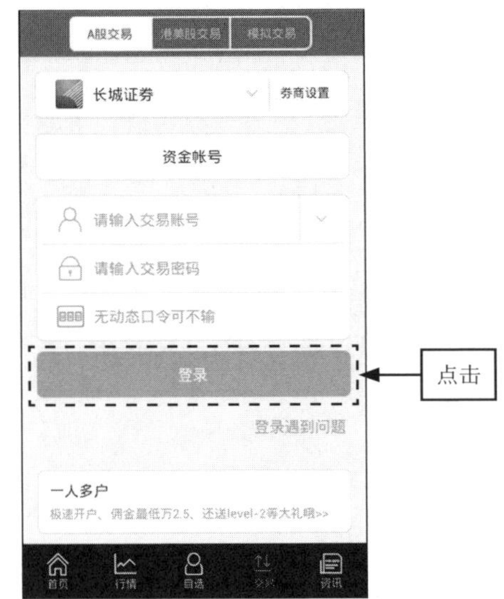

• 图 2-25 点击“登录”按钮

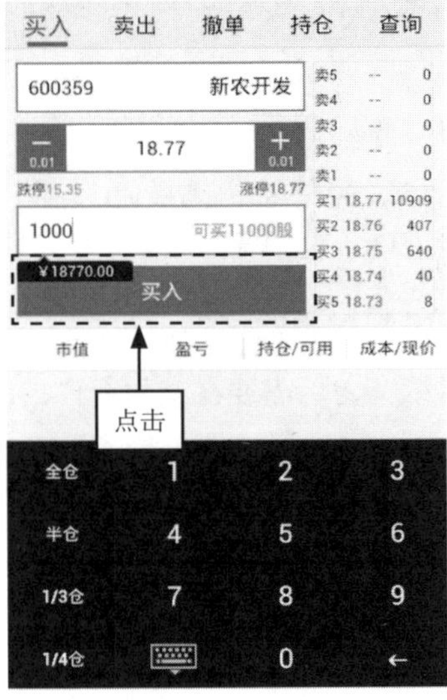

• 图 2-26 点击“买入”按钮

2.2.4 模拟炒股，成为炒股老师之路

炒股就是买卖股票，靠做股票生意而盈利，买了股票其实就相当于买了企业的所有权。模拟炒股就是根据股票的交易规则，基于一种虚拟的平台，实现股票买卖的一种炒股手段。

同花顺 App 的模拟炒股系统是一种利用移动互联网技术，根据股市实盘交易规则设计的模拟仿真操作的系统，股票投资者通过模拟炒股系统可以进行系统的锻炼或学习操盘技术。

使用同花顺 App 模拟炒股的具体操作方法如下。

步骤 01 进入同花顺 App 首页，选择“更多”按钮，点击“特色服务”中的“模拟炒股”按钮。执行操作后，进入“模拟”界面，用户可以直接进行模拟买入、卖出、撤单、持仓、查询等操作，还可以参加模拟炒股大赛以及查看股票交易规则详解，如图 2-27 所示。

步骤 02 这里点击“买入”按钮，进入“模拟炒股”界面，点击“股票名称”文本框，输入相应的股票代码，如图 2-28 所示。

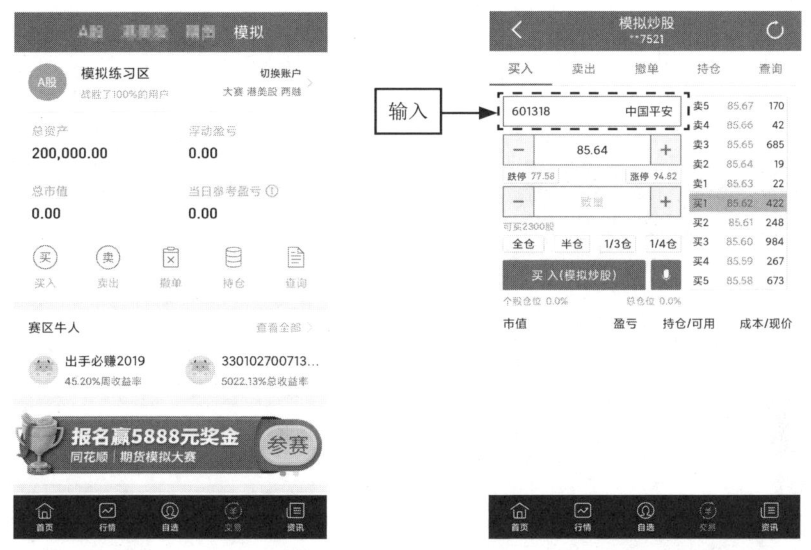

• 图 2-27 “交易”界面　　• 图 2-28 输入相应的股票代码

步骤 03 执行操作后，即可添加股票名称，并设置相应的买入数量，然后点击“买入”按钮，如图 2-29 所示。

步骤 04 执行操作后，弹出“买入委托”对话框，显示用户买入股票的相关信息，确认无误后点击“确认买入”按钮，如图 2-30 所示。

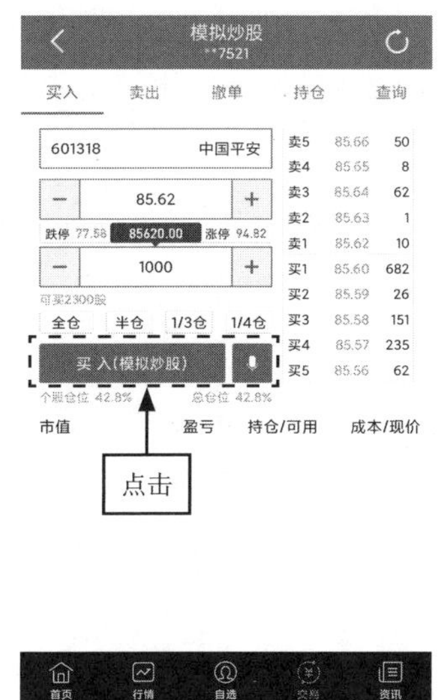

• 图 2-29 点击“买入”按钮

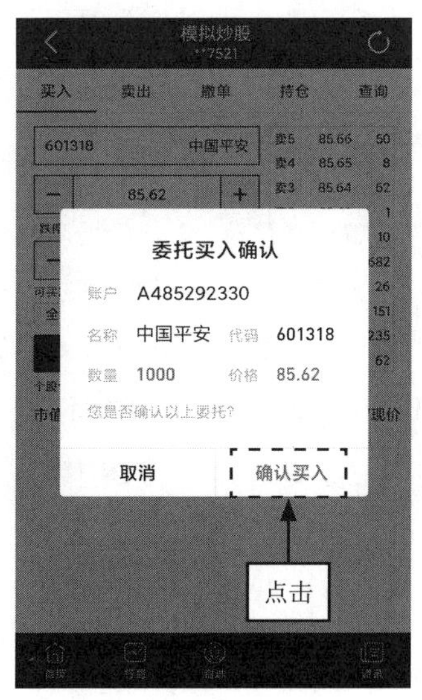

• 图 2-30 点击“确认买入”按钮

步骤 05 执行操作后，弹出“系统信息”对话框，点击“确定”按钮，如图 2-31 所示。

步骤 06 在“模拟炒股”界面点击“查询”按钮，跳转至“查询”界面，点击“当日成交”按钮，如图 2-32 所示。

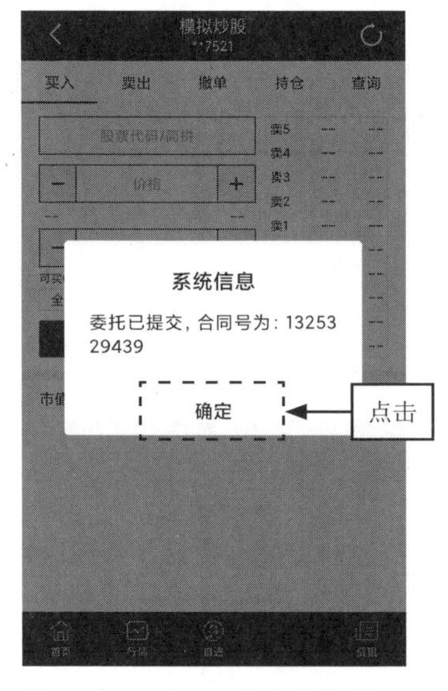

图 2-31　点击“确定”按钮

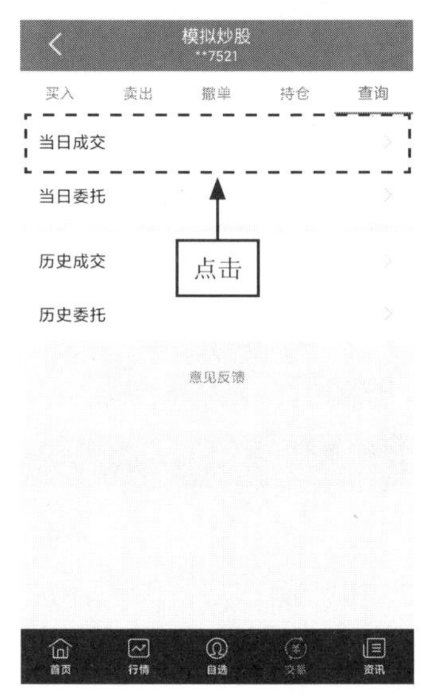

图 2-32　点击“当日成交”选项

步骤 07 进入“当日委托”界面，可以查看用户当日交易明细，如图 2-33 所示。

步骤 08 返回“模拟炒股”界面，点击“卖出”按钮，如图 2-34 所示，即可切换至“卖出”界面，设置相应的股票名称、价格和数量后，点击“卖出”按钮，即可委托卖出所持有的股票。

步骤 09 在“模拟炒股”界面点击“持仓”按钮，切换至“持仓”界面，显示了用户的人民币账户（美元账户、港币账户）的总资产、浮动盈亏、当日参考盈亏、总市值、可用资金、可取资金等数据，如图 2-35 所示。

步骤 10 在“模拟炒股”界面点击“撤单”按钮，切换至“撤单”界面，此处显示了用户已提交的买入或卖出委托单，如图 2-36 所示。

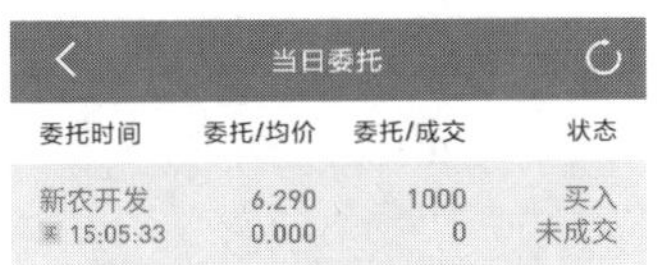

• 图 2-33 “当日委托”界面

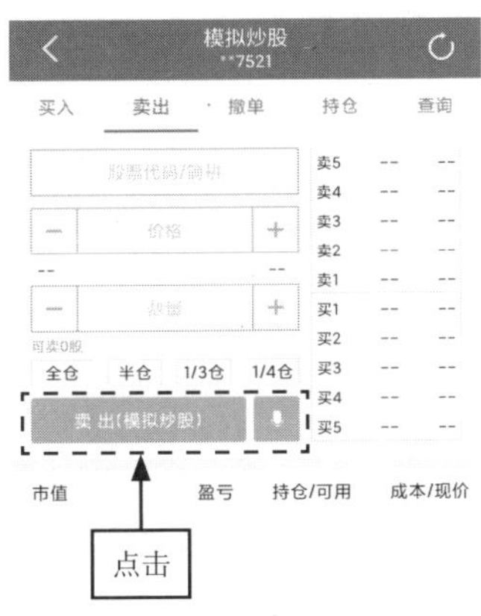

• 图 2-34 “卖出”界面

• 图 2-35 “持仓”界面

• 图 2-36 “撤单”界面

步骤 11 返回“模拟”界面，点击“赛区牛人”右侧的“查看全部”按钮，进入“模拟炒股排行榜”界面，用户可以在此筛选相应的投资高手进行跟踪，如图 2-37 所示。

步骤 12 在“模拟炒股排行榜”界面点击“查看”按钮，即可查看其持仓详情，如图 2-38 所示。

• 图 2-37 “模拟炒股排行榜”界面

• 图 2-38 查看持仓详情

步骤 13 点击首页“功能区”中的“炒股大赛”按钮，如图 2-39 所示。

步骤 14 进入“模拟炒股战队赛”界面，在其中的用户可以参加各类模拟炒股大赛，这样能提高实盘经验，还有机会获得大奖，如图 2-40 所示。

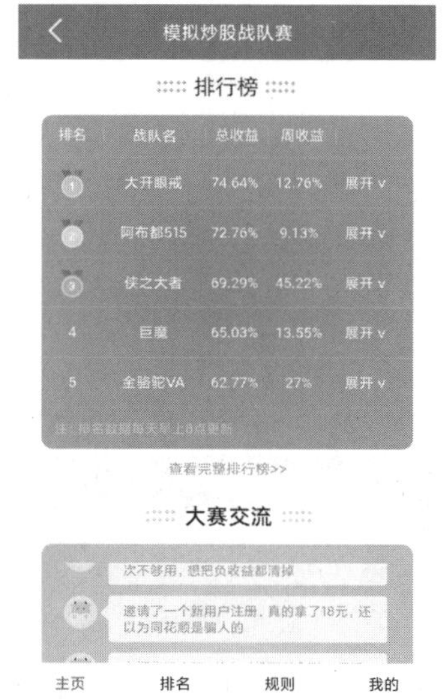

• 图 2-39 首页“功能区”界面

• 图 2-40 “模拟炒股战队赛”界面

2.2.5 设置止损线、盈利线进行行情预警

股票预警是在交易时间内帮助投资者在瞬息万变的股市上监控任何股票价格变动情况的行为。投资者可以通过手机 App 自己定义价格涨跌幅度甚至是高手买卖等一系列的预警条件。

股票预警的意义如下：

（1）投资者无须每天守在电脑前盯着盘面而耽误处理其他事情。

（2）外出或者开会以及遇到一些特殊事情的时候，第一时间知道股票的涨跌情况以及买卖点。

（3）不会因为时间不够等原因耽误操盘。

（4）心理预期：自己的股票终于涨到了某个价位。

使用同花顺手机炒股软件设置个股价格预警的具体操作方法如下。

步骤 01 在“个股分时图”界面，点击右下角的“•••”按钮，如图 2-41 所示。

步骤 02 执行操作后，弹出相应菜单，点击“预警”选项，如图 2-42 所示。

• 图 2-41 点击“•••”按钮

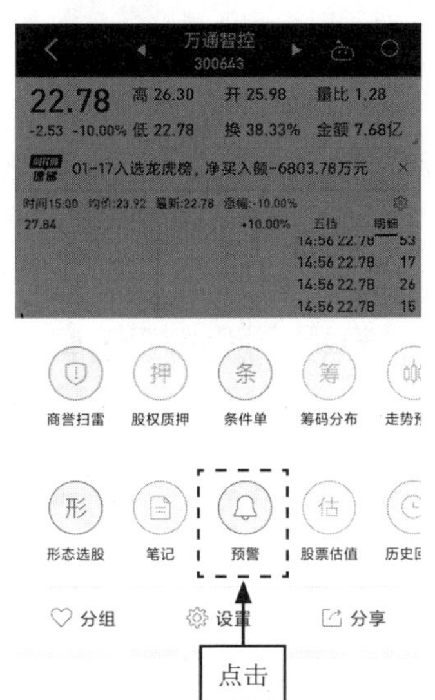

• 图 2-42 点击“预警”选项

步骤 03 进入“预警”界面，在下方的“预警条件”选项区中设置相应的条件（股价上涨到、股价下跌到、日涨幅超、日跌幅超、5 分钟涨幅超、5 分钟跌幅超），如图 2-43 所示。在左下角“预警设置”中同花顺还提供了“App 推送”和“短信”

两种方式，默认为“App 推送”选项，选择“短信”则需要充值。

步骤 04 执行操作后，点击“完成”按钮，即可完成预警设置。

步骤 05 在“个股分时图”界面，点击右下角的“•••”按钮，弹出菜单后，点击“笔记”选项，进入“新建笔记”界面，添加相应的笔记，可以记录自己的感悟、选股心得等，并且可以设置提醒，如图 2-44 所示。

• 图 2-43 “添加预警”界面

• 图 2-44 “新建笔记”界面

2.2.6 查看个股诊断信息，降低被套的概率

个股诊断通常是从基本面、技术面、机构认同度三个方面入手，为投资者关心的股票提供准确、科学的诊断结果，有效测评股票内在的投资价值及市场价值。

使用同花顺手机炒股软件查看个股诊断信息的具体操作方法如下。

步骤 01 在“个股分时图”界面，点击底部的“诊股”按钮，如图 2-45 所示。

步骤 02 执行操作后，进入“诊股”界面，如图 2-46 所示，显示该股的公司简介、撑压分析等。

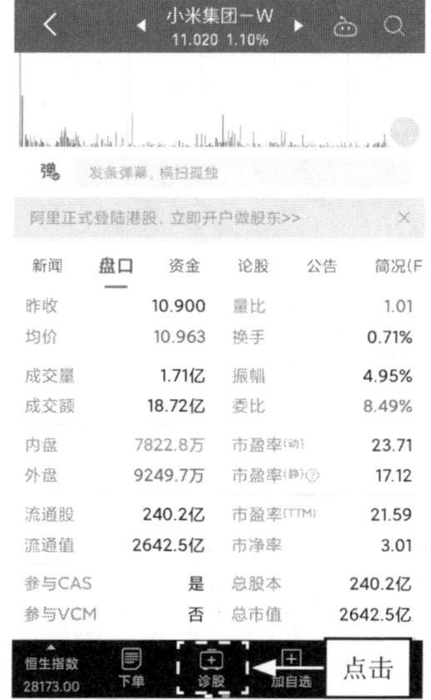

• 图 2–45　点击“诊股”按钮

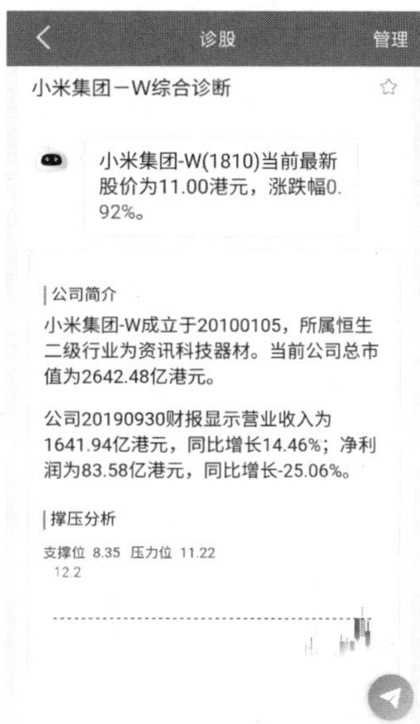

• 图 2–46　“诊股”界面

步骤 03 点击“诊股”界面右下角的“◀”按钮，获取更多信息，如图 2–47 所示。

• 图 2–47　获取更多信息

第3章

学会选股，精准捕捉绩优股和底部个股

俗话说：“不管A股B股，能赚钱就是好股。”如何选择好股票是投资者最迫切想要知道的问题。股票市场广阔且波动很大，没有固定的好股之说，对于不同的投资者，找到适合自己投资方式的股票是非常重要的。

3.1 新手选股必须掌握的方法

有人说股市如战场，一个没有硝烟的战场，能使投资者成为盖世英雄，同样也能使投资者伤痕累累。因此，投资者在选择股票之前，首先要把握好自己的心态。

3.1.1 选股前先把握好心态

沃伦·巴菲特曾说过："成功的投资在本质上是内在的独立自主的结果。"

初入股市的股民往往都有类似的经历，看见大家都在购入股票时，害怕自己失去时机，马上跟进，但是刚买到手股价就开始下跌；大家都在出售股票时，自己也迫不及待地迅速出手，可是刚刚卖掉股票价格就开始回升。

其实问题很简单，当大家都认为有利可图的时候，争相购买，股价已经涨到高位，主力大户和一批先行者已经赚足了利润空仓离场，价格必然回落，而当大家都出售时，刚好是主力在震仓洗盘，目的达到后自然开始拉高。

因此，理智的投资者应该敏锐观察、独立思考，合理利用市场情绪。对于想入市的投资者来说，要有正确的股票投资心态，如表 3-1 所示。

表 3-1　正确的股票投资心态

心态	详情
理智明确的投资	冷静衡量自己的资金、心理以及时间等因素和风险的承受能力，做出正确的投资决策是很重要的
乐观愉快的心情	有利于投资者在精神、身体各方面保持良好的状态，从而使投资者的判断能够更加准确、有远见性
独立自主的思考	对于意见可以听取，但切勿盲目跟风。即使失败，也要在失败的经历中总结积累经验
谨慎谦虚的作风	在股市中，即使是投资大师也不能够完全掌握规律，所以投资者一定要谨慎地应对每一个微小细节的变化

续表

心态	详情
当机立断的魄力	股市上没有永远的赢家，丧失一次盈利机会还有重新补救的机会，不能及时止损则可能元气大伤
广集信息的习惯	信息的来源通常包括电视、报纸、杂志、网络、股市大盘、股票实时系统以及上市公司的公告报表等，投资者要善于利用一切可能的消息来源，观察分析后做出正确的投资判断

3.1.2 股票选购的基本策略

股市行情随时在变动，投资者应学会在不同的时期采用不同的方法选购股票，利用各时期的特点综合分析、实践操作。

1. 牛市选股策略

在理性投资者的理念中，“在股市中比的不是谁今天赚得多，而是比的谁在股市中生存的时间长”。如果比谁赚得多，股市中有太多大喜大悲的案例，有很多几年前在股市叱咤风云的人物早已消失，倒在了牛市形成之前。谁生存的时间长，则意味着所获得的市场给予的机会就越多。新股民可以关注选股的“三高”理论，如下所示。

（1）涨幅要高

绝大部分股票发动行情，起步于较好的技术状态，经历了由缓涨到加速的过程。大部分投资者希望做到最美的一段行情，正所谓“富贵险中求”，行情进入加速度的一段，就是人们认为危险的地方，就是涨幅已高的时候。

其中，涨幅高包含三层意思：绝对涨幅要高，如果股价从底部启动 50% 以上，进入主升浪应该是顺理成章的；实现阶段突破，能够成功突破前一顶部的股票而创新高，理当看好，不能突破或在前一顶部下逡巡，有无功而返的可能；股价创历史新高，说明价值被重新发现，价格重新定位，在成交正常的情况下，应看高一线。

（2）主力资金介入程度要高

不是主力股就好，关键是散户的地位，决定了不可能对公司的基本面研究太深。主力资金多半研究实力雄厚，其敢于重仓介入的股票前景看好。散户无法研究公司的基本面，但可以通过 K 线研究主流资金的进驻程度。主力浅尝辄止的，股民放弃；主力实力弱小的，股民观赏；主力实力非凡、大举入驻的，便是股民重仓参与的对象。当然，主力资金介入程度高，与强力股要有区别，如果主力已经将股票做成了新主力股，说明风险大于收益，最好回避。

（3）板块呼应度要高

价值投资理念下，主力资金已经从个股挖掘转向行业挖掘。有板块呼应度的股票，说明该行业发展前景比较好，属于当然热点或潜在热点，有发展潜力。即便是临时性热点，板块呼应度高的特点也决定了被套的可能性不大，因为热点的反复表现会多次创造解套获利的机会。

2. 熊市选股策略

在熊市中选股的难度远远大于牛市，大盘在不断下跌，大部分个股的走势也逐级向下，只有极少数个股逆势上扬。虽然在熊市中选股难度很大，但也有一定的方法可循，具体如下。

（1）选择基本面情况发生重大变化、业绩有望突升的个股

无论是在牛市还是在熊市，这类个股都是受追捧的对象。由于基本面发生了好转，必然或早或晚地反映到股市上。当然，在选择时需要注意时机，不要等到股价已经上涨到高点时再买进。

（2）选择具有长期良好发展前景的个股

具有良好发展前景的公司，是大多数人选股时追求的目标，这类公司发展前景光明、经营稳健，被许多人看好，在牛市中股价可能高高在上，业绩被提前预支。但是在熊市中可能随着大盘的大幅下跌，尤其在暴跌时，这为投资者提供了一次很好的买入机会，他们可以用很低的价格得到一只优质股票。同时需要注意，选择这类个股应立足于中长线，不能指望短期内获得高额利润。

（3）选择主力机构介入的个股

股市中的主力机构一般实力强大，不是中小投资者可以与之比拟的，但是也有进出不灵活的弱点，一旦介入一只个股，就要持有较长的时间，尤其是在熊市中，除非认输出局，否则就要利用每次反弹机会，伺机拉升个股。中小散户只要介入时机合适，成本价在主力之下或持平，并且不要贪恋过高的利润，就会有相对较大的获利机会。

（4）选择在熊市后期超跌的个股

在熊市后期或熊市已经持续较长时间，一些个股总体跌幅已深，综合基本分

析和技术分析，下跌空间已经有限，已经无法再跌。即使大盘继续下跌，这批个股也会提前止跌，率先反弹。

总结可知，在熊市中要重点关注大盘走势、了解盘中热点以及政策的转变等。投资者可以只选不买，为将来在牛市中的选择做好准备。

3. 涨停板选股策略

涨停板的推出是防止新兴证券市场过度投机的产物，本义是防止市场过度波动。在实际过程中，涨停板在股票本身具有突然上涨10%以上的冲击力时，被迫在10%处停住，第二天由于本身上涨要求，还要继续上涨，这是一个明显的投机机会，对买卖股票的双方产生明显的心理影响。

在选择追哪只涨停的股票时，要考虑以下因素。

- 涨停时间早晚。
- 个股形态如何。
- 第一次即将封涨停时，观察换手率的大小，小的比大的好。
- 如果大盘急跌，有涨停的不要追。
- 第一个涨停比较好，连续第二个涨停就不要追。
- 高开高走拉涨停的股票追起来更安全一些，最好开盘价就是最低价。
- 龙头股的涨停比跟风股好，有同类股的比没有同类跟风涨的涨停股好。
- 有重大利好首次被披露，拉涨停的股票比较好。
- 分时图上冲击涨停时气势强的比气势弱得好。

4. 跌价股票选股策略

在股票市场中，尽管公司业绩好，但是随着股市行情波动而上涨的股票，买进后不可能轻易再涨。所以，即使品牌属于优良业绩者，也应当在廉价时购买，对上涨中的品牌不可购买。

要了解品牌的股价是否已下跌到底，应调查成交量的变动情形，如果与过去下跌时的情形相仿，则可确定跌价停止，但是股市无确定性，还可能再跌。投资者通常主张利用股价下跌时买进，获得良好的效果。但是，不是任何品牌都适合采用这种方法。

放量拉升是股价上涨中比较可靠的一个阶段，因为股价是放量拉升，所以通常出现在个股刚启动时，实战中看到有个股底部出现成交量放大，股价上涨时，应当快速分析个股状况，适合操作的果断进场。

主力连续放量拉升股价时，主力的行踪就会暴露，这样的股票后市看涨概率比较大。此时研究成交量的变化非常有实际意义，投资者如果能够准确地捕捉到主力的操作思路，那么可以回避拉升中的正常回调，在回调完毕后又能快速买进，持股等待主力拉升。

许多股民对成交量变化的规律认识不清，这是非常危险的，股价分析只有与成交量的分析相结合，才能真正地读懂市场的语言，洞悉股价变化的奥秘。成交量是价格变化的原动力，其在实战技术分析中的地位不言自明。

5. 根据成交发行时机选股

在买进股票时，投资者还需对最低价格和跌价时间进行相应的分析。例如，根据股价和成交量，发行股票已跌至最低价时，必须确认下跌停止的时间。因此，应仔细观察目标数字的变动，等候股价波动的状态暂时维持平静。在预定购买后，必须确认此种股票在跌价的行情中再买进，虽然根据股票与成交量可以看出跌价，但是仍有持续再跌的可能。

当然，在进行量价分析之前，首先需要对成交量的一些基本概念有一定的了解，包括成交、成交量、成交量值，其具体含义如下。

（1）成交：买卖双方报价一致从而达成的交易行为。

（2）成交量：指定时间内成交的数量，其计算单位为手，1 手相当于 100 股。

（3）成交量值：指实际成交金额（每股成交价 × 成交量），其基本统计单位是元，在行情分析软件上都是以万元为统计单位。

3.1.3 如何挑选优质成长股

成长股是指这样一些公司所发行的股票：其销售额和利润额持续增长，而且其速度快于整个国家和本行业的增长。这些公司通常有宏图伟略，注重科研，留有大量利润作为再投资以促进其扩张。由于公司再生产能力强劲，随着公司的成长和发展，所发行股票的价格也会上升，股东便能从中受益。

1. 优质成长股的特点

所谓成长股，是指发行股票时规模并不大，但公司的业绩蒸蒸日上，管理良好，利润丰厚，产品在市场上有竞争力的公司的股票。

优秀的成长型企业一般具有如下特点。

- 成长股公司的利润应在每个经济周期的高涨期间都达到新的高峰，而且一次比一次高。
- 产品开发与市场开发的能力强。
- 行业内的竞争不激烈。
- 拥有优秀的管理班子，成长型的公司的资金大多用于建造厂房、添置设备、增加雇员、加强科研、将经营利润投资于公司的未来发展，但往往派发很少的股息或根本不派息等。

选择成长股的投资者应将目光放得长远一些，尽可能长时间地持有，以期从股价的上升中获得丰厚的利润。

成长股具有很多特点，主要从以下几个方面进行考虑。

- 公司的产品或服务是否有充分的市场潜力，几年内营业额能否大幅成长。
- 为进一步提高总体销售水平，发现新的产品增长点，管理层能否决心继续开发新产品或新工艺。
- 和公司的规模相比，公司的研发能力有多大效果。
- 公司的利润率高不高。
- 公司做了什么事，以维持或改善利润率。
- 公司的劳资和人事关系是否很好。
- 公司管理阶层的深度是否足够。
- 公司的成本分析和会计记录做得如何。
- 是否在所处领域有独到之处。
- 是否可以为投资者提供重要线索，了解其相对于竞争者是否很突出。
- 公司是否有短期或长期的盈余展望。
- 在可预见的未来，公司是否会大量发行股票，获取足够的资金，以利于公司长远发展，现有持股人的利益是否会因预期中的成长而大幅受损。
- 管理阶层是否只向投资人报喜不报忧，诸事顺畅时眉飞色舞，有问题时或有让人失望的事情发生时则三缄其口。
- 公司管理阶层的诚信正直态度是否毋庸置疑。

2. 成长股的买卖时机

在低点买入高点再卖出，然后低位再回补。这种纸上谈兵的操作，至今还没有人可以做到。成长股价值投资策略之父菲利普·费雪（Philip A. Fisher）曾说过："没人能够知道高点低点。"

不过，市场中仍有法可依，具体如下。

- 如果没有财务知识或没有时间研究，可考虑在特定的日子里购买股票，比如每月，或者每季度的某日去买，然后就一直持有。
- 按照安全边际原则购买成长股票。

用菲利普·费雪的话讲，就是只要当初选择正确，卖出的时机永远不会到来。但如果发生如下情况，随时都是卖出时机。

- 一开始即买入错误，后来的情况越来越清楚。
- 公司经营情况发生变化。
- 有确切的把握发现了一家更好的公司。

3. 发现成长股的标准

综合分析得出，成长股评估标准如下。

- 公司在管理方面是否以其杰出的专业管理能力闻名。
- 公司的产品单位销售成长率是不是在稳步提高，这一需求成长率是否在将来能够继续。
- 劳动成本是否占生产成本的低比例或适度比例，劳务纠纷是否会阻碍盈余的成长。
- 公司是否能控制其本身所需的原料，公司所依赖的供应者是否对稀有资源可能大幅加价。
- 公司是否能主宰其所服务的市场。
- 公司是否能够免于政府法规、合约或者仅托拉斯政策[①] 的限制。
- 公司管理当局能否控制公司本身的命运，公司是否能够受惠于经济形势、银行、供应商、竞争者或政府。
- 公司能否以满意的比例支持其本身的成长，但是这一比例对每家公司来说都不相同，所以通常根据公司所服务的市场成长率来决定。

① 仅托拉斯政策的限制主要包括掠夺性定价、捆绑性契约式协定、价格歧视等。

3.1.4 从股市资讯中发掘好股

对于投资者来说，不仅要掌握股票的投资技巧和方法，同时更应时刻关注股市信息，从多个方面掌握股市信息，以便更明确地分析和利用，发掘出优质个股，从而得到最大的回报。

1. 关注股市热点消息

股市中有很多消息都会对股价的走势产生一定的影响，包括的范围也比较广泛，如国家产业政策扶持、合资或者股权转让、增资配股或者送股分红、经营业绩改善、控股和收购等。有时股票市场“利好”消息传来，股市行情未必因此上涨;有时坏消息不断，但股价也未必下降。因此，投资者要全面关注股市的各种消息，不能进行单一的判断。

散户可以在公开信息中寻找好股，那需要具有一双慧眼，能够敏锐地从公开信息中寻找到对上市公司内在估值产生实质影响的资料，同时要具有耐心和自信。

其中，热点资讯就是投资者必须要关注的一个重要方面。用一句通俗的话来说：热点就是某一特定时间内在走红的板块或股票，这些在特定时间内走红的股票，常常被股民称之为“热门股”。如果投资者查看股票涨跌排行榜，就会发现在涨幅榜的前列大多是它们的身影。

2. 特别关注个股信息

对于整个股市来说，股票太多，投资者不可能每个都仔细地研究分析，因此关注个股信息就显得尤为重要。对于想进行投资的股票，投资者不仅要了解其相应的走势，还需要掌握并分析影响该股的各类信息，包括宏观经济政策、舆论导向、成交量、经营动向以及市场评论等，以便在进行股票交易时把握时机。掌握好个股信息就相当于拥有了天时、地利、人和，这样打起仗来才更加容易获胜，从而在股市获得收益。

在炒股软件中的个股资料板块一般会包括公司概要、近期重要事件、新闻公告、财务指标、主力控盘、题材要点、龙虎榜、大宗交易、融资融券、投资者互动等信息，是投资者选股时的重要参考资料。

3.1.5 掌握股票的市场行为

市场行为主要包括价格、成交量和时间。无论是什么指标，都是通过一种形式反映这三个要素的变化。

1. 顺应市场行情

行情是以波浪的形式前进的。当投资者发现行情在某点开始走高时，要留心观察，而不是立即介入，应在行情遇阻开始回落以后再介入。一般情况下，行情由慢变快就要做好准备开始出货，顺大势而逆小势。

市场通常的运行规律是：如果某只股票创下了新高（或近期新高），那么未来一段时间内再创新高的可能性很高；相反，如果某只股票创下了新低（或近期新低），那么在一段的时间内再创新低的可能性也很大。投资者需要记住一点：下降通道中的股票只会让你赔钱或输掉盈利的时间。

K 线图是股票分析的基础手段，能够让投资者全面、透彻地观察到市场的真正变化。从 K 线图中既可以看到行情整体的趋势，也可以了解每日股市的波动情形，是目前较为流行的股票技术分析方法。

选股重在对选股时机的把握，要遵守一个重要的原则——不在下降途中抄底（因为不知何时是底）。只选择趋势确立时的股票，在趋势确立的股票中发现走势最强、涨势最好的股票进行操作。

2. 谨慎交易

在股票买卖交易过程中，投资者必须小心谨慎。从长远来看，盲目频繁的交易是投机者的大敌。每一次盈利和亏损，对于以股票操作为职业的人来讲都是件非常重要的事情，绝不可掉以轻心。

因此，在进行交易时，除了要顺应市场之外，还应该谨慎对待，盈利和亏损本身都不能说明什么。但是，如果不能从中吸取经验，则最后的结果就可想而知了。简单地说，就是一次成功或失败的操作影响不了长久的战局，关键是如何重新开始。

股市每天都有上涨的股票，投资者必须经得住诱惑，克服贪婪，加强纪律性，才能无往不胜。这样做尽管可能错过一些机会，但对于大多数普通散户来说，更重要的是避开了风险，保住了胜利的果实。

3.2 选股时重点关注这八种股票

选股要从基本面的角度寻找优质的上市公司，笔者总结了下面的几个维度，以供大家参考。

3.2.1 业绩高增长的股票

很多蓝筹股、白马股（指公司业绩优良、信息已经公开的股票）虽然盘子很大，但仍能保持比较高速的业绩增长，所以在行情不是太好的时候，股票型基金会在蓝筹白马股上抱团取暖，这也是蓝筹白马股可以进行价值投资的主要原因。

像贵州茅台、格力电器、万科 A、海天味业、海螺水泥、伊利股份、招商银行、恒瑞医药、长春高新、中国平安等都属于此类。

如图 3-1 所示为贵州茅台走势图，股价从 2018 年 10 月 30 日的最低价 494.48 元一直涨到 2019 年 11 月 20 日的最高点 1241.61 元。

• 图 3-1 贵州茅台走势图

还有一种就是成长股，尤其是处于萌芽期或发展期的行业个股，有较大的市场空间，业绩增长速度容易超出预期。比如像人工智能、大数据、芯片、5G、网络安全、计算机设备、新材料等行业都属于此，有比较高的投资价值。

3.2.2 受资金青睐的股票

在股市里很多时候没有道理可讲，比如流感疫情一来，鲁抗医药、莱茵生物、海王生物就会蹭蹭猛涨，但其实最受益于流感疫情的天坛生物却很少有良好的表现。包括像2019年初的5G概念暴涨，其中的领头羊东方通信从来没有被大家重视或挖掘过，但其短短几个月涨幅就可以达到十几倍，如图3-2所示。虽然东方通信公司还公告说自己不是5G概念股，但资金认可，所以没有道理可讲。

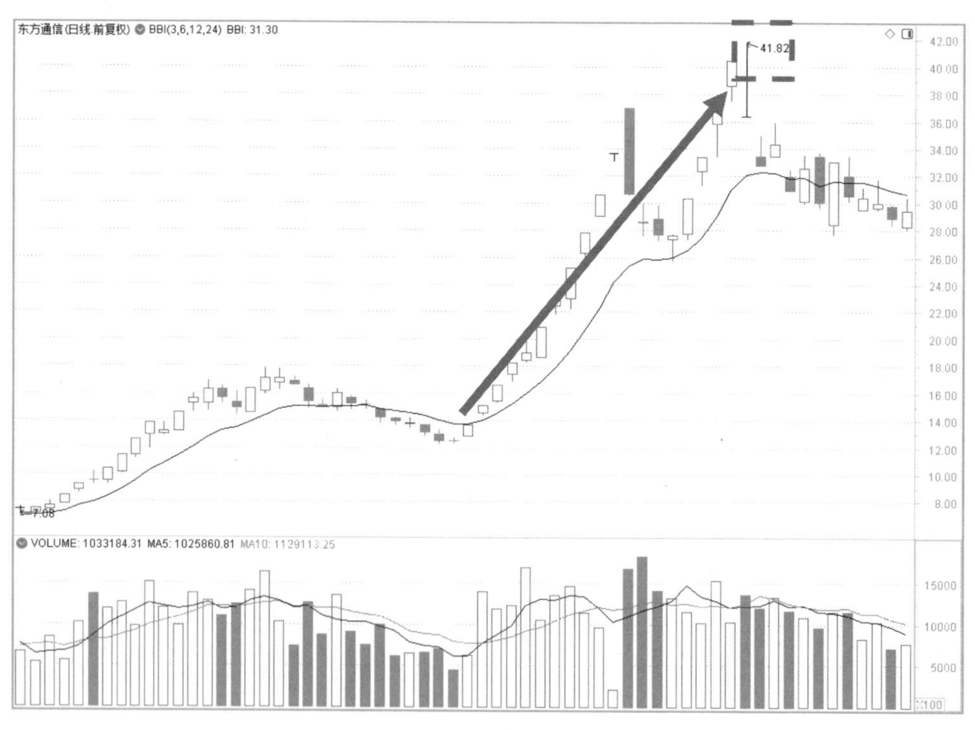

• 图3-2 东方通信

所以，股市里很多时候选股不能单凭基本面做决策，还要考虑资金面的因素，资金喜欢关注的、能大幅上涨的股票就是好股票，哪怕它都没有那个概念，但是它能让你赚到真金白银，这才是最重要的。

3.2.3 拥有壁垒优势的股票

笔者根据自己的经验，把壁垒分成技术壁垒、品牌壁垒、政策壁垒三类。

技术壁垒就是有相关的专利，其他同行无法轻易打破介入，或者是可以打破国外的技术壁垒，进行国产替代的公司，都是好公司。

比如江丰电子的研发能力和产品技术水平都达到了国际先进水平，不但可以形成国产替代，甚至还为国外企业提供服务，很多高科技领域都是研发为“王”，所以具有技术优势的公司安全边际自然高。

品牌壁垒顾名思义，其品牌具有不可替代性，而且深受广大消费者认可的行业领头羊，比如老板的吸油烟机、格力的空调、伊利的奶制品、双汇的火腿肠、索菲亚的家具、同仁堂的中药等，它们都形成了非常强大的品牌效应。云南白药或片仔癀的秘方既可以算成是技术壁垒，也可以看成是品牌壁垒，总之这种公司是非常容易走出长期大牛的。如图 3-3 所示为片仔癀走势图，从 2019 年 8 月到 2020 年初，片仔癀一直在上涨。

• 图 3-3　片仔癀走势图

最后就是政策壁垒，最典型的就是中国国旅，中国的免税店都是国旅的，只有它可以开免税店，这就是典型的政策壁垒。

3.2.4 高送转股和填权预期

岁末年初有一类股票容易被“爆炒”，那就是高送转股。此类股票通常是新股或次新股，股价往往被炒的高高在上，有较好的业绩增长，每股资本公积金较高等特点。如图 3-4 所示为通达信终端中“已高送转”板块的股票。公司进行分红送股可以增大股本，降低股价，便于后市在资本市场中继续炒作。

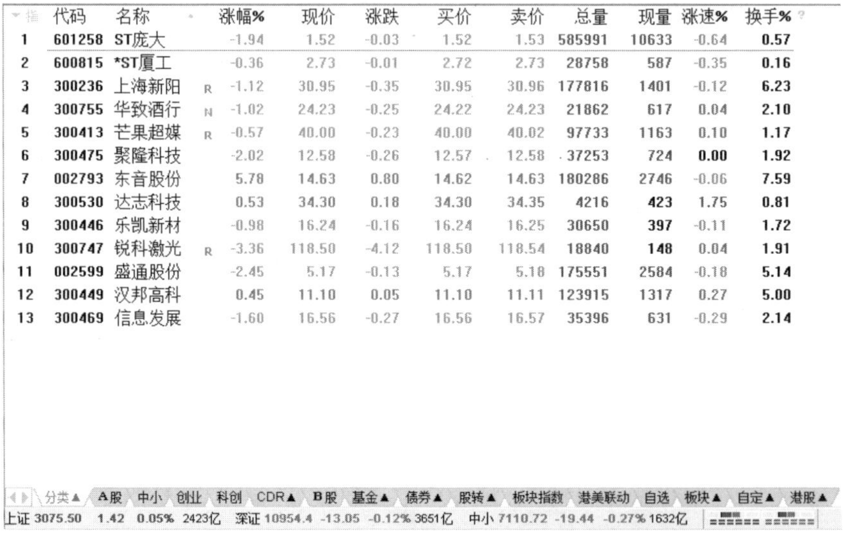

	代码	名称		涨幅%	现价	涨跌	买价	卖价	总量	现量	涨速%	换手%
1	601258	ST庞大		-1.94	1.52	-0.03	1.52	1.53	585991	10633	-0.64	0.57
2	600815	*ST厦工		-0.36	2.73	-0.01	2.72	2.73	28758	587	-0.35	0.16
3	300236	上海新阳	R	-1.12	30.95	-0.35	30.95	30.96	177816	1401	-0.12	6.23
4	300755	华致酒行	N	-1.02	24.23	-0.25	24.22	24.23	21862	617	0.04	2.10
5	300413	芒果超媒	R	-0.57	40.00	-0.23	40.00	40.02	97733	1163	0.10	1.17
6	300475	聚隆科技		-2.02	12.58	-0.26	12.57	12.58	37253	724	0.00	1.92
7	002793	东音股份		5.78	14.63	0.80	14.62	14.63	180286	2746	-0.06	7.59
8	300530	达志科技		0.53	34.30	0.18	34.30	34.35	4216	423	1.75	0.81
9	300446	乐凯新材		-0.98	16.24	-0.16	16.24	16.25	30650	397	-0.11	1.72
10	300747	锐科激光	R	-3.36	118.50	-4.12	118.50	118.54	18840	148	0.04	1.91
11	002599	盛通股份		-2.45	5.17	-0.13	5.17	5.18	175551	2584	-0.18	5.14
12	300449	汉邦高科		0.45	11.10	0.05	11.10	11.11	123915	1317	0.27	5.00
13	300469	信息发展		-1.60	16.56	-0.27	16.56	16.57	35396	631	-0.29	2.14

分类▲ A股 中小 创业 科创 CDR▲ B股 基金▲ 债券▲ 股转▲ 板块指数 港美联动 自选 板块▲ 自定▲ 港股▲

上证 3075.50 1.42 0.05% 2423亿 深证 10954.4 -13.05 -0.12% 3651亿 中小 7110.72 -19.44 -0.27% 1632亿

• 图 3-4 “已高送转”板块

但是近些年，高送转股被炒作的热情已经明显下降，填权行情（即将进行公积金转增股份）更是少之又少，而笔者也不建议大家做高送转股，尤其有些人喜欢在股权登记日当天买入该股，其实风险挺大的。

3.2.5 重组预案的股票

重组一直是比较容易产生大牛股的一件事，只是重组概念受消息面影响较多，不确定性大，面临的风险也大。有可能几年都没有重组进展，也有可能重组失败等。

因此，资金在其中会有比较高的时间成本，重组更像是一种豪赌，并不适合散户操作配置。

具体来说，如果重组预案股票有大量资金投入，相当于是注入了新的生命力，可以纳入新的股票板块；如果重组预案股票没有人投资大量资金，原股票的劣势无法直接扭转，也没有新的利好消息及时出现，那么该重组预案股票就会一直处于下跌状态，甚至会出现跌停的情况。如图 3–5 所示为通达信终端中“重组预案”板块的股票。

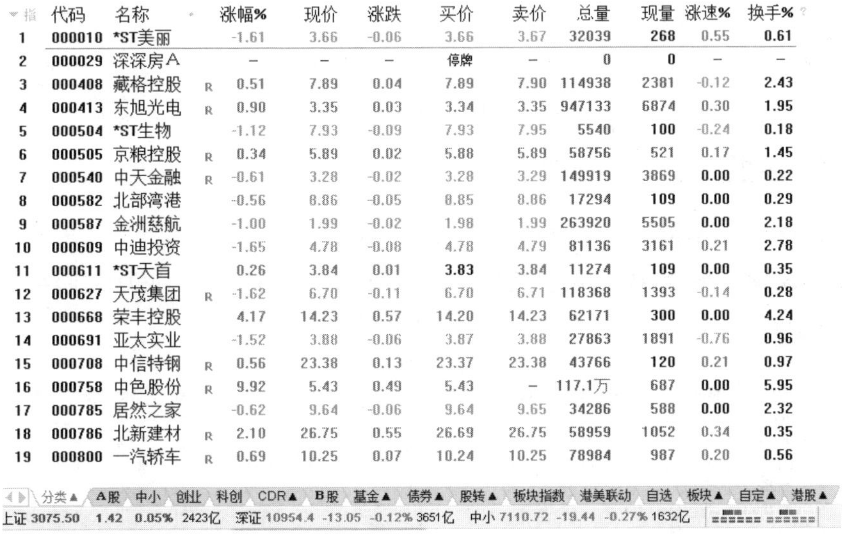

	代码	名称		涨幅%	现价	涨跌	买价	卖价	总量	现量	涨速%	换手%
1	000010	*ST美丽		-1.61	3.66	-0.06	3.66	3.67	32039	268	0.55	0.61
2	000029	深深房A		–	–	–	停牌	–	0	0	–	–
3	000408	藏格控股	R	0.51	7.89	0.04	7.89	7.90	114938	2381	-0.12	2.43
4	000413	东旭光电	R	0.90	3.35	0.03	3.34	3.35	947133	6874	0.30	1.95
5	000504	*ST生物		-1.12	7.93	-0.09	7.93	7.95	5540	100	-0.24	0.18
6	000505	京粮控股	R	0.34	5.89	0.02	5.88	5.89	58756	521	0.17	1.45
7	000540	中天金融	R	-0.61	3.28	-0.02	3.28	3.29	149919	3869	0.00	0.22
8	000582	北部湾港		-0.56	8.86	-0.05	8.85	8.86	17294	109	0.00	0.29
9	000587	金洲慈航		-1.00	1.99	-0.02	1.98	1.99	263920	5505	0.00	2.18
10	000609	中迪投资		-1.65	4.78	-0.08	4.78	4.79	81136	3161	0.21	2.78
11	000611	*ST天首		0.26	3.84	0.01	3.83	3.84	11274	109	0.00	0.35
12	000627	天茂集团	R	-1.62	6.70	-0.11	6.70	6.71	118368	1393	-0.14	0.28
13	000668	荣丰控股		4.17	14.23	0.57	14.20	14.23	62171	300	0.00	4.24
14	000691	亚太实业		-1.52	3.88	-0.06	3.87	3.88	27863	1891	-0.76	0.96
15	000708	中信特钢	R	0.56	23.38	0.13	23.37	23.38	43766	120	0.21	0.97
16	000758	中色股份	R	9.92	5.43	0.49	5.43	–	117.1万	687	0.00	5.95
17	000785	居然之家		-0.62	9.64	-0.06	9.64	9.65	34286	588	0.00	2.32
18	000786	北新建材	R	2.10	26.75	0.55	26.69	26.75	58959	1052	0.34	0.35
19	000800	一汽轿车	R	0.69	10.25	0.07	10.24	10.25	78984	987	0.20	0.56

分类▲ A股 中小 创业 科创 CDR▲ B股 基金▲ 债券▲ 股转▲ 板块指数 港美联动 自选 板块▲ 自定▲ 港股▲

上证 3075.50 1.42 0.05% 2423亿 深证 10954.4 -13.05 -0.12% 3651亿 中小 7110.72 -19.44 -0.27% 1632亿

• 图 3–5 “重组预案”板块

3.2.6 不可多得的明星股

明星股上市往往会有更高的溢价，比如华大基因和暴风影音上市的时候都出现了大幅的拉升，360 回归 A 股和顺丰快递“借壳”上市后的表现也是可圈可点，这都是因为它们就在我们的生活之中，大家对它们的认可度较高。如表 3–2 所示为 2019 年十大最受关注的明星股。

表 3–2 2019 年十大最受关注的明星股

股票代码	股票名称	关注人数	2019 年涨跌幅（%）
BABA.N	阿里巴巴	13363506	54.74
601857.SH	中国石油	4519349	–17.4
000651.SZ	格力电器	8669633	91.66
600519.SH	贵州茅台	4446786	103.47

续表

股票代码	股票名称	关注人数	2019 年涨跌幅（%）
600030.SH	中信证券	3995705	60.48
001979.SZ	招商蛇口	3742875	18.73
601318.SH	中国平安	1400440	55.85
000063.SZ	中兴通讯	1286812	80.65
000858.SZ	五粮液	1227868	165.98
000002.SZ	万科 A	1222262	40.54

3.2.7 重要资金增持的股票

比如大股东增持、员工持股计划、国家队资金或险资进入十大股东等，通常这些消息对该只股票都会构成利好。如图 3-6 所示为通达信终端中“股东增持”板块的股票。

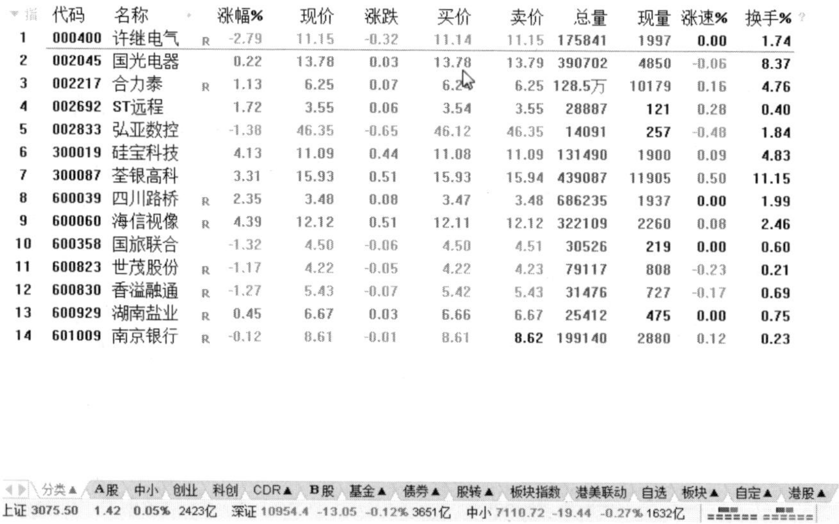

	代码	名称		涨幅%	现价	涨跌	买价	卖价	总量	现量	涨速%	换手%
1	000400	许继电气	R	-2.79	11.15	-0.32	11.14	11.15	175841	1997	0.00	1.74
2	002045	国光电器		0.22	13.78	0.03	13.78	13.79	390702	4850	-0.06	8.37
3	002217	合力泰	R	1.13	6.25	0.07	6.2[illegible]	6.25	128.5万	10179	0.16	4.76
4	002692	ST远程		1.72	3.55	0.06	3.54	3.55	28887	121	0.28	0.40
5	002833	弘亚数控		-1.38	46.35	-0.65	46.12	46.35	14091	257	-0.48	1.84
6	300019	硅宝科技		4.13	11.09	0.44	11.08	11.09	131490	1900	0.09	4.83
7	300087	荃银高科		3.31	15.93	0.51	15.93	15.94	439087	11905	0.50	11.15
8	600039	四川路桥	R	2.35	3.48	0.08	3.47	3.48	686235	1937	0.00	1.99
9	600060	海信视像	R	4.39	12.12	0.51	12.11	12.12	322109	2260	0.08	2.46
10	600358	国旅联合		-1.32	4.50	-0.06	4.50	4.51	30526	219	0.00	0.60
11	600823	世茂股份	R	-1.17	4.22	-0.05	4.22	4.23	79117	808	-0.23	0.21
12	600830	香溢融通	R	-1.27	5.43	-0.07	5.42	5.43	31476	727	-0.17	0.69
13	600929	湖南盐业	R	0.45	6.67	0.03	6.66	6.67	25412	475	0.00	0.75
14	601009	南京银行	R	-0.12	8.61	-0.01	8.61	8.62	199140	2880	0.12	0.23

分类▲ A股 中小 创业 科创 CDR▲ B股 基金▲ 债券▲ 股转▲ 板块指数 港美联动 自选 板块▲ 自定▲ 港股▲

上证 3075.50 1.42 0.05% 2423亿 深证 10954.4 -13.05 -0.12% 3651亿 中小 7110.72 -19.44 -0.27% 1632亿

• 图 3-6 “股东增持”板块

3.2.8 消息面有政策预期或利好刺激

2019 年，受政府扶持的项目主要有环保行业、生产服务行业、面向农村的服务业、教育培训行业，如图 3-7 所示为通达信终端中“在线教育”板块的股票。

	代码	名称		涨幅%	现价	涨跌	买价	卖价	总量	现量	涨速%	换手%
1	000609	中迪投资		-1.65	4.78	-0.08	4.78	4.79	81136	3161	0.21	2.78
2	000719	中原传媒	R	-1.07	7.37	-0.08	7.36	7.37	39329	251	0.00	0.59
3	002062	宏润建设		0.28	3.54	0.01	3.53	3.54	13853	5	0.57	0.14
4	002192	融捷股份		-0.89	24.48	-0.22	24.48	24.50	87154	1475	-0.32	3.36
5	002230	科大讯飞	R	-0.99	35.96	-0.36	35.96	35.97	312487	3537	-0.02	1.69
6	002232	启明信息		-0.51	9.85	-0.05	9.85	9.86	51321	386	-0.09	1.27
7	002261	拓维信息	R	-2.06	10.96	-0.23	10.95	10.96	115.7万	19236	0.18	13.16
8	002315	焦点科技		2.96	25.43	0.73	25.42	25.43	106867	1545	0.39	9.10
9	002325	洪涛股份	R	-0.61	3.26	-0.02	3.26	3.27	60648	1146	0.00	0.65
10	002348	高乐股份		-1.24	3.19	-0.04	3.18	3.19	115401	612	0.00	1.55
11	002396	星网锐捷	R	-0.31	38.68	-0.12	38.65	38.68	63998	937	0.23	1.14
12	002503	搜于特	R	-2.88	2.36	-0.07	2.36	2.37	501576	19690	-0.83	2.36
13	002512	达华智能	R	-1.27	7.01	-0.09	7.01	7.02	327442	7428	0.00	3.83
14	002549	凯美特气		1.15	7.04	0.08	7.04	7.05	127365	1146	1.00	2.05
15	002678	珠江钢琴		-2.01	8.28	-0.17	8.28	8.30	9040	229	-0.11	0.07
16	002730	电光科技		-2.97	8.17	-0.25	8.16	8.17	29391	244	-0.23	1.01
17	002841	视源股份		2.79	86.16	2.34	86.15	86.16	21559	272	-0.13	0.59
18	002955	鸿合科技	N	1.46	60.35	0.87	60.35	60.36	23479	317	0.18	6.84
19	300010	立思辰	R	0.98	14.45	0.14	14.44	14.45	350889	10377	-0.13	4.94

分类▲ A股 中小 创业 科创 CDR▲ B股 基金▲ 债券▲ 股转▲ 板块指数 港美联动 自选 板块▲ 自定▲ 港股▲

上证 3075.50 1.42 0.05% 2423亿 深证 10954.4 -13.05 -0.12% 3651亿 中小 7110.72 -19.44 -0.27% 1632亿

• 图 3-7 “在线教育”板块

因此，股民每晚看看证券三大报（《中国证券报》《上海证券报》《证券时报》）的消息也是很重要的，有些行业受政府持续扶持，有些行业经常出利好刺激，相应的个股都有可能出现一波大幅拉升行情。

3.3 选股的相关技巧和注意事项

对于散户来说，除了要着重关注上面提到的 8 种股票外，在选股时还需要了解一些技巧和注意事项。

3.3.1 主力股千万不能碰

A 股的前 15 年基本上都是主力股时代，一个主力操作一只股票的事情屡见不鲜。但从 2005 年的 998 点到 2007 年的 6124 点，中国股市走出了一波前所未有的强势行情，成交量急速扩大，从此 A 股告别强力股时代，进入多元时代。

2015 年的一波上攻，中国股市的成交量甚至超过了美国股市，成为世界第一大资本市场，可惜只保持了几天，但相信未来中国市场的成交量成为世界第一的日子还会有很多，甚至能持续保持。

现在我们虽然告别了主力股时代，但各路游资还是存在的，很多散户喜欢关注股票排名，追随知名游资操作，但游资也没有那么厉害，多少知名游资折戟的事情屡见不鲜，哪怕是公募基金，也有很多被深套出不了货的情况。

如果一只股票有两种走势，说明主力非常难出货，但又想出货，怎么办呢？只能在盘面上耍些手段，如图 3–8 所示。

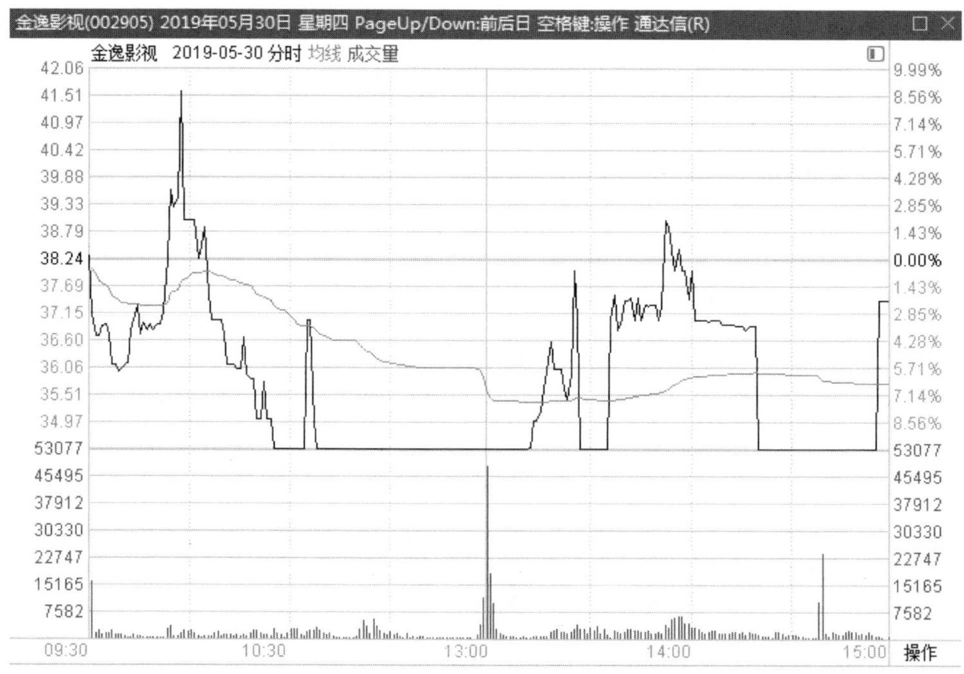

• 图 3–8　金逸影视走势

图 3–8 是金逸影视在 2019 年 5 月 30 日的走势，非常经典。首先，上午向上爆拉是给散户看的，散户认为该股还能继续上涨，所以一出现快速拉升就会有散户忍不住追进去，但由于主力在出货，所以冲上去的结果是很快被打下来，甚至一路跌停。

但这只股票在跌停板还不老实，数次大幅拉升，紧接着再度跌停。这说明主力被逼到了极限，用对敲的手段拉升自己的筹码，就是为了让散户追进来，即使出不了多少货，但能出多少算多少。

在盘中，该股还有数次一字横盘，分时图如手绘一样，这也说明是单一主力在操作该股票，少有其他投资者参与买卖该股。

不可思议的是，该股竟然在尾盘收盘爆拉近 8 个点，如果在跌停板买入，该日收盘后是大赚 8% 的。但这个盈利有用吗？答案当然是否定的，这个盈利没有任何意义，我们看看后来的走势，如图 3-9 所示。这种走势的结果就是连续一字板跌停，股民想出都出不去。

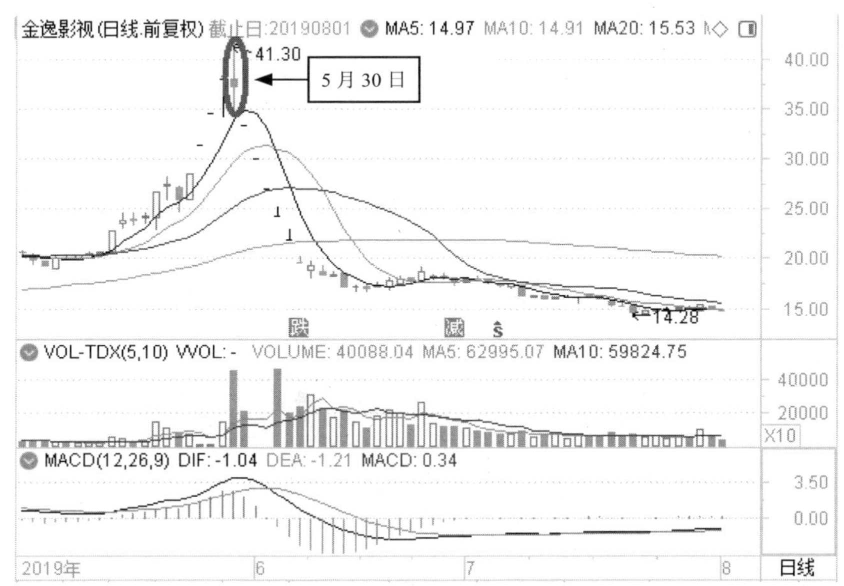

• 图 3-9 金逸影视跌停

相同的例子还有很多，可以再看下面的 2019 年 1 月 10 日的中昌数据，如图 3-10 所示。它的分时图是不是跟我们上面所说的如出一辙？笔者总结一下，在走势上有如下几个特征的股票，一定要及时卖出。

（1）看水平走势

分时图在盘中有类似于横线的水平走势，或者是心电图走势，这种走势往往说明主力控盘明显，除了单一主力少有其他投资者参与。

（2）出现大幅度拉升趋势

该盘中多次出现大幅拉升，且类似于火箭发射的快速急拉，每次急拉过后很快就会回到起点甚至更低的位置，说明主力急拉只是想出货，而且出货意愿颇为急迫。

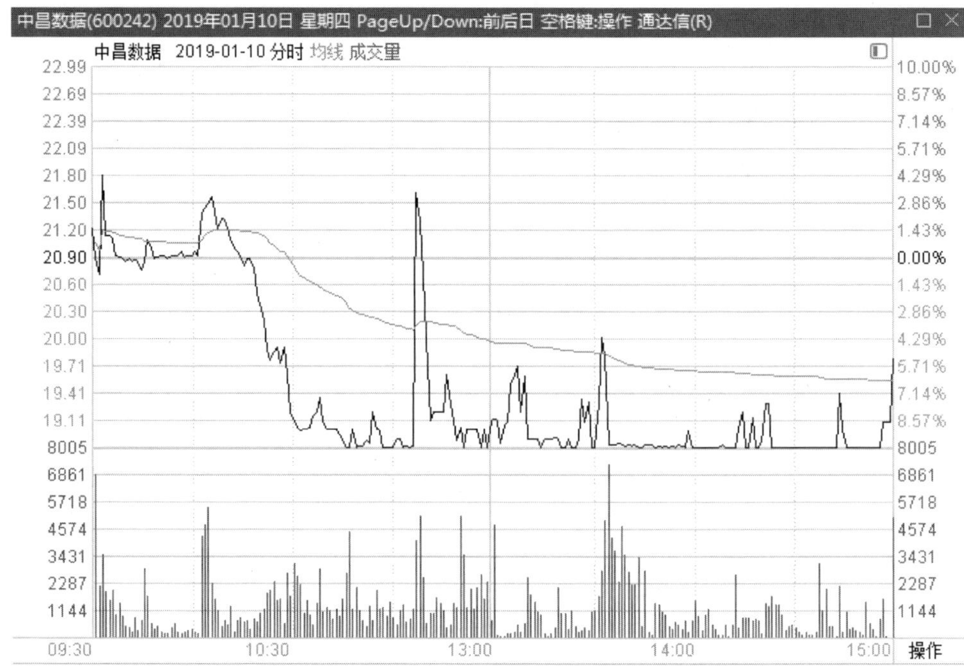

• 图 3-10 中昌数据走势

（3）尾盘集合竞价出现大幅拉升

上面两只股票其实在我举例当天的前几日，已经有上述三种特征明显出现，所以出现上述三种特征的股票要及时回避，以免造成巨亏！

3.3.2 如何提高打新中签率？打新技巧大全展示

根据大数据统计，约有三成的网上打新（用资金参与新股申购，如果中签的话，就相当于买到了即将上市的股票）在 9:30-10:00 这个时间段，主要由于开盘的时候大家容易想起打新这件事，但这个时间段的打新成功概率并不高，如表 3-3 所示。

表 3-3 打新成功率

委托时间	中签率（%）
9:30-10:00	0.135
10:00-10:30	0.148
10:30-11:00	0.156

续表

委托时间	中签率（%）
11:00–11:30	0.155
13:00–13:30	0.139
13:30–14:00	0.148
14:00–14:30	0.146
14:30–15:00	0.137

从上表我们可以看出，上午后一个小时，也就是 10:30–11:30 这段时间打新的成功率最高；如果错过了上午，下午 13:30–14:30 这一个小时的成功率也超过 0.14% 了，投资者可以在这一个小时里操作。

对于特别在意打新或者专业做打新的投资者，可以把时间段按 15 分钟切分，打新成功率最高的两个时间段中签率接近 0.16%，它们是 10:30–10:45、11:00–11:15，大家可以尽量在这个时间段内申购新股。

总结：

（1）现在大家最多可以开设 3 个证券账户，打新需要市值，沪深两市都是 10000 元钱可以申购 1000 股（深市以 500 股为单位），如果某投资者有多个证券账户，其申购市值按合并计算。

（2）不管你在哪个证券账户申购，只有第一笔有效。

（3）申购股票数不得超过初始发行股数的千分之一，也就是我们所说的顶格申购，所以沪深两市的资金可以做合理配置，不要将资金都放到某一单一市场。

（4）发行价高的股票中签后容易有比较大的收益。

（5）大盘股上市往往中签率高于小盘股。

3.3.3 要么做最强的，要么做最优的

要么做最强的，要么做最优的。我相信炒股一年以上的股民一定对这句话深有体会，但也最恨这句话，因为无法做到这个要求。

这个世界最容易做的就是讲道理，但最困难的事就是把道理中说的事情做出来，这也是“鸡汤有毒”的原因。

1. 什么叫“最强的”

最先涨停、涨幅最大的就是最强的。如果在震荡走势或牛市中，强势股往往能带动整个板块大涨。

比如 2018 年底的东方通信，带动整个通信板块大涨，其上涨第一波往往不适合追高，因为无法判断其能否涨势特殊，但第一波上涨过后，有几天的整理走势，如果整理形态为空中加油，则是典型的买点。

所以笔者常说买高不追高，也就是买股票一定要买已经有启动迹象的，已经涨过一波的，在强势震荡整理的时候就可以介入。

大多数人在东方通信从 3 元多涨到 7 元的时候是不敢买的，然后他们会在 37 元钱的时候追悔莫及，所以不要让自己有限的眼界局限了这无限的世界，如果你嫌强势股太高，不敢买，那只能说你可能不适合做强势股。

如果非要量化最强股，可以满足以下几条：

（1）该股上涨能持续放量，换手率超过 10%；

（2）个股至少有 2 ~ 3 个涨停板，上涨 50% ~ 100%；

（3）上涨过后进入整理期，但该整理是缩量强势调整，说明主力未出局；

（4）不在上涨过程中追，在高位震荡的过程中看清局势再买进。

2. 什么叫“最优的”

什么叫最优股？满足以下几个条件就行，基本面优、价格优、行业优。

对于投资者来说，尤其要精选未来发展空间大，没有天花板的行业，比如目前处于工业 4.0 时期，人工智能、计算机设备、大数据、5G、网络安全等新兴行业一定是未来的发展方向。而且它们都是朝阳行业，处于成长期，未来有非常大的发展空间，这类行业在资本市场肯定会有比较好的投资价值。

有个例外，就是周期类股票。比如说基建、化工、钢铁、煤炭、有色金属、证券、港口、农林牧渔等，这些股票有很强的周期属性，涨跌幅度都非常大，整个股价甚至可以看成在一个大区间中震荡，而且其股价往往跟其产品属性息息相关。

产品涨价则会有一些比较大的行情，比如维生素、染料、猪肉、铁矿石、黄金等，投资者如果对价格、消息更敏感，可以在相对历史低位关注相关产品的价格趋势，如果有涨价或政策利好，也可以抢先介入。

3.3.4 陆港通和融资融券余额数据应该怎么看

陆港通是外资流向的代表，有很多人关注，甚至指导操作，认为陆港通流入就可以跟着一起买股票，流出就要卖出股票。

但实际情况是在 2018 年初，陆港通开始大幅流入 A 股，大家都对行情充满期待，但下半年 A 股却出现连续下跌。

其实陆港通的资金基本从估值角度进行投资，当 A 股市场估值低到某个阈值时，就会买入；估值高到某个阈值时，就会卖出。所以，陆港通往往不会买在最低点或卖在最高点，只是买在相对低位、卖在相对高位而已。

陆港通其实是一个领先指标，它们会在大盘见底之前就进场，大盘见顶之前就出局，它是一个长线引导指标，投资者没有必要紧跟着沪深港通的流入流出操作，陆港通如果能持续流入，说明大盘相对低估，仅此而已。

但这个低估不代表下跌空间就不大，就像 2018 年下半年，陆港通即使持续流入半年，但 A 股还是可以大幅下跌。

融资融券余额也是资金活跃度的一个参考指数，当然越大越好，说明做融资融券的人很多。它是一种趋势类指标，比如大盘上涨的时候，往往伴随着融资融券余额的持续增多，反之亦然。

结合对融资融券余额的持续观察，笔者认为超过 4 天连续增加，说明大盘有看多的趋势，这个时候可以比较放心地进场，震荡趋势中通常不会有连续 4 天的持续增加。

所以总体来说，陆港通和融资融券两个指标都是描述趋势的，陆港通描述外资的资金趋势，陆港通连续流入，说明外资认为大盘被低估。但这时大盘并未见底，因为决策大盘见底的因素并不是外资，而是 A 股自身。

融资融券余额描述的是市场趋势，连续超过四天持续增加，说明大盘趋势向好；连续超过四天持续减少，说明大盘有下跌的趋势。

3.3.5 怎么投资指数基金（ETF）

指数基金，英文 Exchange Traded Funds，简称 ETF，跟股票一样可以在二级市场交易；交易成本低于股票，只有证券公司佣金，没有印花税。

1. 本质

指数基金其实是买了一篮子股票，它跟踪的是某个指数的走势。譬如，如果是上证 50 的 ETF，则该 ETF 基金就买了上证 50 中的 50 只股票，该基金的走势会跟上证 50 类似。

2. 套利

关于指数基金的一二级市场套利，因为普通散户是无法操作的，笔者这里不用细讲。这中间的交易成本和交易风险巨大，只是在理论上可行而已，专业机构有很多账户、操盘手和程序化交易，还有机会可以套利。

笔者要说的是，ETF 的成分股里，可能会有持续涨停或跌停的股票。如果你只是买入这样的股票，就要面对失去流动性的风险。但 ETF 基金不会，如果其中有股票有持续涨停的机会，还可以低吸 ETF 基金。如果其中有股票持续跌停的话，也可以先把基金卖掉。

3. 优势

对普通散户来讲，他们无法通过买几十甚至几百只股票去分担风险，指数基金天然地把资金放到一个股票池里，分散了风险。而如果某个行业具有非常大的发展空间的时候，他们也可以通过指数基金投资该行业。所以 ETF 基金是大盘趋势向好时的标配投资品种。

笔者也有跟踪纳斯达克指数的 ETF 基金，之前的美股暴涨，投资者不见得要去美国开户才能炒美股，做美股相关的 ETF 基金仍然可以从中分到一杯羹。

4. ETF 与大盘的关系

ETF 其实也是一种大盘指标，在熊市末期，还有一个就是在牛市末期，ETF 份额会出现大规模的增加。但有一个有意思的点，熊市末期进入的 ETF 份额通常会在牛市初期出现大幅赎回。

5. 买哪只（已标出）

经过整理后，笔者列出下面几个 ETF 基金可以作为操作对象，喜欢做大盘股的就买上证 50 的 ETF，喜欢成长股的就买中小板或创业板的，如表 3-4 所示。

表 3-4　买哪只 ETF 基金（底纹为笔者推荐）

基金简称	代码	追踪标的
50ETF	510050	上证 50 指数
300ETF	510300	沪深 300 指数
中证 500	512500	中证 500 指数
创业板	159915	创业板指
创业板 50	159949	创业板 50 指数

笔者推荐几只可以关注的行业类 ETF 基金，如表 3-5 所示。

表 3-5　行业类 ETF 基金（底纹为笔者推荐）

基金简称	代码	追踪标的
证券 ETF	512880	证券板块
银行 ETF	512800	银行板块
军工 ETF	512660	军工板块
医药 ETF	512010	医药板块
黄金 ETF	518880	黄金现货价格

3.3.6　明白财报审计结果的真正含义

很多人炒股要选择基本面优质的公司，财务报表则是衡量上市公司基本面最直观的数据，标准的财报审计结果是“无保留意见”说明该公司的年报数据正常、准确；其余所有意见都是“非标”意见，包括带强调事项段的无保留意见、保留意见、否定意见、无法表示意见。

“无保留意见”的上市公司年报都会有某某会计师事务所保证年度报告中财务报告的真实、准确、完整的字段，这说明会计师相信该公司财报没有问题，愿意与公司共担风雨；但如果是非标意见，那就说明会计师想与上市公司撇清关系。所以非标意见等于是在告诉我们，这个公司有问题，只不过程度不同，具体如下：

（1）带强调事项段的无保留意见：说明有人背黑锅，有点小问题。

（2）保留意见：假的，这个公司是骗子。

（3）否定意见：公开划清界限，我不同意你，我跟你没有关系，该公司肯定有重大问题。

（4）无法表示意见：跟实名举报该公司是诈骗犯几乎没有区别。

第4章

操盘技巧，掌握炒股秘籍，收获财富人生

对于每一位长期涉足股市投资的股民而言，学会如何操盘、掌握操盘的基本方法和各种买卖股票的技巧是一门极其重要的必修课，正确地解读盘口玄机和运用合适的买卖股票技巧可以提高股价行情运行趋势预测的准确性，从而直接影响投资者投资的成功或失败。

4.1 看懂股票盘口背后隐藏的秘密

在 K 线窗口右侧即为盘口，通过该窗口可以透露出很多的盘面信息，它直接反映了委比、委差、量比、涨幅、股本等基本信息，如图 4-1 所示。具有非常重要的分析价值。

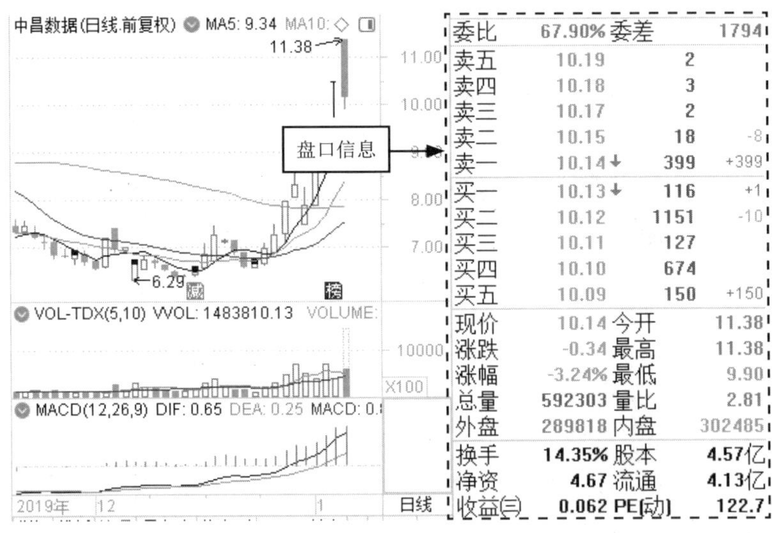

• 图 4-1　盘口信息

4.1.1 大盘涨跌能预测吗

在趋势理论中，有一点是大家都认同的，那就是市场消息只会对短期大盘构成影响，不会影响大盘的长期走势。大盘的长期趋势是最简单的——一定是向上的，因为通货膨胀的存在，资金一定是越来越多，也会支撑股指越来越高。

那么短线真的有所谓的“大神”吗？笔者经常看到一些分析师总在说自己过往的历史——挖掘了几倍的牛股、精准的预测了底部点位、成功逃顶等。其实身在这个行业的人都知道，那些评论家天天说很多股票，结果对了就拿来吹嘘，错的就选择性遗忘，所以在他们那里永远都是对的，没有错的。

股民们往往容易被那些或幽默、或生活化的言语影响，所以他们会认为这个人太厉害了。但其实真相是这些股评家说得太多，股票、支撑阻力位等，事后永远能找到说得对的地方。他们不是看得有多准，而是太会说，太会渲染，能和你共鸣，让你记住他的正面印象。他厉害的地方不是炒股，而是心理学。

股市短线走势是市场中无数的因素合力造成的结果，大盘的自生动能、消息面、心理因素、政策层面等，都会对股指的走势产生影响。

影响股市的因素一直都是动态的，很多甚至是突发的，而且有的消息资金认可，有的消息资金不认可。所以投资者要做的应该是静观其变，发现方向明确了，有资金介入了，投资者才能跟着主力资金进场。而那些言之凿凿的分析师如果真的能准确预测大盘的短线走势，那他早就成为超级富豪了，根本不需要出来赚辛苦钱。所以，投资者还是要坚守自己的操作方法和理念，不要急功近利地相信那些“大神”，这个世界上是根本没有“大神”的。

4.1.2 股票五档盘口是什么意思

五档盘口中包括两个基本组成部分，即卖盘和买盘，各盘包含的具体内容如下。

（1）卖盘：包括卖一、卖二、卖三、卖四、卖五 5 个委托卖出价格，其中卖一为当前的最低申卖价格，如图 4-2 所示。

（2）买盘：包括买一、买二、买三、买四、买五 5 个委托买入价格，其中买一为当前的最高申买价格，如图 4-3 所示。

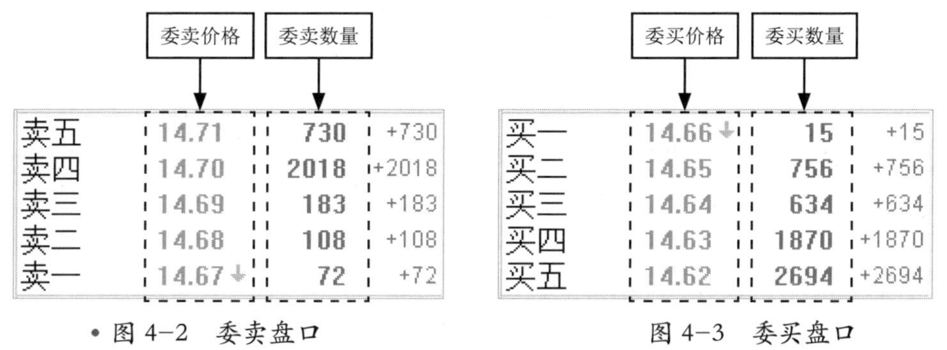

图 4-2 委卖盘口

图 4-3 委买盘口

如果股票当日涨停或跌停，可以直接从委比数据反映出来。

（1）涨停板委比：涨停板委比值为 100%，委托盘全是买盘，如图 4-4 所示为 ST 成城（600247）的涨停板委托盘。

（2）跌停板委比：跌停板委比值为 -100%，委托盘全是卖盘，如图 4-5 所示为 *ST 高升（000971）的跌停板委托盘。

600247 ST成城		
委比	100.00% 委差	9385
卖五		
卖四		
卖三		
卖二		
卖一		
买一	4.13	8900
买二	4.12	10
买三	4.11	59
买四	4.10	175
买五	4.09	241

• 图 4-4　涨停板委托盘

000971 *ST高升		
委比	-100.00% 委差	-34319
卖五	3.22	530
卖四	3.21	207
卖三	3.20	3354
卖二	3.19	729
卖一	3.18	29499
买一		
买二		
买三		
买四		
买五		

• 图 4-5　跌停板委托盘

委比指标指的是在报价系统之上的所有买卖单之比，是实盘操作中衡量某一时段买卖盘相对强度的指标。委比的计算公式如下：

委比＝（委买手数－委卖手数）÷（委买手数＋委卖手数）×100%

委比的取值自－100% 到＋100% 之间，＋100% 表示全部的委托均是买盘，涨停的股票的委比一般是 100%，而跌停是－100%。委比为 0，意思是买入（托单）和卖出（压单）的数量相等，即委买：委卖＝1 ：1。

委比就是还没有交易成功，是通过系统委托而显示出来的一个参考数字。成交明细是指已经交易成功的分时成交量以及成交价。成交明细所显示出来的是一个真实的数据，而委比却是一个虚假的数字，委比上的挂单是随时可以撤掉的。一般来说，委比指标说明买入和卖出意愿的不平衡程度，但它并不能反映股票的活跃程度，活跃程度还是要看股票的换手率，同时需要注意，委比数值是时时都在变化的。

4.1.3 量比指标在分时图中的使用技巧

量比是指当天成交总手数与近期成交手数平均的比值，量比指标主要用于观察最近 5 个交易日的成交量的活跃度。如图 4–6 所示，大庆华科（000985）2020 年 1 月 7 日的量比为 1.39。

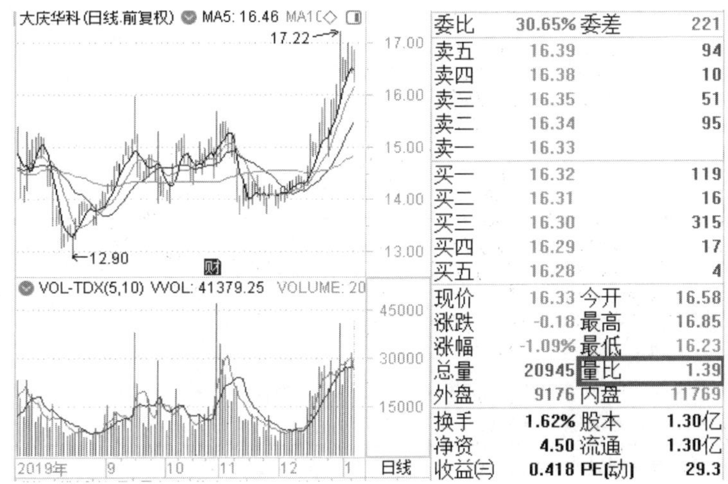

• 图 4–6　大庆华科（000985）2020 年 1 月 7 日的量比

量比的计算方法是将当日每分钟平均的成交量除以过去 5 日的每分钟平均成交量，再乘以当日的交易时间。一般情况下，量比的取值范围为 0.8 ~ 1.5。该股量比为 1.39，属于正常范围。

量比数值的大小表示近期此时成交量的增减，大于 1 表示此时成交总手数已经放大，如图 4–7 所示。小于 1 表示此时成交总手数减少。

• 图 4–7　拓日新能（002218）盘口信息

从拓日新能（002218）盘口信息中可以看出，该股的量比为4.09，远远超过正常的取值范围，说明此时股价的成交量显著增长，是强烈的反转信号。

不同的量比值，其反映出来的市场意义不同，常用量比值市场意义如表4-1所示。量比值的大小体现了当前的盘口状态，投资者可以根据量比值的大小来确定成交量的大小以及买卖盘口的时机。

表4-1　量比值的市场意义

量比值	详情
< 0.5	表明成交量严重缩量，显示股票交易投资冷清，无人问津。如股价连续创出新高，此时量比值较小，成交量缩量，说明主力已经稳稳地控制住了盘面，没有临时出逃的筹码破坏盘面形态。因此，排除主力高位出货后，股价继续上涨的可能性较大。同时，若股价处在缩量调整中，同样也说明主力控盘较高，筹码较为坚定，没有被震仓出局，因此投资者可以持股待涨
0.8 ~ 1.5	说明成交量处于正常的水平，此时买卖股票的风险性不大
1.5 ~ 2.5	说明成交量温和放量。若此时股价处于稳步上升的态势，则表明股价上涨情况良好，可以持股待涨；若股价下跌，则表明下跌行情将继续延续，短期内股价不会止跌反弹，若持有该类股要应及时卖出止损
2.5 ~ 5	说明成交量明显放量。若股价相应地突破重要支撑或阻力位置，则突破概率颇高，可以相应地采取行动
5 ~ 10	说明成交量剧烈放量。若个股处于长期低位后出现剧烈放量，说明股价涨势的后续空间巨大；若股价在高位已有大幅上涨时出现剧烈放量，投资者应引起注意，谨防主力出货
10 ~ 20	说明成交量极端放量。此时是股价反转的信号，如果股价处在连续上涨的高位，成交量放大，则是股价即将见顶的信号；当股价处在连续下跌的走势之中，成交量放大，股价跌势趋缓，则是股价即将见底的信号，投资者可以少量建仓
> 20	此种情况极为少见，若某只股票出现该量比值同样是比较强烈的反转信号，说明推动股价上涨或者下跌的动能已经耗尽，股价将改变原有的趋势，向反方向发展

4.1.4　股市唯一不骗人的指标——“换手率”

挖掘领涨板块首先要做的就是挖掘热门板块，判断是否属于热门股的有效指标之一便是换手率。换手率也称周转率，是指在一定时间内市场中股票转手买卖的频率，是反映股票流通性强弱的重要指标之一。换手率高，意味着近期有大量的资金进入该股，流通性良好，股票的市场表现趋于活跃。

换手率的计算公式如下：

换手率＝成交股数 ÷ 流通股数 ×100%

例如，某只股票在一个月内成交了 5000 万股，该股票的总流通股数为 50000 万股，则该股票的换手率就为 10%。

一般情况下，大多数股票每日换手率在 1% ～ 25%（不包括初上市的股票）。70% 的股票的换手率基本在 3% 以下，3% 就视为一种分界。当一只股票的换手率在 3% ～ 7% 之间时，该股进入相对活跃状态。

- **当一只股票的换手率在 7% ～ 10% 之间时，则为强势股的出现，股价处于高度活跃当中。**
- **当一只股票的换手率在 10% ～ 15% 之间时，属于机构密切操作个股。**
- **当一只股票的换手率超过 15% 且持续多日的话，此股成为黑马股的可能性非常大。**

我国的股票分为可在二级市场流通的社会公众股和不可在二级市场流通的国家股和法人股两个部分，一般只对可流通部分的股票计算换手率，以便更真实和准确地反映出股票的流动性。换手率的主要作用如下。

（1）发掘热门股

换手率越高的股票，说明其交易越活跃，人们购买该股的意愿越高，属于热门股；反之，股票的换手率越低，则表明该只股票少有人关注，属于冷门股。

（2）体现变现能力的强弱

换手率高一般意味着股票流通性好，进出市场比较容易，不会出现想买买不到，想卖卖不出的情况，具有较强的变现能力。值得注意的是，换手率越高的股票，往往也是短线资金追逐的对象，投机性较强，股价起伏较大，风险也比较大。

（3）判断股价走势

将换手率与股价走势相结合，可以对未来的股价做出一定的预测和判断。某只股票的换手率突然上升，成交量放大，可能意味着投资者在大量买进，股价可能会随时上扬。如果某只股票持续上涨了一段时期后，换手率又迅速上升，则可能意味着是一些获利盘的回吐需求，股价可能会下跌。

4.1.5 何时才能抄底？大盘见底标志汇总

很多人总是搞不清底部（政策底、市场底、估值底、经济底、情绪底等）是否真正来临，很多人抄底总容易抄在半山腰上，到底何时见历史大底，一般来说有如下几个特点。

- 市场经过长期大幅度下跌，数百只股票跌到5元以下，2元以下个股增多，1元以下的股票开始出现。
- 市场人气超低迷，没有成交量，情绪极度悲观，人人谈股色变。
- 政策面“暖风频吹”，政策底已现。
- KDJ、MACD等指标出现明显的底背离，甚至多次底背离。
- 一些公司跌破净资产，指数市盈率达到历史底部区域。
- 大股东频繁增持，国家队资金明显表示增仓。
- 沪深港通已经持续流入较长一段时间，融资融券余额也有变多趋势。

出现以上几种情况，说明大盘处于底部区域，也是黎明前最黑暗的时候，这个时候也不能轻易抄底，因为黎明前的黑暗是至暗时刻，很多个股仍然能再跌3到5成，《股票大作手》的主人公利弗莫尔数次失败，都是输在黎明前的黑暗里。

如果出现下面几种情况，就可以开始抄底了。

- 证券板块放量上涨，而且量能放大具有持续性，龙头至少翻倍。
- 指数明确站上MA45～MA75之间的一根重要中期均线，这根均线要配合当时的行情看，哪根中期均线最有效，然后被突破，说明指数有反转的迹象。
- 有其他领头板块配合券商股一起上涨。
- 基金热卖，ETF份额大增。
- 大盘上涨带量，一直不回调，分析师看不懂，专家说不清。

这几个情况出现，说明大盘已经开始有资金关注，第一波行情正在进行中，此时参与或等待未来下跌后第二个低点进场，都是比较不错的选择。

4.1.6 几种预判趋势的主流操盘理论

在股市中要想更好地运用K线形态展开实战，就应该深刻地把握原理、打好基本功，本节将带领读者逐一领略技术分析领域的基本理论，力求从根源上挖掘出操盘技术分析的精髓。

1. 道氏理论

查尔斯·道是美国道琼斯公司的缔造者，他也是《华尔街日报》的创办人之一。

直到 1902 年离开人世，查尔斯·道一直在《华尔街日报》担任编辑工作。在生命的最后几年里，他写过一些关于股票市场的评论文章，这些文章是查尔斯·道本人唯一现存的观察股市规律的记录。这些记录是以股票每日价格平均波动为基础，该指数的计算包含铁路类和工业类的股票。

直到今天，许多成功的投资者都运用道·琼斯铁路和工业指数来分析股票价格乃至经济走势。该指标堪称迄今为止设计得最为可靠的指标。人们通常把使用股票平均价格指数分析市场趋势的方法称之为道氏理论。

道氏理论主要讲述了股市的趋势及运行规律，而且它对于趋势不同级别的划分也极其重要。下面为道氏理论的主要内容。

- **道氏理论断言，股票会随市场的趋势同向变化以反映市场趋势和状况。股票的变化表现为 3 种趋势：主要趋势、中期趋势及短期趋势，如图 4-8 所示。**

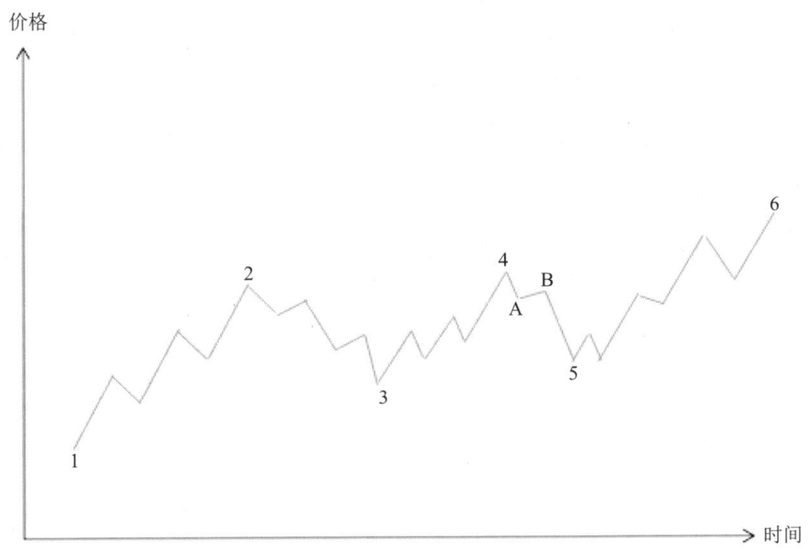

• 图 4-8　主要趋势、中期趋势及短期趋势形态示意图

（1）主要趋势：持续一年或一年以上，大部分股票将随大市上升或下跌，幅度一般超过 20%（数字 1 ~ 6，图中主要趋势的运行方向向上，是一个上升趋势）。

（2）中期趋势：又称为次级回调趋势，它与主要趋势是完全相反的方向，持续期大多在几周之内，幅度为基本趋势的三分之一至三分之二（数字 2 ~ 3、数字 4 ~ 5 这两段走势是与主要趋势的运行方向相反，属于次级回调趋势）。

（3）短期趋势：又称为小趋势，只反映股票价格的短期变化，持续时间不超过六天，多由一些偶然因素导致，从道氏理论的角度来看，短期趋势并无规律可循（字母 A ~ B 这样的时间极短的小幅波动走势，属于短期走势）。

- 上升趋势与下跌趋势的运行过程各分为三个阶段。

（1）上升趋势：包括建仓阶段（也称为吸筹阶段）、持续上涨阶段、狂热中见顶阶段，它对投资者理解上升趋势的运行过程是十分有帮助的。

（2）下跌趋势：包括筑顶阶段（也称为出货阶段）、持续下跌阶段、恐慌中见底阶段。

- 成交量可以验证趋势的运行。例如，在下跌趋势中，由于买盘力量始终无法大量涌入，而卖盘的抛压又是以车轮式的方式出现，因而其整个运行过程往往呈现出典型的“缩量下行”形态。
- 基本趋势会持续下去，直至发出明确的反转信号为止。当一个主要趋势形成，通常会朝着既有的方向运动，除非有外部动力来改变其运动方向为止。市场永远是在发展变化，牛市不可能一直延续，熊市也早晚会触及底部。

2. 波浪理论

股市里有一句俗话：“道氏理论告诉人们何为大海，而波浪理论指导你如何在大海上冲浪。”

美国证券分析家拉尔夫·纳尔逊·艾略特（R.N.Elliott）利用道·琼斯工业指数平均（Dow Jones Industrial Average，DJIA）作为研究工具，发现不断变化的股价结构性形态反映了自然和谐之美，提出了一套相关的市场分析理论，并特别强调波动原理的预测价值，这就是久负盛名的艾略特波段理论，又称波浪理论。

艾略特波浪理论（Elliott Wave Theory）是股票技术分析的一种理论，认为市场走势不断重复一种模式，每一周期由五个上升浪和三个下跌浪组成，如图 4-9 所示。前面五浪所组成的波浪是股市运行的主要方向，后面三浪所组成的波浪是股市的次要方向。波浪理论用“五升三降”来揭示股票市场的趋势及运行规律，这五升三降的八浪运动过程也是股票市场的一个完整循环过程。

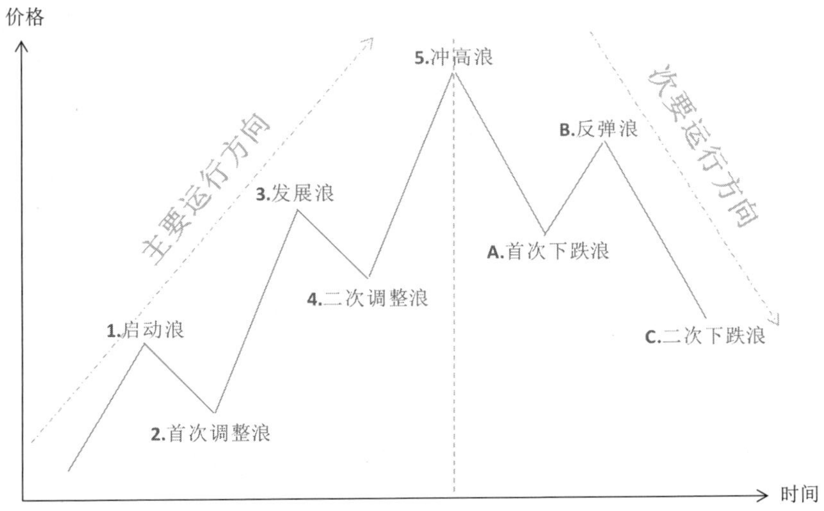

• 图 4-9　波浪理论形态示意图

● 推动浪：在波浪形态中，推动浪指的是每一个上升的波浪，如上图中的 1、3、5 浪。在整个大循环中，第 1 ～ 5 浪又是一个大推动浪。

● 调整浪：在波浪形态中，调整浪指的是每一个下降的波浪，如上图中的 2、4 浪。在整个大循环中，第 A ～ C 浪又是一个大调整浪。

如图 4-10 所示为上证指数（999999）K 线走势图，股指走势呈明显的“五升三降”波浪模式。

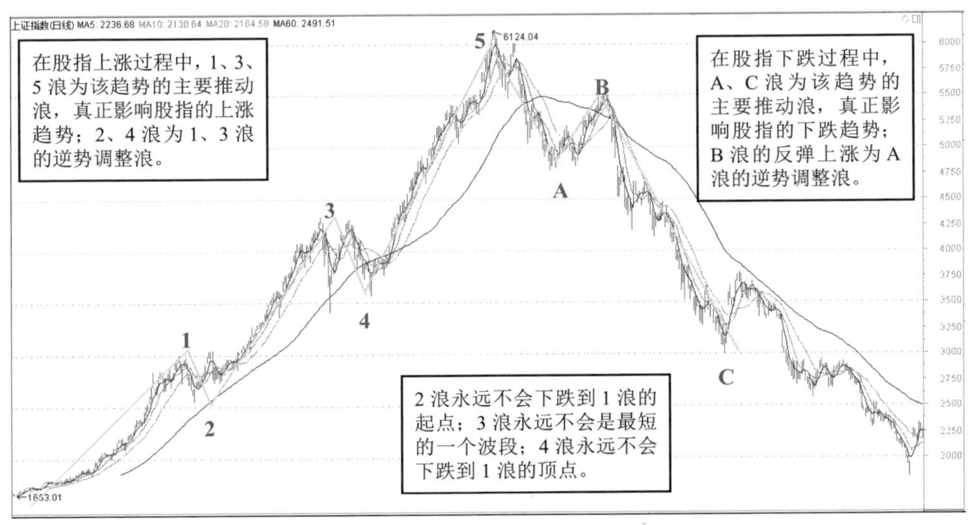

• 图 4-10　上证指数的波浪模式

3. 黄金分割理论

数学家法布兰斯在 13 世纪列出了一些奇异数字的组合，即：1、1、2、3、5、8、13、21、34、55、89、144、233……任何一个数字都是前面两个数字的和 2=1+1、3=2+1、5=3+2、8=5+3……，以此类推。有人说这些数字是他从研究金字塔中得出来的，金字塔和上列奇异数字息息相关。金字塔的几何形状有五个面，八个边，总数为十三个层面。由任何一边看上去，都可以看到三个层面。金字塔的长度为 5813 寸（5-8-13），而高底和底面百分比率是 0.618，即为上述神秘数字的任何两个连续的比率，譬如 55/89 ≈ 0.618，89/144 ≈ 0.618，144/233 ≈ 0.618。

黄金分割又称黄金律，是指事物各部分之间一定的数学比例关系，即将整体一分为二，较大部分与较小部分之比等于整体与较大部分之比，如图 4-11 所示。

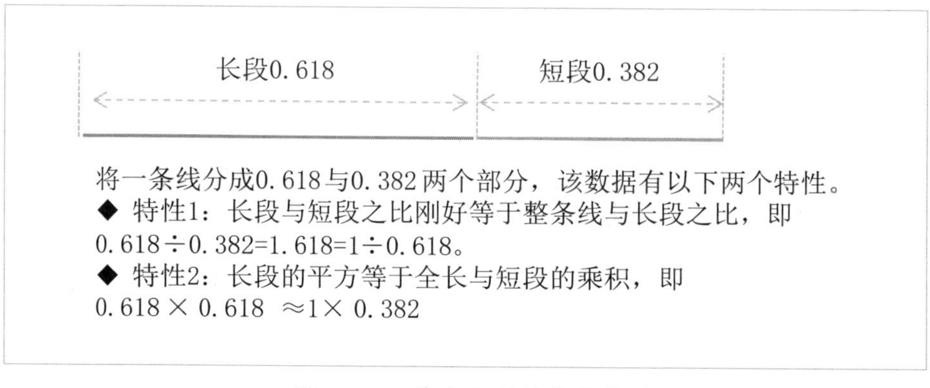

• 图 4-11　黄金分割的基本特性

黄金分割理论在股市中的运用方法很简单，当一轮上涨行情或下跌行情的涨幅或跌幅达到黄金分割理论数值时（如 0.382、0.618 等）将会受到阻挡。此时，原有的趋势运行状态将会出现回调甚至反转。

如图 4-12 所示为上证指数（999999）K 线走势图，股市从 2070 点开始出现持续上涨走势，利用黄金分割理论可以计算出它的回调位置区应为：2070×（1+0.618）=3340 点附近处，从图中可以看到，股市后期的走势与计算的结果基本吻合。

• 图 4-12　黄金分割走势分析

目前，绝大多数股票分析软件上都有画线辅助功能，黄金分割线的作图比较简单，具体画法如下。

（1）首先是找到并选取分析软件中的画线工具。

（2）在画线工具栏中选择“黄金分割”选项，进行如下操作。

- 如果股价正处于见底回升的阶段，以此低点为基点，单击此低点，并按住鼠标左键不放，拖动鼠标使边线与相应的高点对齐，即回溯这一下跌波段的峰顶，松开鼠标左键系统即生成向上反弹上档压力位的黄金分割线。
- 如果股价正处于见顶回落的阶段，以此高点为基点，单击此高点，并按住鼠标左键不放，拖动鼠标使边线与相应的低点对齐，即回溯这一上涨波段的谷底，松开鼠标左键系统即生成黄金分割线。

4. 江恩理论

江恩理论，是波浪理论以外另一套完整而且又功效相当神奇的测市工具。对于大部分爱好技术分析的投资者来说，江恩理论几乎无人不知，他是 20 世纪初的威廉・江恩（Willian D.Gann）通过对数学、几何学、天文学等的综合运用建立起来的独特分析方法和测市理论，结合自己在股票和期货市场上的骄人成绩和宝贵经验提炼出来的，其准确程度往往令人匪夷所思，因此使得江恩理论蒙上了一层神秘的面纱。

威廉·江恩认为，对于所有市场，决定其趋势是最为重要的一点，至于如何决定其趋势，学问便在里面。其认为，对于股票而言，其平均综合指数最为重要，并决定大市的趋势。此外，分类指数对于市场的趋势亦有相当的启示性。所选择的股票应以根据大市的趋势者为主。若将上面的规则应用在外汇市场上，则“美元指数”将可以反映外汇走势的趋向。

利用江恩回调法则，投资者可以较准确地提前预知股市中将出现回调的位置区间。江恩认为：无论价格上升或下降，在江恩价位中，50%、63%、100% 最为重要，它们分别与几何角度 45° 、63° 和 90° 相对应，这些价位通常用来决定建立 50% 的回调带。例如，如图 4-13 所示为上证指数（999999）的 K 线走势图，股价在此期间从 1700 点附近开始了一轮中长期上涨，直至涨幅接近 100%（达到 3400 点附近时）才出现了明显的回调，而这种 100% 的涨幅与江恩回调法则中的 100% 基本吻合。

• 图 4-13　江恩回调法则走势分析

江恩理论的主要买卖守则如下。

- 将资本分为十份，每次入市买卖，损失不会超过资本的十分之一。
- 入市时要坚决，犹豫不决时不要入市。买股票切忌只望收息。不要因为不耐烦而入市，也不要因为不耐烦而清仓。做多错多，入市要等待机会，不宜炒卖过密。
- 买卖遭受损失时，切忌加码，谋求拉低成本，可能积小错而成大错。设下止损位，减少买卖出错时可能造成的损失。入市时设下的止损位，不宜胡乱取消。
- 揸沽[①] 自如，不应只做单边。不可过量买卖，赔多赚少的买卖不要做。不让所持仓位由盈转亏。避免在不适当的时候金字塔式加码。
- 永不对冲。不逆市而为，市场趋势不明显时，宁可在场外观望。只在活跃的市场买卖，买卖清淡时不宜操作。
- 避免限价出入市，要在市场中买卖。如无适当理由，避免胡乱更改所持仓位的买卖策略。不要因为价位过低而吸纳，也不要因为价位过高而看空。
- 在市场中连战皆胜后，可将部分利润提出，以备不时之需。可用止损位保证所得利润。

5. 量价理论

量价理论是一种衡量股价的理论，最早见于美国股市分析家葛兰碧（Joseph E.Granville）所著的《股票市场指标》。葛兰碧认为成交量是股市的元气与动力，成交量的变动直接表现为股市交易是否活跃，人气是否旺盛，而且体现了市场运作过程中供给与需求之间的动态实况，没有成交量的发生，市场价格就不可能变动，也就无股价趋势可言，成交量的增加或萎缩都表现出一定的股价趋势。

基于这种认识，葛兰碧通过研究，系统地总结出了 8 种量价配合关系，这 8 种量价配合关系就是经典的量价理论。

- 量价齐升的量价配合关系，说明涨势仍将继续。成交量上涨的同时股价也跟着上涨，即所谓的有价有市。如图 4–14 所示为上涨指数（999999）K 线走势图。

注释：① 揸沽为港股术语，“揸”指的是“买入”，“沽”指的是“卖出”。

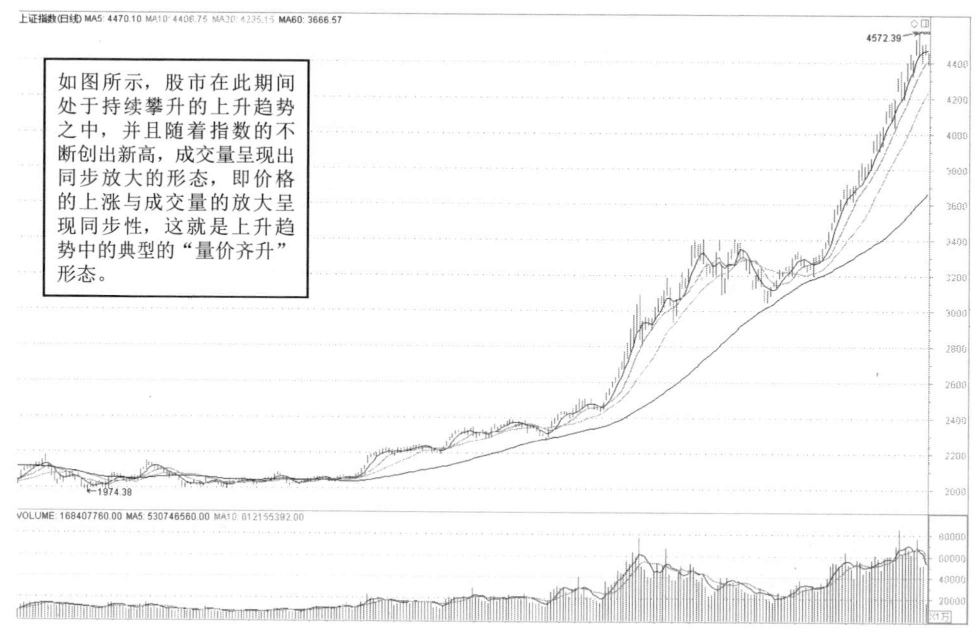

• 图 4-14　上证指数的“量价齐升”形态

- 量价背离的量价配合关系，说明涨势即将见顶。量涨价涨，股价创新高，但成交量却没有创新高，此时股价涨势较为可疑，股价趋势中存在潜在的反转信号。
- 股价随成交量递减而回升，显示出股价上涨原动力不足，股价趋势存在反转信号。
- 显示稳健的价升量增形态，然后成交量剧增，股价暴涨（井喷行情），随后成交量大幅萎缩，股价急速下跌，这表明涨势已到末期，上升乏力，趋势即将反转。反转的幅度将视前一轮股价上涨的幅度大小及成交量的变化程度而定。
- 放量滞涨的量价配合关系，预示阶段性的顶部出现。股价随成交量的递增而上涨的行情持续数日后，一旦出现成交量急剧增加而股价上涨乏力，在高档盘旋却无法再向上大幅上涨时，表明股价在高档卖压沉重，此为股价下跌的先兆。股价连续下跌后，在低档出现大成交量，股价却并未随之下跌，而是有小幅变动，则表明行情即将反转上涨，是买进的机会。
- 长期的下跌后出现二次探底走势，随着股价回升，成交量却并没有因股价上升而递增，股价上涨行情欲振无力，然后再度跌落至先前谷底附近（或高于谷底）时，如第二谷底的成交量低于第一谷底，则表明股价即将上涨。

- 股价向下跌破股价形态趋势线或移动平均线等具有中长期支撑作用的关键位置，同时出现大成交量，是股价下跌的信号。
- 放量下跌的量价配合关系，若出现在深幅下跌后的低位区，预示着下跌行情的结束。股价下跌相当长的一段时间后，会出现恐慌性抛盘。随着日益增加的成交量，股价大幅度下跌，往往预示着空头市场的结束。

6. 箱体理论

箱体理论是目前小型散户投资者使用最多的股票分析理论之一，其产生于纽约华尔街，是由达韦斯·尼古拉（Darvas Nicola）在美国证券市场投资的过程中所创造的一种理论。达韦斯·尼古拉认为指数或股价的局部运动是以单个“箱体”的方式呈现出来的，而整体走势则是以一个“箱体”接着一个“箱体”的方式呈现出来的，如图 4-15 所示。

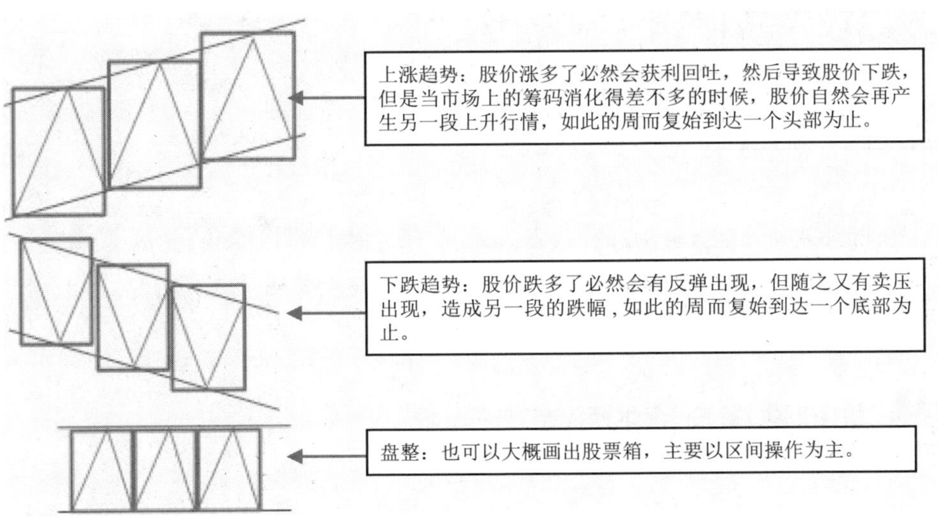

• 图 4-15　“箱体”的移动方式

指数或股价一般是在一定的范围内波动，这样就形成一个股价运行的箱体。当股价滑落到箱体的底部时会受到买盘的支撑，当股价上升到箱体的顶部时会受到卖盘的压力。一旦股价有效突破原箱体的顶部或底部，股价就会进入一个新的股票箱里运行，原股票箱的顶部或底部将成为重要的支撑位和压力位。因此，只要股价上扬并冲到了股民心里所想的另外一个箱子，就应买进；反之，则应卖出。

箱体理论的优势在于不仅仅是以一天或几天的 K 线数据为研究对象，而是以所有 K 线数据作为研究对象，因而决策的信息量更大。如图 4-16 所示为上海电力（600021）K 线走势图，可以看到图中标注的两个箱体，第一箱体的上沿对股价回调具有明显的支撑作用。因此当股价回调至第一箱体上沿附近时，就是投资者买入的好机会。

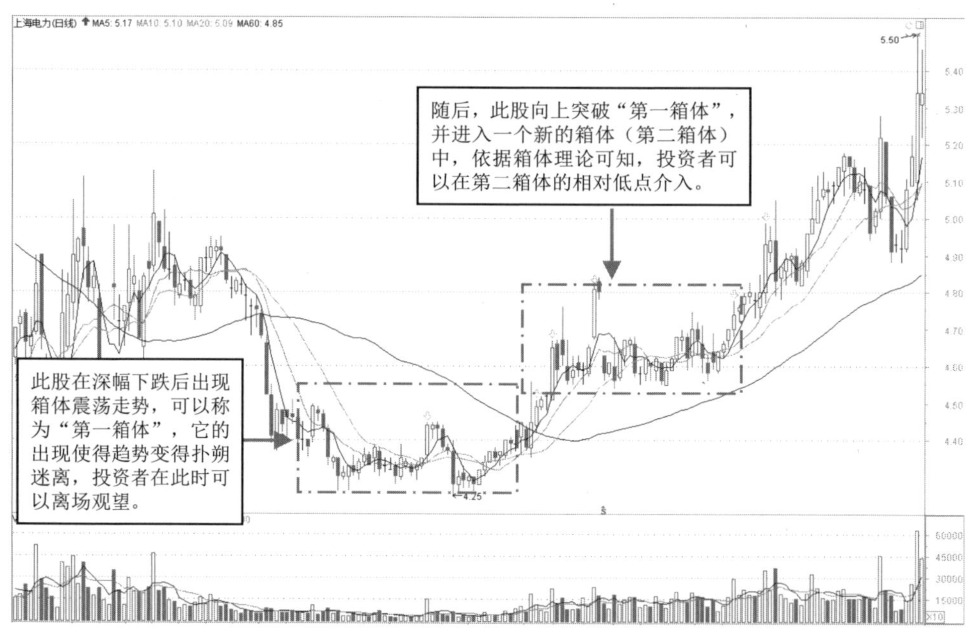

• 图 4-16　上海电力箱体震荡走势图

4.2 如何选择合适的买卖点

对于投资新手来说，如何开始第一次炒股是重点，而重中之重是如何买入股票，如何在最大程度上降低自己的投资成本，以及如何在合适的时点将股票卖出去。

4.2.1　如何买在低点，拉低投资成本

从业十多年，笔者知道股民最想要的东西是什么——牛股！有些新手刚进入

股市都会说：“你就告诉我买哪只股票，我买就行了，涨点就卖了，赚钱应该不难。”这就是无知者无畏的表现。

其实牛股、好股票特别多，但不是好股票都一定会涨，股票涨涨跌跌是常态，好股票在下跌的波段里跌三五成也是常有的，所以除了选股，选时也一样重要。

选股更多看的是基本面，但买股票就一定要“技术为王”，成交量、K 线、大盘情况、行业消息、指标、周期共振、波浪理论等构成了一个多维度买股票的方法。

1. 什么才叫真正的抄底？如何抄底

举个例子来说，100 元钱的股票跌到 50 元钱，很多人会觉得跌了这么多，可以抄底了，这个时候买入后，如果再跌到 20 元钱的话，笔者来算算结果：100 元钱买的人亏了 80%，50 元钱买的人亏了 60%。

也就是说，可能你的成本是人家的一半，但是你亏得非常多，所以底不是随便就能抄的，什么时候可以抄底？笔者给大家总结了一句话——要么急跌，要么止跌。

急跌就是大盘出现快速杀跌，指数至少跌 2%，个股基本都大跌 5 到 8 个点，这种情况搏个短线反弹还是很好看的，甚至当天就有可能会有较大的获利，但是一定要记住，只是短线而已。

急跌买股还有一个陷阱，有些急跌只是刚刚开始，这个时候买进去的风险也是很大的，所以急跌买股需要具备两个条件。一个是之前跌幅已经比较大了，有加速赶底的迹象；再一个就是不能放量跌破重要支撑位，如果跌破重要支撑位，则只是刚刚开始下跌，后面恐怕还会有非常大的下跌空间。

相对比较稳妥的一种抄底方法就是止跌买股，也就是出现止跌 K 线的情况，再去考虑抄底。什么叫止跌 K 线，比如股民常说的地量地价，在底部收地量的十字星或小阳线时，往往后市有可能止跌。但这个时候也要再多看一天，观察止跌线出来后的第二天能否放量上攻，必须带量上涨才能确认止跌线有效，这个时候也是买股票的最佳时机。

2. 永远不要买垃圾股

有投资者诉讼的、债务违约的、非标财报的、董事长被抓的等情况的公司股票不能买。总的来说，这些情况要么会影响公司运营，甚至本身就是财务造假的；

要么就是对公司商誉造成负面影响。

有些人喜欢在垃圾股里搏反弹，不是不能做，股市里没有不能做的事情，只有值不值得做的事情，就看风险你能不能承受。

3. 强势股在高位震荡可以做

散户炒股只能跟着主力资金走，主力资金的介入一定是有痕迹的，一般会体现在成交量上。出现持续放量的股票一定是有资金在深度介入，这种股票往往正在上涨，大家也往往喜欢在这个时候追进去，但经常发生的就是你追在高位被套，最后止损出局。

我们真正要做的其实是在第一波上涨的时候观望，看主力介入力度和市场认可度。如果这只股票能带动整个板块大涨，该股在高位震荡时则是比较好的买点，我们常管这种震荡叫作“空中加油”。

如果你在涨的时候追进去，是很容易在震荡的时候被洗出来，但如果你发现在高位震荡的时候是缩量的，而且大幅下跌的时候多数情况下都能当日收回“失地”。这说明主力在里面没跑，只是震仓洗盘而已，这时你也可以关注筹码集中度，如果底部筹码没有大幅减少，也说明主力仍然想拉升该股。一般来说，该股的第一波涨幅往往只是“鱼头”而已，真正的“鱼身”行情，也就是更大的行情，其实在后面，我们是完全可以吃到的。

4. 强势股回踩重要支撑可以做

上涨过一波的股票肯定是有主力资金介入的，但如果该股没有那么强，会形成一个较大幅度的回撤，这种回撤通常是50%的回撤，也有的是黄金分割位回撤。

当回撤到重要支撑位，出现明显的放量止跌迹象，则是比较好的买点，这种买股方法即我们常说的“梅开二度”。

5. 买股票一定要遵守的几大纪律

买股票之前，一定要先确定你是做短线还是中长线，短线错了必须立即止损，中长线可以尽量买在离支撑位较近的位置。

笔者个人买股票还会有以下三个原则，这三个原则都是技术指标层面的。

（1）MACD的黄白线必须站在零轴之上；

（2）OBV必须站在MAOBV之上（金叉）；

（3）K 线站在重要的中期均线之上。

这三个指标都是需要看个股强度的。也就是说，笔者只做个股已经有明显走强迹象的股票，这个原则是可以作为参考的。除了上面三个指标，投资者也可以参考 RSI、布林线等指标看个股强弱，指标选择是因人而异的。

4.2.2 会买的是徒弟，会卖的是师傅

对于大多数人来说，炒股最难的就是卖股票。

1. 做好持股计划

到底涨多少止盈，到底是见好就收还是长线持有赚大钱，这些一直是困扰广大股民的问题，其实产生这些问题的最根本原因在于，你没有对自己的持股做好规划。

（1）买股之前确认是短线还是中长线投资

短线还是中长线不是买完股票以后再决定的，而是应该买股票之前就决定的，绝不可以把短线炒成中长线，中长线做成短线，因为短线就是要见好就收，中长线必须要有耐心和决心持股长久拿住。

（2）看不清市场情况，没有一个坚守的从一而终的原则

如果你有一个原则，出现什么情况坚决卖出股票，什么时候坚决止损，什么时候不止损，要不要止盈，要不要分批操作等，这些问题就很容易迎刃而解，卖股票这件事对你来讲就非常容易了。

2. 卖股票的方法有下面几招

下面笔者总结了几种卖股票的具体方法如下所示。

（1）均线卖出法：针对长线持仓的品种

确定一根中长线最有效的均线，跌破一定卖出，这根均线通常是 45 天～75 天之间的一根，要学会自己找到这根均线。

（2）放量卖股法：能卖在最高点的办法

放量一定伴随着主力资金的活动，高位放量冲高回落的时候是必须要减仓甚至清仓的。

（3）线卖股法：卖在相对高点

K 线形态不好看，总是出现影线，而且放量滞涨，主力有明显衰竭的迹象，这种情况是必须要卖出股票的，卖出位置相对也会比较高，但使用这种方法要相对熟悉 K 线的用法。

（4）跌破支撑法：长线卖股方法

判断出趋势有问题的时候，果断止损或止盈，比如跌破布林线中轨、跌破轨道线、跌破箱体底部、跌破黄金分割位等。

（5）盘口观察法：发现问题

因为盘口能直接地告诉我们主力资金的动向，如果大单都是买单，该股的趋势一直平稳上行，这肯定是可以持股的。但如果出现明显的资金异动和连续的大卖单的时候，至少投资者是可以考虑减仓的。

（6）短周期卖出法：较大程度的锁定利润

买股票最好是日线级别有明显的向好迹象，但卖股票可以在 30 分钟或 60 分钟周期出现问题，比如 MACD 死叉或放量滞涨的时候，卖出股票，能够在较大程度上锁定利润。

（7）分批出货法：进可攻退可守

卖股票也要讲究策略，如果有些个股盈利幅度过大，一次回撤往往会让人非常难受。所以即使是中长线投资的股票，有些系统性风险或明显在下跌波段的时候，投资者可以减仓先看看情形，跌破趋势的时候一定要清仓。但如果趋势线能支撑住，可以再把仓位加回来，做到进可攻退可守。

第 5 章

读懂 K 线，轻松看懂纷繁复杂的股市图谱

K 线是初级股民学习技术分析首先要攻下的一道难题，但是学会与学精，失之毫厘，差之千里。一根 K 线其实就是一张“股市战争图”，K 线的背后反映的是投资者的心理变化。通过对 K 线的分析研究，投资者能够很好地找到买卖点。

5.1 K 线图精解与实战应用技巧

K 线图是股票分析的基础手段，能够让我们全面、透彻地观察到市场的真正变化，从 K 线图中既可以看到行情整体的趋势，也可以了解每日股市的波动情形。

5.1.1 炒股人人都知道的 K 线知识，你还不知道

K 线图是表示单位时间段内价格变化情况的技术分析图，是将各种股票每日、每周、每月的开盘价、收盘价、最高价、最低价等涨跌变化状况，用图形的方式表现出来。因为其绘制出来的图标形状类似于一根根的蜡烛，加上这些蜡烛有黑白之分，因此也被称为阴阳线图表，如图 5–1 所示。

• 图 5–1　K 线图类似蜡烛形状

首先找到该日或某一周期的最高价和最低价，垂直地连成一条直线，然后再找出当日或某一周期的开市和收市价，把这两个价位连接成一条狭长的长方柱体。如图 5–2 所示为 K 线的基本形态。

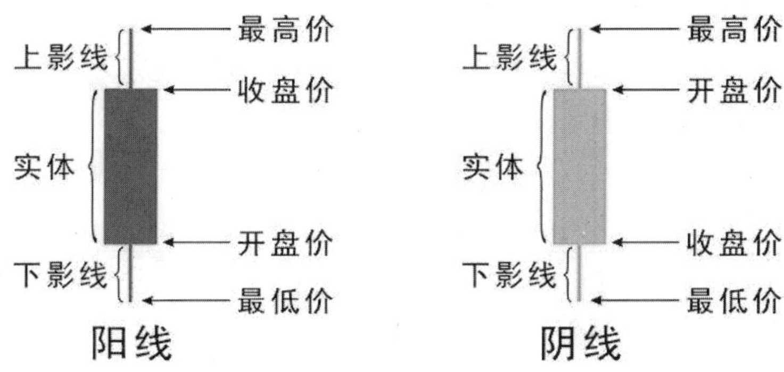

• 图 5-2　K 线的基本形态

K 线图起源于日本德川幕府时代，被当时日本米市的商人用来记录米市的行情与价格波动，后来因为其独特的标价方式而被引入股市及期货市场中。

在上图中，假如当日或某一周期的收市价较开市价为高（即低开高收），则在柱体上留白（或红色），这种柱体称为“阳线”。如果当日或某一周期的收市价较开市价为低（即高开低收），则在柱体上涂黑色（或绿色），这种柱体称为“阴线”。

5.1.2　什么是阳线？不同形态的阳线策略分析

根据上下影线和中间柱体的长短不同，阳线不同的形态有各自不同的含义，如图 5-3 所示。

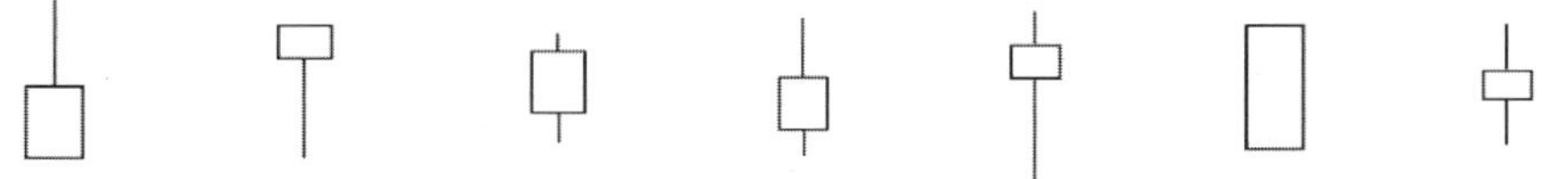

(a) 光脚阳线　(b) 上吊阳线　(c) 假阳线　(d) 上影阳线　(e) 下影阳线　(f) 大阳线　(g) 小阳线

• 图 5-3　阳线的不同子类

- 光脚阳线：没有下影线，上影线长，表示股价上涨时遇到强劲反压力道，这种 K 线若出现在高价区，则后市看跌。
- 上吊阳线：没有上影线，下影线长，表示买方力道强劲，在价格下跌时，低价位上可以得到买方的支撑。
- 假阳线：上下影线短，实体柱长，表示涨势强劲，股票价格坚挺。

- 上影阳线：上影线长，下影线短，表示多空交战，多方更为强势，经常表示反转信号。需要注意的是，出现大涨后，常代表后市可能下跌，而出现大跌后，则可能触底反弹。
- 下影阳线：上影线短，下影线长，表示上涨力道强劲，下跌后能够收回。
- 大阳线：没有上下影线，长实体柱，也称为“太阳线”，表示一路上涨，买方的力量总大于卖方。
- 小阳线：上下影线长，实体柱短，表示多空交战，力道均衡，行情不明。

5.1.3 十种阴线形态，如何从走势分析好坏

根据上下影线和中间柱体的长短不同，阴线不同的形态有各自不同的含义，如图 5-4 所示。

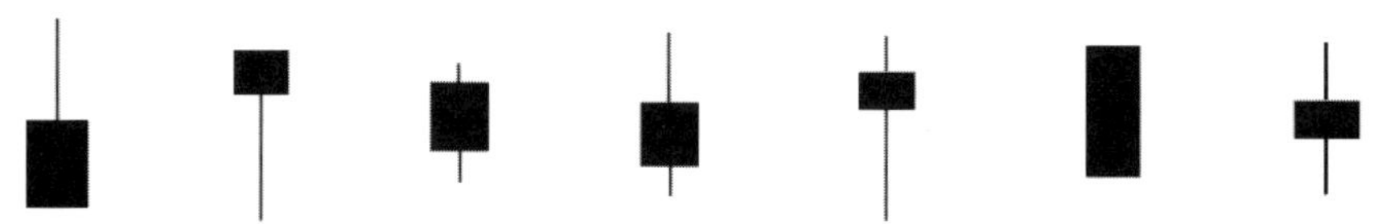

(a) 光脚阴线 (b) 光头阴线 (c) 假阴线 (d) 上影阴线 (e) 下影阴线 (f) 大阴线 (g) 小阴线

• 图 5-4 阴线的不同子类

- 光脚阴线：没有下影线，上影线长，表示先涨后跌，反弹无力，空头强势，这种情况下卖方占很大的优势。
- 光头阴线：没有上影线，下影线长，表示卖方力量强大，价位呈现下跌趋势，但是在低价位上遇到买方的支撑，后市可能会反弹。
- 假阴线：上下影线短，实体柱长，在下跌趋势中出现，表示下跌力道仍然强劲，大涨后出现，表示后市可能急速下跌。
- 上影阴线：上影线长，下影线短表示多空交战，空方较强势，反弹无力。
- 下影阴线：上影线短，下影线长，表示多空交战，空方较强势，但是下跌时有强大力量支撑。
- 大阴线：没有上下影线，长实体柱，表示一路下跌，卖方的力道强劲。
- 小阴线：上下影线长，实体柱短，表示多空力量均衡，行情不明。

5.1.4 干货！详解各种形态的十字星

十字线是一种只有上下影线，没有实体的 K 线形态，开盘价即是收盘价，表示在交易中股价出现高于或低于开盘价成交，但是收盘价与开盘价相当，买方与卖方几乎势均力敌。

根据上下影线和中间柱体的长短不同，十字线的不同形态有各自不同的含义，如图 5-5 所示。

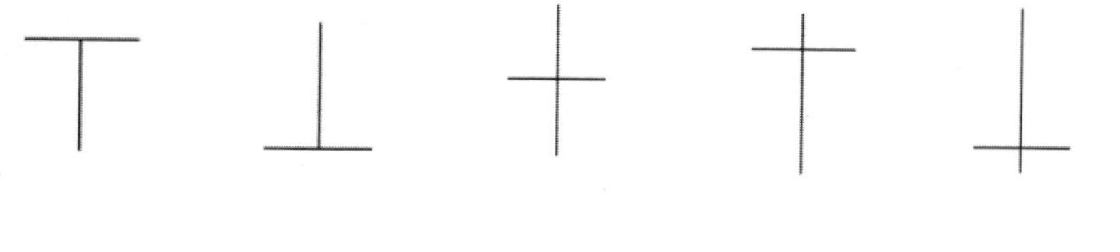

(a)T 形　(b) 倒 T 形　(c) 十字形　(d) 上影 T 形　(e) 下影 T 形

• 图 5-5　十字线的不同子类

- T 形：没有上影线，下影线长，呈 T 形，又称多胜线，表示开盘价与收盘价相同，卖方虽然强大，但是买方力量更强大，局势对买方有利。
- 倒 T 形：没有下影线，上影线长，呈倒 T 形，又称空胜线，表示买方虽强，但是卖方比买方更强。如果在高价区行情很可能会下跌，上影线越长表示卖压越大。
- 十字形：上下影线长，呈十字星线，表示在交易中，股价出现高于或者低于开盘价成交，但收盘价与开盘价相等，买方和卖方几乎势均力敌。这种情况下，下影线越长，表示买方越强大；上影线越长，表示卖压越重。K 线十字形不管出现在高位或者低位，都表示市场趋势可能出现逆转。
- 上影 T 形：上影线短，下影线长，表示先跌后涨，买方势力强劲。
- 下影 T 形：上影线长，下影线短，表示开盘后上涨，但是收盘却被打回平盘，空头较强势。

5.1.5 掌握 K 线组合及形态规律，增加你的胜算

在分析 K 线时，可从多根 K 线组成的组合形态中总结出一些规律。

1. 乌云盖顶组合

乌云盖顶组合的特征是阳线之后紧跟着一根阴线，并且阴线令价格整体都落在阳线实体的下方，也就是第二天的最高价不高于第一天价格的中间值，如图 5–6 所示。

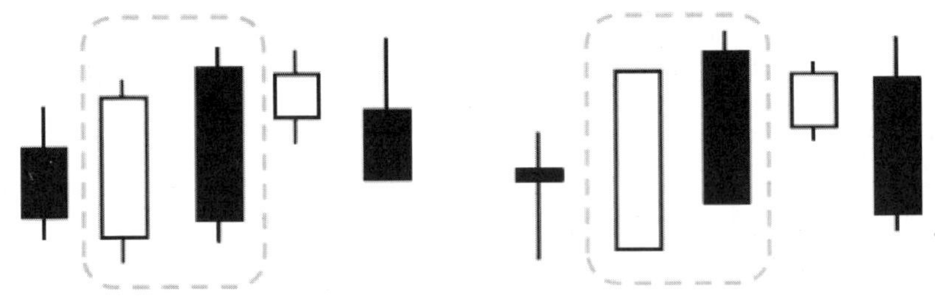

• 图 5–6 乌云盖顶组合

形态解析：

“乌云盖顶”形态第一根 K 线的涨幅应该是 3% 以上的中阳线或大阳线，第二根 K 线为高开低走的大阴线，收盘价必须深入第一根阳线实体的一半以下。第二根阴线形成时经常伴随着非常巨大的成交量，说明市场局部抛压较大，有调整的需求，多方力量已经耗尽，空方开始打压，后市看跌。

这种组合通常出现在市场波段性上涨之后，表示趋势逆转向下，阳线和阴线柱体部分越长，其趋势特征越明显。

2. 中流砥柱组合

中流砥柱组合与乌云盖顶组合相对，其特征是阴线之后紧跟着一根阳线，并且阳线令价格回到阴线柱体价格的上半部分，甚至超过阴线实体。这种组合通常出现在市场波段性下跌之后，表示市场逆转向上，如图 5–7 所示。

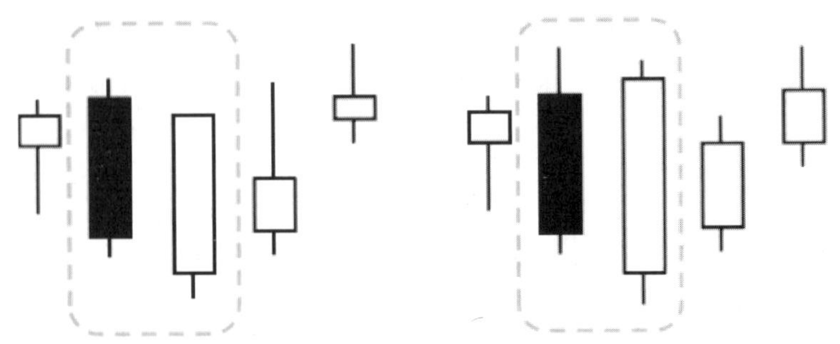

• 图 5–7 中流砥柱组合

形态解析：

第一天，在下跌过程中出现一根大阴线，显示当日卖盘相当强劲；第二天，股价跳空低开收于大阳线，且该大阳线的实体上穿大阴线实体 1/2 的位置，其开盘价必须低于大阴线的最低价；在下跌行情中出现“中流砥柱”形态后，如果跳空低开的阳线实体与大阴线实体 1/2 以上的位置重叠的区域越多，说明其行情见底反弹的可能性越大。

3. 孤岛组合

孤岛组合和乌云盖顶组合很相似，也是波段性上涨之后阳线的后面跟着阴线，不同之处在于阴线跳空出现，就像一座孤岛，其中阴线收盘价仍比前一天高，如图 5-8 所示。

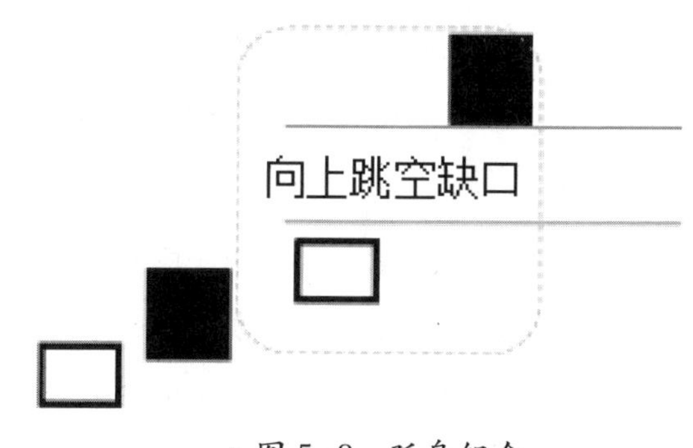

• 图 5-8　孤岛组合

形态解析：

在实际使用中，做短线操作的投资者碰见孤岛组合需要谨慎，但中线投资者可以多观察一天，如果孤岛组合之后第二天还是收阴，建议减仓。

4. 包容组合

包容组合包含两种相反的形态，由两条相邻并且相反的 K 线构成，即阳线后面紧跟着一条阴线，或者阴线后面紧跟着一条阳线。这两种形态中都是第二天的实体长度大于第一天的实体长度，类似第一天的 K 线被第二天的 K 线包住，如图 5-9 所示。

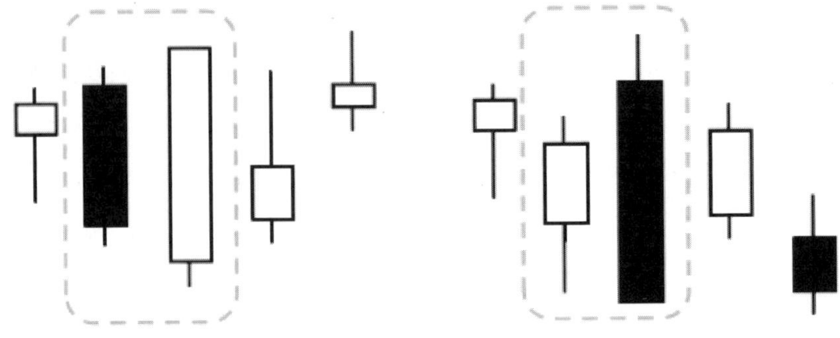

• 图 5-9　包容组合

形态解析：

第二根阳线或阴线，吃掉了第一根阴线或阳线，表示反转出现，这是重要的买入或卖出信号。

在包容组合下，后市将按照后面较长的 K 线趋势发展，也就是说，后面长度较大的如果是阳线，则股价会持续上涨；反之则会继续走低。

5. 黎明之星与黄昏之星

黎明之星又称希望之星，由 3 根 K 线组成，第一根为阴线，第二根为小阴线或者小阳线，第三根为实体比较大的阳线，第三根阳线实体需深入第一根阴线实体内，黄昏之星与黎明之星相对，也是由三根 K 线组成，它的第一根为阳线，第二根为小阴线或者小阳线，第三根为阴线，并且阴线实体深入第一根阳线实体内。如图 5-10 所示。

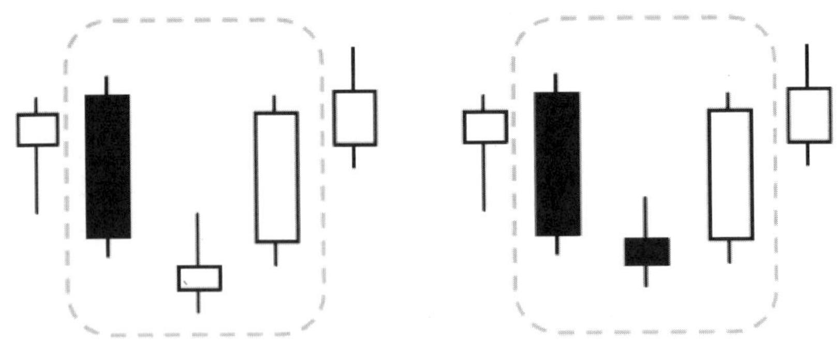

• 图 5-10　黎明之星与黄昏之星

形态解析：

第一根阴线出现后，市场还处于卖方市场，买方还是很弱，次日跳空低开说明卖方继续打压，而 K 线实体很短说明买方在收市前奋力反扑，第三日的大阳线深入阴线内部，说明买方实力大增，行情逆转信号强烈，后市上涨可能性很大。

黎明之星出现在下降趋势中，表示后市股价可能到底，后市看涨；黄昏之星出现在上涨趋势中，表示股价上升见顶，后市看跌。

5.1.6 K 线组合的应用中应该注意什么

K 线图是最能表现市场行为的图表之一。但是，一些常见的 K 线组合形态并没有严格的科学逻辑。因此，在应用 K 线的时候需要注意以下三个问题。

1. K 线分析的错误率比较高

市场的变动是很复杂的，而实际的市场情况可能与判断有一定的差距，从经验统计的结果中可以证明，用 K 线组合来判断后市的成功率并不高。

2. K 线分析方法必须与其他方法相结合

用其他分析方法已经做出了该买或该卖的决定之后，再用 K 线组合选择具体的采取行动的时间和价格。

3. 根据实际情况，不断修改、创造和调整组合形态

组合形态只是经验总结的产物，在实际市场中，完全满足我们所介绍的 K 线组合形态的情况并不多见，如果直接应用组合形态，有可能长时间都没有合适的机会，要根据情况适当地改变组合形态。

为了更加深刻地了解 K 线组合形态，应该了解每种组合形态的内在和外在原理。因为它不是一种完美的技术，这一点同其他技术分析方法是一样的。K 线分析是靠人类的主观印象建立的，并且是基于对历史的形态组合进行表达的分析方法之一。

5.2 行军打仗看地图，炒股入门看技术

技术指标是人们为研究预测市场运行趋势而发明的一种指标参数。这些指标因为包含股市中的各种综合信息以及历史上的各种成功经验，所以对于后市走势

的研判具有重要的指导意义。

5.2.1 随机指标（KDJ）：反映价格趋势的强弱

KDJ 指标有三条曲线，分别是 K 线、D 线和 J 线，如图 5-11 所示。

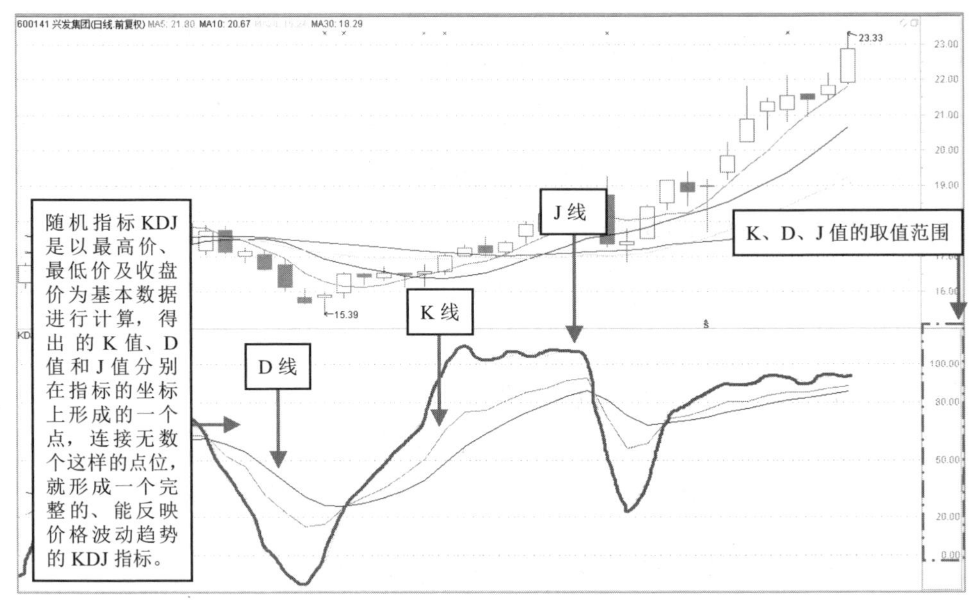

• 图 5-11 随机指标（KDJ）的盘面特征

其中，K、D 和 J 值的取值范围都是 0 ~ 100。当 K、D、J 的值在 20 线以下为超卖区，视为买入信号；K、D、J 的值在 80 线以上为超买区，视为卖出信号；K、D、J 的值在 20 ~ 80 线之间为徘徊区，投资者应观望。

在 KDJ 指标中，当 J 线和 K 线几乎同时向上突破 D 线形成的交叉即为金叉，根据金叉出现的位置不同，其盘面意义也不同。

1. 低位金叉

当股价大幅下跌运行到低位，KDJ 曲线在 20 线附近徘徊形成金叉，股价放量向上突破中长期均线，说明行情即将逆转，此时的 KDJ 金叉就是低位金叉，投资者可考虑买入。

2. 中位金叉

当股价经过一段较长时间的中位盘整期，KDJ 曲线在 50 线附近徘徊形成金叉，股价放量向上突破中长期均线，说明行情可能转强，此时的 KDJ 金叉就是中位金叉，中短投资者可以建仓介入。

3. 高位金叉

当股价大幅上涨后在中高位盘整，KDJ 曲线处于 80 线附近徘徊形成金叉，并伴随放量，说明股市处于强势之中，股价短期内将再次上涨，此时的 KDJ 金叉就是高位金叉，短线投资者可以介入获利。

在 KDJ 指标中，当 J 线和 K 线几乎同时向下跌破 D 线形成的交叉即为死叉，根据死叉出现的位置不同，其盘面意义也不同。

4. 中位死叉

当股价经过较长时间的下跌后，股价反弹在中长期均线下方受阻，KDJ 曲线向上未突破 80 线，最终在 50 线附近徘徊形成中位死叉，说明行情处于极度弱市，股价将继续下跌，投资者应离场观望。

5. 高位死叉

当股价大幅上涨运行到高位，KDJ 曲线处于 80 线附近形成死叉，同时股价向下跌破中短期均线，说明上涨行情即将结束，此时形成高位死叉，投资者应逢高卖出。

5.2.2 多空指标（BBI）：多空双方的分水岭

多空指标（Bull And Bear Index，简称 BBI）是针对普通移动平均线（MA）指标的一种改进，任何事物都需要在不断推陈出新的改进中才能得以进步发展，技术指标也不例外。由于 BBI 指标判断多空的特性，对一些成长性较好的股票有特殊的指导意义，如果将该指标用在周线图中会收到意想不到的效果。

BBI 指标是一种将不同日数移动平均线加权平均之后的综合指标，属于均线型指标，一般选用 3 日、6 日、12 日、24 日 4 条平均线，如图 5-12 所示。在使用移动平均线时，投资者往往对参数值选择有不同的偏好，而多空指标恰好解决了中短期移动平均线的期间长短的合理性问题。

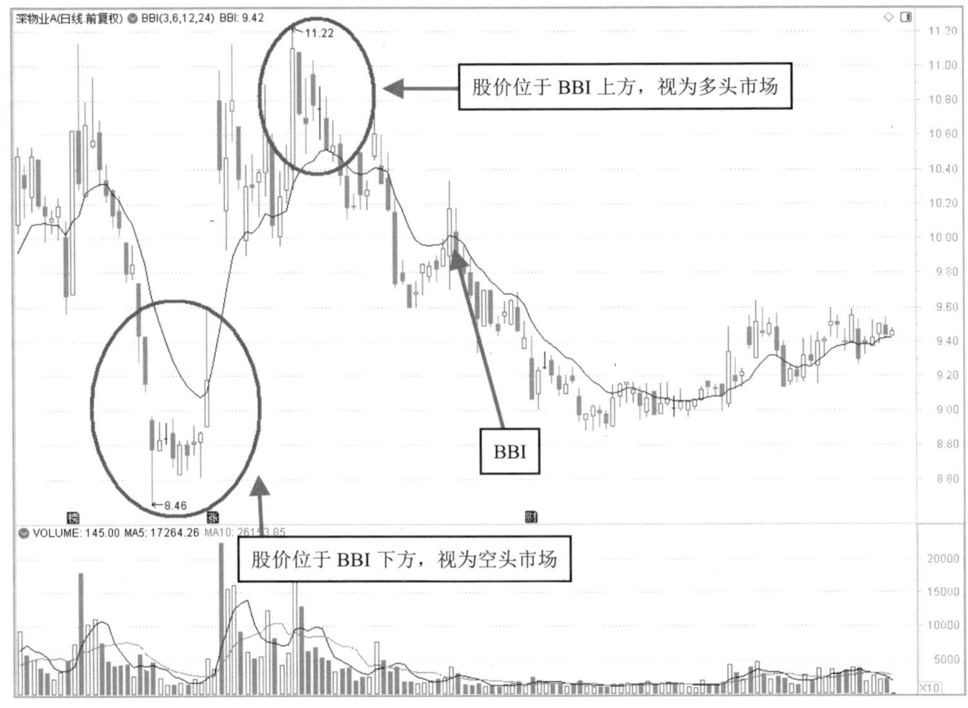

• 图 5-12　BBI 指标

在 BBI 指标中，近期数据较多，远期数据利用次数较少，因而是一种变相的加权计算。由于多空指标是一条混合平均线，所以既有短期移动平均线的灵敏，又有明显的中期趋势特征，适用于稳健的投资者。

投资者在运用 BBI 技术指标时应注意以下几点：

- 从本质上来说，BBI 技术指标与移动平均线差别不大，因而移动平均线的运用技巧均适用于 BBI 技术指标。
- BBI 技术指标更适合用于单边的趋势性行情，在盘整走势中十分简单地频频宣布买卖信号。指标信号的频发现象，特别在趋势不明朗时，这种现象更为严重。
- 相对股价变化，BBI 技术指标具有滞后性，这一点在研判短期走势时十分明显。常常会发生股价已接近短期头部时，BBI 才出现买入信号，股价已接近短期底部时，BBI 才出现卖出信号。
- 在移动平均线指标 MA 中，设置了多条平均线，分成长、中、短期，并且同时应用，相互比对，非常有效地弥补了单一平均线的缺陷。而 BBI 指标只设置了一条平均线，仅起到短期多空分水岭的作用。

BBI 指标剖析股票运转趋势有极好的参考效果，投资者在实际操作中要注意和技术指标结合起来一起判别，这样才能提高准确性。

5.2.3 布林线（BOLL）：确定股价波动范围

布林线（BOLL）由约翰·布林（John·Bollingcr）创造，是利用统计学原理，求出股价的标准差及其信赖区间，从而确定股价的波动范围以及未来走势。

布林线指标是利用波带显示股价的安全高低价位，因此称为布林带。其上限范围不固定，随着股价的滚动而变化。当股价涨跌幅度加大时，带状区变宽；当涨跌幅度减小时，带状区变窄。因其灵活、直观和趋势性的特点，BOLL 指标已成为在市场上被广泛应用的热门指标，如图 5-13 所示。

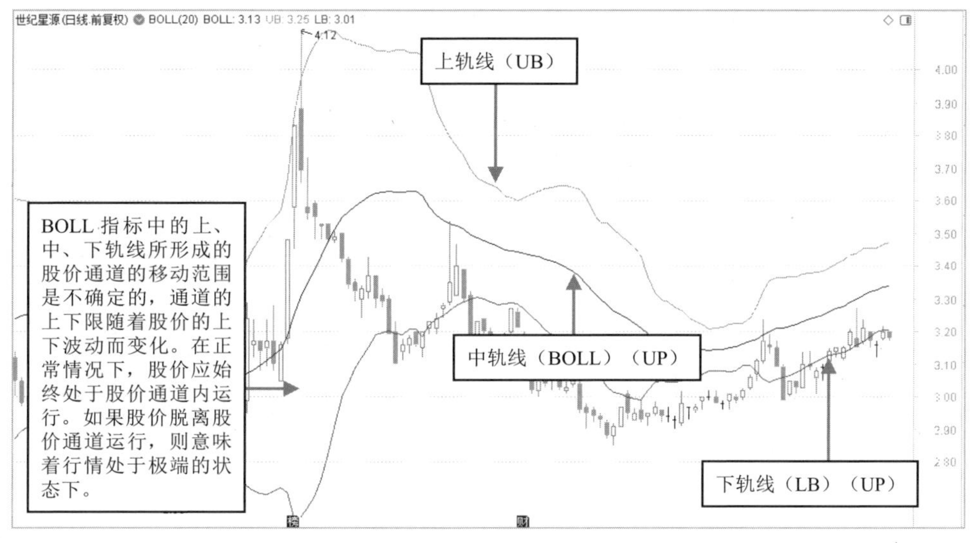

• 图 5-13　BOLL 指标

在 BOLL 指标中，股价通道的上下轨是显示股价安全运行的最高价位和最低价位。上轨线、中轨线和下轨线都可以对股价的运行起到支撑作用，而上轨线和中轨线有时则会对股价的运行起到压力作用。当布林线的上、中、下轨线几乎同时处于水平方向横向运行时，则要看股价目前的走势处在什么样的情况下来判断。

1. BOLL 线上轨线形成压力

在 BOLL 指标中，上轨线就相当于股价前行过程中的压力线，只是这条压力线为曲线而非直线，每当股价运行到 BOLL 指标上轨线附近时，就有可能发生回调。

2. BOLL 线下轨线形成支撑

在 BOLL 指标中，下轨线就相当于股价下跌过程中的支撑线，只是这条支撑线为曲线而非直线，每当股价运行到 BOLL 指标下轨线附近时，就有可能发生反弹。

5.2.4 指数平均线（EXPMA）：判断未来走势

指数平均线指标（Exponential Moving Average，简称 EXPMA），是平均线的一种，它是利用快线和慢线的上下交叉信号来研究判断行情的买卖时机。

EXPMA 指标是对移动平均线的弥补，EXPMA 指标由于其计算公式中着重考虑了价格当天（当期）行情的权重，因此在使用中可克服 MACD 其他指标信号对于价格走势的滞后性。同时，EXPMA 指标也在一定程度中消除了 DMA 指标在某些时候对于价格走势所产生的信号提前性，是一个非常有效的分析指标。EXPMA 指标由 EXP1 和 EXP2 组成，如图 5-14 所示。

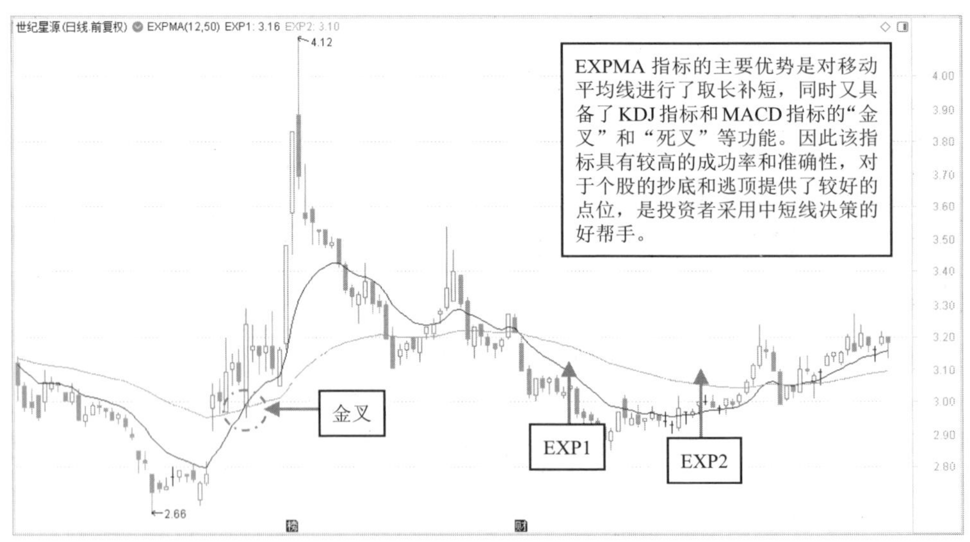

图 5-14　EXPMA 指标

> **专家提醒**：使用 EXPMA 指标时的注意事项如下。
> （1）EXPMA 指标一般为中短线选股指标，比较符合以中短线为主的投资者，据此信号买入者均有获利机会，但对中线投资者来说，其参考意义似乎更大，主要是因为该指标稳定性大，波动性小。
> （2）若 EXP1 和 EXP2 始终保持距离上行，则说明该股后市将继续看好，每次股价回落至 EXP1 附近，只要不击穿 EXP2，这种回落现象便是很好的买入时机。
> （3）对于卖出时机而言，投资者不要单纯以 EXPMA 指标形成死叉为根据，可以结合 K 线图中的看跌信号进行判断。

EXPMA 指标的盘面运用方法如下。

（1）当一只个股的股价远离 EXP1 后，该股的股价随后很快便会回落，然后再沿着 EXP1 上移，可见 EXP1 是一大支撑点。

（2）当 EXP1 由上往下击穿过 EXP2 时形成死叉，股价往往已经发生转势，日后将会以下跌为主，则这两根线的交叉之日便是卖出时机。

5.2.5 趋向指标（DMI）：判断行情是否发动

DMI 指标又称为动向指标、趋向指标或移动方向指数，其全称为 Directional Movement Index，是由美国技术分析大师威尔斯·威尔德（J.Welles Wilder）所创造的，是一种中长期股市技术分析方法。

DMI 是属于趋势判断的技术性指标，其基本原理是通过分析股价在上升及下跌过程中供需关系的均衡点，即供需关系受价格变动的影响而发生由均衡到失衡的循环过程，从而提供对趋势判断的依据。

DMI 指标是把每日的高低波动的幅度因素计算在内，从而更加准确的反映行情的走势及更好地预测行情未来的发展变化。DMI 指标共有 PDI、MDI、ADX、ADXR 四条线，也是它的四个参数值，它分为多空指标（PDI、MDI）和趋向指标（ADX、ADXR）两组指标，如图 5-15 所示。

上升指标 PDI 和下降指标 MDI 的应用法则如下。

（1）当股价走势向上发展，PDI 上升，MDI 下降。因此，当图形上 PDI 从下向上递增交叉 MDI 时，形成金叉，表明市场上有新买家进场，为买入信号，如果 ADX 伴随上升，则预示股价的涨势可能更加强劲。

（2）当股价走势向下发展，MDI 从下向上递增交叉 PDI 时，形成死叉，表明市场上做空力量在加强，为卖出信号，如果 ADX 伴随上升，则预示跌势将加剧。

（3）当股价维持某种上升或下降行情时，PDI 和 MDI 的交叉突破信号相当准确，但走势出现牛皮盘整时，PDI 和 MDI 发出的买卖信号应视为无效。

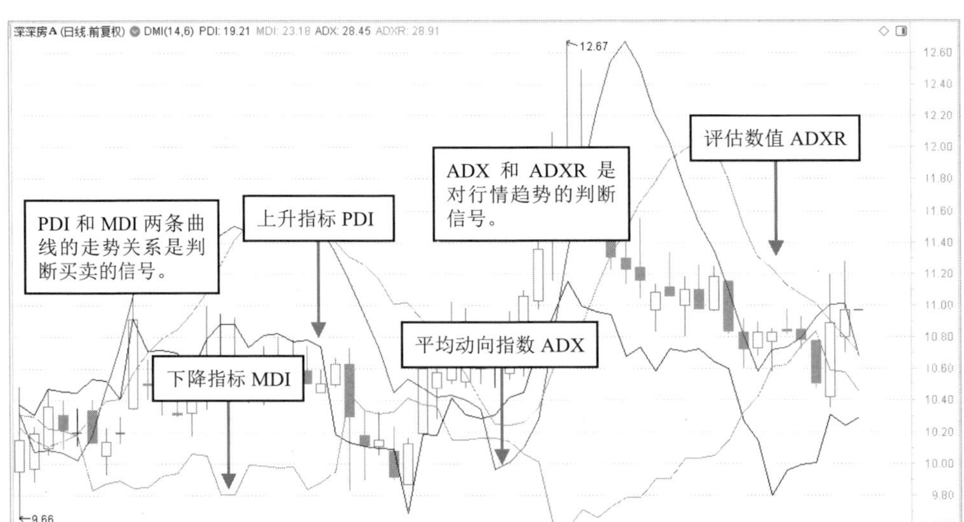

• 图 5-15　DMI 指标

5.3 掌握技术分析之道，提升炒股实战能力

股票技术分析是指运用图表来描述股市的指数和某个交易品种的运动轨迹，或者是通过研究各种相关数据，利用统计学和数学的方法寻找出具有分析统计意义的行为模式，并以此判断市场或者个股的运动趋势。

5.3.1 基本面结合技术面更可靠

从理论上讲，技术面分析法和基本面分析法分析股价趋势的基本点是不同的。其表现在以下几个方面。

（1）基本面分析法的基点是事先分析，就是在基本因素变动对股票市场发生影响之前，投资者已经进行分析、判断市场的可能走势，从而做出“顺势而为”的买卖决策。但是基本分析法在很大程度上依赖于经验判断，其对股票市场的影响力难以数量化、程式化，受投资者主观能力的制约较大。

（2）技术面分析法的基点是事后分析，从历史预知未来，用数据、图形、统计方法来说明问题，不依赖于人的主观判断，而是依赖于利用已有资料得出客观结论。但未来不会简单重复过去，所以仅依靠过去和现在的数据预测未来并不可靠。

因此，为了提高技术分析的可靠性，投资者只有将技术分析法与基本分析法结合起来进行分析，才能既保留技术分析的优点，又考虑基本因素的影响，提高测试的准确程度。

各种技术分析的理论和方法都是前人在一定的特殊条件和特定环境下得到的，但是随着环境的变化，别人的成功方法并不一定适合自己。因此，在使用技术分析方法时，要注意掌握各种分析方法的精髓，并根据实际情况做出适当的调整。同时，也只有将各种方法应用于实际，并经过实践检验后成功的方法才是好方法。

5.3.2 培养技术分析综合运用的能力

经验可以培养灵感，但灵感却不能完全依赖经验。

技术分析是绝对不能生搬硬套的。笔者知道这样一个案例：在进入股市之前，方女士买了许多书籍研究技术分析，当她在 2012 年进入股市时，完全按照书上的方案做决策，但她做梦也想不到一年时间自己已经是“体无完肤”。

究其原因，还是因为 2012 是熊市，在熊市中，许多正确的技术分析不但失去了准头，甚至还会成为“反指标”。方女士这种把技术分析当作“万灵丹”来使用的投资者，难免会受到伤害。

通过以上这个例子，笔者希望广大投资者能认识到技术分析的死角。

在熊市中，由于缺乏赚头，成交量自然会比较低。不变的是，跌深就会有反弹。而反弹之初，一些自以为是的投资者会认为“未放量前不可轻举妄动。”偏偏因为一些理论错过了大好的机会。

技术分析大多根据某种统计计算得出的结论，是有科学根据的方法。但是在笔者多年的实战经验中，技术分析都有其盲区，在熊市中尤为明显。所以在股市投资中切忌生搬硬套理论。

当然，技术分析方法多种多样，并且每一种方法都有其独特的优势和功能，但是也有不足和缺陷。没有任何一种方法能概括股价走势的全貌，大量的实践证明，单独使用一种技术分析方法有相当大的局限性和盲目性，甚至会给出错误的买卖信号，所以技术分析还是作为参考为好。

为了减少失误，只有将多种技术分析方法结合运用，相互补充、相互印证，才能减少出错的机会，提高决策的准确性。

5.3.3 技术分析方法应用时应注意的问题

在结合上述应用技巧后，应用技术分析时还需要注意以下问题。

1. 市场走势的随机性

股价走势具有随机性，通过统计学的方法预测本身就没有很大的意义。

2. 分析预测的不确定性

股市并不是一个完全效率的市场，很多信息都不能被所有投资者掌握，因此给技术分析带来很多不确定的因素。

任何成功都是基于内因、外因、机遇，只有提高自身素质、认清客观环境、找准切入点，你就可以成功。这就是成功三点论。

面对一模一样的技术面和基本面，每个人的结论却大相径庭。结论相反的双方，各自选择了多方和空方。

3. 预测方法本身的不确定性

技术分析的基础是三大假设，而这三大假设本身有很大的不确定性。某一种假设在其中一个图表上适用，但却不一定适用其他图表。

（1）第一大假设

市场行为包容消化一切信息。也就是说这里的一切信息有你知道的，也有你不知道的。

（2）第二大假设

市场运行以趋势方式演变。技术分析在本质上就是顺应趋势，即以判定和追随既有趋势为目的。不过，趋势终有转变的时刻，在趋势发生转变的时候，如果投资者仍继续主观地坚持原来的趋势对股票进行判断，就很容易导致惨痛的失败。

（3）第三大假设

第三大假设即历史会重演，虽然历史会重演，但却以不同方式重演。投资者可以在历史行情中寻找很多类似的经历，但不要奢望行情会完全复制。对于初学者来说，多看历史，将历史与现在多进行比较，是一条快速提高技术水平的捷径。

4. 正确看待技术分析

其实，在股市上没有什么救世主，投资者只能靠自己救自己。那么，投资者该如何来看待技术分析呢？

（1）技术分析可作为炒股基础

如果你看不懂技术，就应该回家多看书、多复盘，经常抽出点儿时间进行研究。

（2）把握好炒股心态时刻止损

除了技术，入市时保持平和的心态也很重要。老股民之所以能够回避熊市下跌的风险，就是因为他们有耐心，基本上都是在等时间、等机会，而很少操作。

（3）多向投资高手学习经验

有很多新股民一有钱就去买股票，以为股市里面天天都在挖金子，事实往往事与愿违。熊市里炒股，要学会清空仓，短线抢反弹最多半仓，甚至在牛市里也不是所有的板块和个股都适合买，没有确定目标或者看不清楚，宁愿不做。投资者在这一点上可以向巴菲特学习：不做自己看不懂的行情和个股。投资者如果看不清楚股价哪里是底，笔者建议你保持观望，有股的持股观望，无股的空仓观望。

（4）炒股时不能感情用事

对任何一只股票，都只能喜欢它，欣赏它，绝不能感情用事。要注意牛市里几年内股价都趴着不动的股票。这样的股票往往会有惊人之举，这就叫横起来多长，它竖起来就有多高。

（5）关注周线上的成交量

天量出天价，地量出地价。在熊市的反弹里，沪市成交量不上 1000 亿元反弹必然无法延续；熊市末期不放出地量坚决不碰股票；牛市里不出现天量绝不卖出股票。周线上成交量能反映出许多投资信息，作为“朝钱”看的投资者们，一定不能放过。

（6）谨慎应对各种小道消息

所谓小道消息，通俗点儿说，其实就是利用信息不对称，在利好消息公布之前从非正规渠道得到消息，提前购买股票，增加收益。在利空消息公布之前，提前卖掉手中的相关股票，减少损失，所以小道消息有巨大的诱惑。不过收益和风险是成正比的，小道消息也不例外。

投资者可以试想一下，其他人可以把正确的小道消息传给你，让你赚钱。那么，主力也可以通过某种渠道，把错误的小道消息传播出来，专门欺骗那些小道消息的喜好者。

如果投资者想要利用小道消息，首先要对你听到的小道消息进行必要的甄别，看看真实性有多大，风险有多大，是买还是不买。当然判断小道消息的标准要看你的投资理念和风险承受能力，但是不能不判断，拿来就做。

因此，在动荡不安的股市中，懂得对图形进行技术分析的人，的确是较常人多一分判定适当买卖的信心。但是技术分析毕竟是一种手段，不是股票市场的全部。任何的招式都应该适可而止，切忌“走火入魔”。

第6章

看懂分时图，掌握在股市中赚钱的“金钥匙”

为了在股市中成功获利，投资者应该首先了解日K线中价格的运行情况，了解股价波动过程中潜在的波动幅度，而这一切的奥秘都藏在股票分时图中。因此，投资者必须读懂分时图，才能够更巧妙地追涨在价格底部并且杀跌在价格顶部，获得丰厚的回报。

6.1 看懂盘口分时图，至少让你少奋斗十年

分时走势图也称即时走势图，是把股票市场的交易信息实时地用曲线在坐标图上加以显示的技术图形，通常包括指数分时走势图和个股分时走势图。

6.1.1 必学，如何看懂大盘分时图

大盘分时图是指整个大盘每一分钟的走势，其坐标的横轴是开市的时间，纵轴的上半部分是股价或指数，下半部分显示的是成交量。分时走势图是股市现场交易的即时资料，如图 6-1 所示。

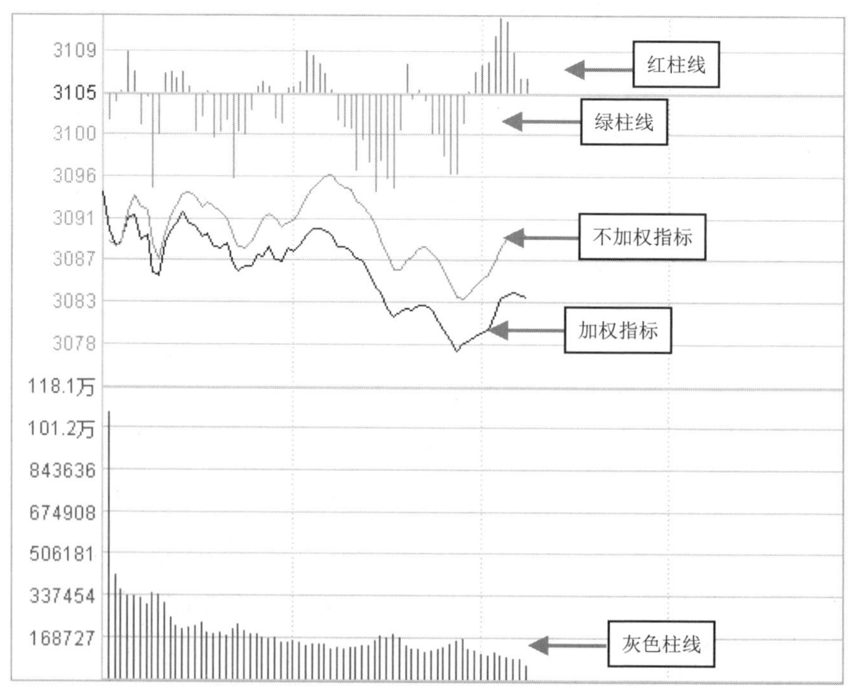

• 图 6-1　上证指数的大盘分时图

其中，大盘分时图显示以下几个内容。

1. 加权指标

即证交所媒体每日公布常说的大盘实际指数。

2. 不含加权指标

大盘不含加权的指标，即不考虑股票盘子的大小，而将所有股票对指数影响看作相同而计算出来的大盘指数。

3. 红绿柱线

在红白两条曲线附近有红绿柱状线，是反映大盘即时所有股票的买盘与卖盘在数量上的比率。红柱线的增长缩短表示上涨买盘力量的增减；绿柱线的增长缩短表示下跌卖盘力度的强弱。

4. 灰色柱线

用来表示每一分钟的成交量，单位是手。

5. 红绿柱线是股票买盘和卖盘的比率

红线柱增长，表示买盘大于卖盘，指数将逐渐上涨；红线柱缩短，表示卖盘大于买盘，指数将逐渐下跌。绿线柱增长，指数下跌量增加；绿线柱缩短，表示指数下跌量减少。

6.1.2 看懂个股分时图，提升股票操作水平

在分时走势中，可以看到很多主力意图的表现。但是在看盘的过程中，如果非常专注于分时走势，再加上自己先入为主的心理，很容易被一些细小的非主要因素误导。所以，要结合各种因素，总体中包含个别的观察形势。个股分时走势图就是交易时间内个股每一分钟成交价格的走势，如图 6-2 所示。

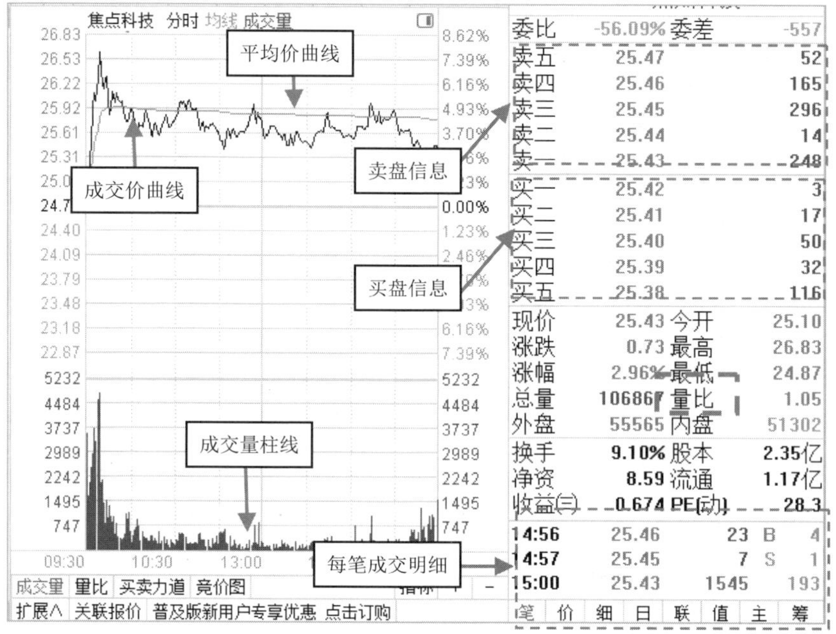

图 6-2 盘面信息

其中，个股分时走势图显示的主要内容如下。

1. 灰色曲线

表示该股票即时成交的价格。

2. 蓝色曲线

表示该股票即时成交的平均价格，即该时刻之前成交总金额除以成交总股数所得的价格。

3. 灰色柱线

表示每分钟的成交量。

4. 买盘信息

买一、买二、买三表示依次等候买进，谁买进的报价高谁就排在前面；而报价相同的，谁先报价谁就排在前面。

5. 卖盘信息

卖一、卖二、卖三表示依次等候卖出，谁的卖出报价低谁就排在前面；而报价相同的，谁先报价谁就排在前面。

6. 量比

当日总成交手数与近期平均成交手数的比值。如果量比数值大于 1，表示这个时刻的成交总手量已经放大；如果量比数值小于 1，表示这个时刻成交总手量萎缩。

7. 每笔成交明细

在盘面的右下方为即时的每笔成交明细，红色向上的箭头表示卖出价成交的每笔手数，绿色箭头表示以买入价成交的每笔手数。

6.2 分时图盘口解读，把握最佳买卖时机

每个交易日交易时间有 4 个小时，可以将其分为开盘、盘中、盘尾三个阶段，并且每个阶段都有其相应的技巧。

6.2.1 分析不同的开盘形态，判断行情的走向

开盘后半小时，即 9：30 ~ 10：00 为开盘时间。开盘价通常有高开、平开和低开三种情况，其中，较引人注目的是出现明显幅度的高开。

1. 高开

高开就是某只股票的当日开盘价高于前一交易日收盘价的情况。没有准备的高开开盘价往往决定着股票一天的走势，也一直是投资者关注的重点，很多股票都是在开盘价上做文章，希望因此能对投资者做出有利于自己的引导。

如图 6-3 所示，该股早盘高开后股价快速上冲，随后有小幅度的下挫，随后股价在均价线附近得到支撑，反转后继续快速上冲，并冲过了之前上冲时的高点，形成一个 N 形，此时就一个良好的买入点。

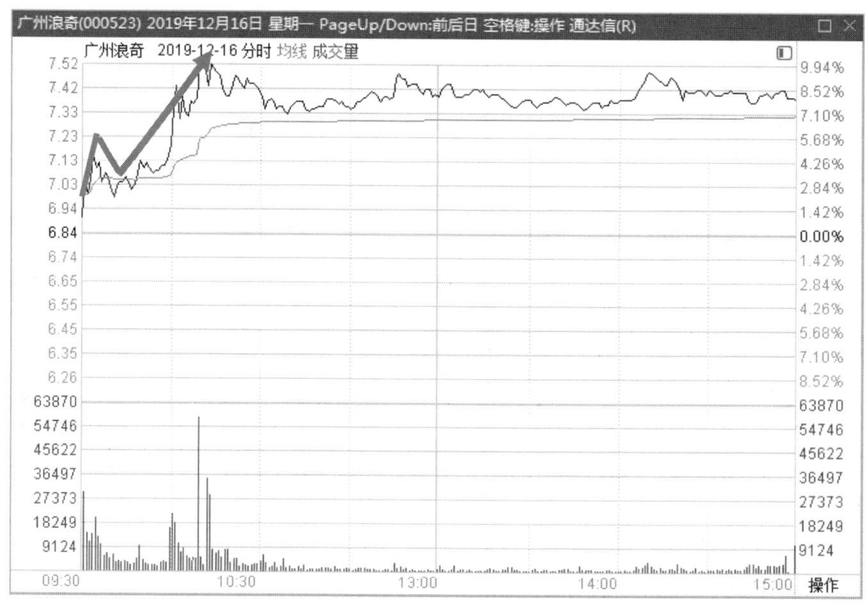

• 图 6-3 广州浪奇分时图

出现高开 N 形走势后，广州浪奇的股价迅速拉升，如图 6-4 所示，当天买入的投资者在随后的高点抛出即可获利。

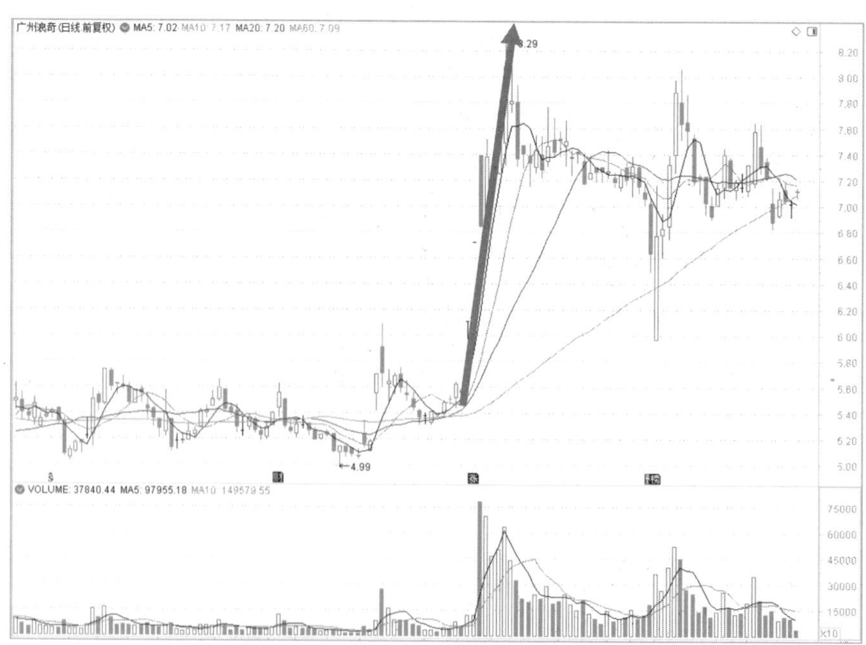

• 图 6-4 广州浪奇走势图

高开有三种情况，即延续其前一交易日的走势、当日开市前出现全盘性或具体个股利好消息、炒作。同时，还有以下两种可能性。

（1）有准备的高开

这种现象在股价强势拉升的过程中较为常见，因个股所处的不同运行阶段有不同的差异，这种有准备的高开具有鲜明的目的性。

（2）没有准备的高开

市场出现较强烈的求大于供的现象，导致股价以市场行为自然地高开，这种现象经常出现在突发性利好的时候。

2. 平开

平开就是某股票的当日开盘价与前一交易日收盘价持平的情况。其反映的是多方和空方处在平衡状态之中，没有明显的上攻和下跌的方向，此时主力机构的真实意图很难捉摸，投资者应该静待时机，暂时不要采取行动。

如图 6-5 所示，该股早盘平开后股价不断拉高，形成高走态势。如果开盘时股价一直横向整理，直至午盘中旬才迅速走高，说明此时多头的实力非常强大，当天的 K 线图在很大程度上会收成阳线，如果股价不是运行在整个市场的高位，投资者就可以做出买入的决策。

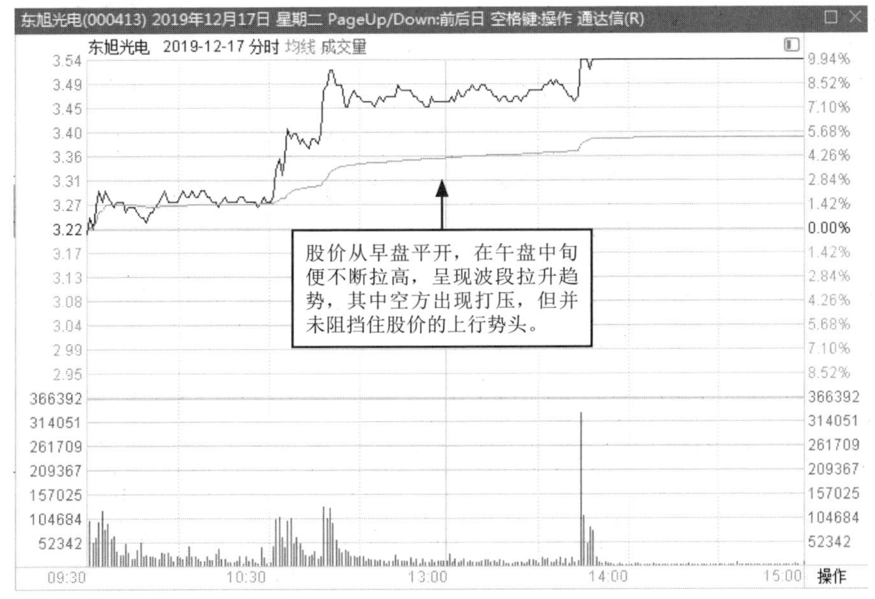

• 图 6-5　东旭光电分时图

3. 低开

低开就是某股票的当日开盘价低于前一交易日收盘价的情况。其反映的是目前空方占据主动地位。低开的形式不同，代表的意义也不同，如果股价从顶部大幅跳空低开，说明人气不旺，摆脱不了一路下行的局面；如果股价在底部跳空低开，则是市场转暖的迹象。

从图 6-6 可以看出，整个行情的变化趋势为下跌趋势。股票以 45.09 元的价格低开，由于卖方强度较大，股价一路震荡走低，同时平均价格曲线也出现下跌趋势，形成明显的低开低走打压之势。

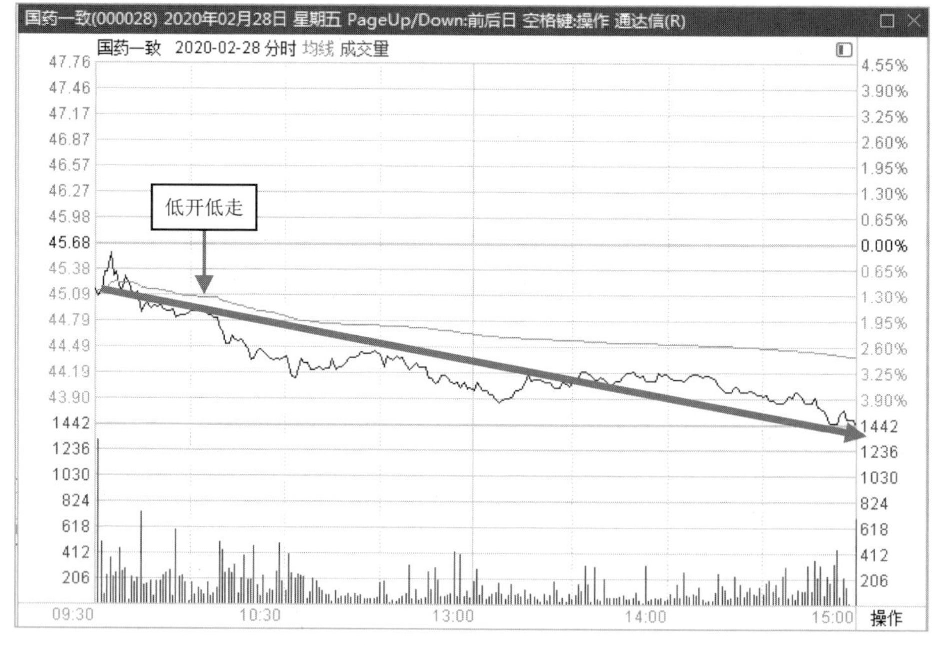

• 图 6-6 国药一致分时图

根据低开低走分时出现的位置不同，可以将其分为不同的情况。

（1）底部建仓阶段

如果某日股价出现低开低走走势，则说明主力在进行试盘操作。投资者应保持观望，待主力建仓完毕，开始拉抬股价时介入。

（2）横盘整理阶段

在股价横盘整理时出现低开低走形态，有可能是主力在进行洗盘或者试盘操作。此时投资者可以继续观望。

（3）股价高位阶段

股价阶段性的在高位出现低开低走形态，这种情况有可能是主力要出货了，如果成交量未有大幅放量的迹象，量比值也较低，则表明主力在悄悄出货，怕引起投资者关注；如果成交量放量，说明主力出逃意愿明显，投资者不应再留恋该股。

在高位股价低开低走通常表明下行力量或正在形成，持有的投资者可以适当减仓，短期内可能出现下行趋势。

6.2.2 盘中的波动较为真实，买卖决策更可靠

盘中时间为 10:00 ~ 11:30 和 13:00 ~ 14:30，总计三个小时。在盘中过程中多空斗法是主题，具体可以分为多空搏斗、多空决胜和多空强化三个阶段。

1. 多空搏斗

在开盘时段，多空未必正面交锋，只是相互试探，而从盘中多空双方将开始直接对话，投资者在这个时段可以对全天的大盘走势做进一步判断。指数、股价波动的频率越高，则表明多空双方的搏斗越激烈。若指数、股价长时间平行，则表明多空双方退出观望，无意恋战。多空双方的胜败除依赖自身的实力（如资金、信心、技巧等）外，还要考虑消息和人气两个因素。

2. 多空决胜

多空双方经过激烈拼斗，此时已打破相持不下的僵局，大盘走势出现明显的倾斜。若多方占优，则步步推高；若空方占优，则每况愈下。占优方将乘胜追击，扩大战果，另一方见大势已去抵抗力明显减弱。此时，往往是进出的最佳时机。多空决胜由下列因素组成。

（1）指标股的表现

指标股涨势强劲，大盘无下跌之理；指标股萎靡不振，大盘必然下沉。多头指标股沦为空头指标股，大盘跌速加快，故指标股成为多空双方争夺的重点。例如，1997 年陆家嘴开盘即被空方打到 23.00 元，大盘随之下滑。后市多方将陆家嘴拉到 23.98 元的高价位，带动大盘上扬，尾市收红。

（2）涨跌家数

大盘普跌，个股飙涨为不祥之兆，对大盘走势有害无益。个股与大盘表现出极大反差，资金过于集中个股，使大盘失血，造成恶性循环。涨家多于跌家，且

分布平均，涨家势众，空方无机可乘，收盘指数上涨；反之，空方占优，终成跌势。观察涨跌家数，辨别多空力量的最佳时间为收盘前一小时，即多空决胜后期。前期多空拼斗激烈，涨跌转换频繁，参考价值不大。

（3）波动次数

股指波动振幅大、次数多，在跌势中则说明趋于上涨，在涨势中则说明趋于下跌。一般情况下，一个交易日中有 7 次以上的较大波动，则有反转契机。

3. 多空强化

将 14：00 前盘中出现的最高和最低点描出并取其中间值为标准，如果此时指数在中间值和最高点中间，则涨势会进一步强化，尾市有望高收。若此时指数在中间值和最低值之间则往往会导致杀尾盘。

多空强化是盘中的最后阶段，在经过多空双方激烈的拼斗后，形势已经明朗，盘末会出现强者更强，弱者更弱的局面。

下面举例说明盘中的看盘技巧。

如图 6-7 所示为深圳能源（000027）的分时走势图，图中椭圆形区域的位置是股价开盘后出现的多次反弹行情，而此时反弹的价位虽然短暂突破了均价线，但远远没有达到开盘的位置，因此投资者不应在抱有任何幻想，及时出场为最佳的选择。

• 图 6-7　深圳能源（000027）的分时走势图

6.2.3 尾盘时间承上启下，预测次日股价走势

盘尾是多空一日拼斗的总结，故收盘指数和收盘价历来为市场人士所重视。开盘是序幕，盘中是过程，盘尾才是定论。尾盘的重要性，在于它是一种承前启后的特殊位置，既能回顾前市，又可预测后市。

尾市收红，且出现长下影线，此为探底获支撑后的反弹，可以考虑跟进，次日以高开居多，买在最后一分钟可避开当日的风险；尾市收黑，出现长上影线，上档压力沉重，可适当减磅，次日低开低走概率较大。

涨势中尾市放出巨量，此时不宜介入，次日开盘可能会遇抛压，故不易涨。跌势中尾市放出巨量，乃恐慌性抛售所导致，是大盘将跳空而下的信号；跌势中尾盘有小幅拉长，涨势中尾盘有小幅回落，此为修正尾盘，并无任何实际意义。

多空双方都会对收盘股指、股价进行激烈的争夺，但需特别强调两点。

1. 当心机构大户借技术指标骗线

机构大户通常会在临收盘时故意拉高（打压）收盘股指、股价，次日跳空高开（低开），达到次日拉高出货（压价入货）的目的。识别方法：一看有无大成交量配合、高收盘（低收盘），若成交量过小，多（空）方无力量，成交量过大，多（空）方出货（入货），均为陷阱；二看有无利多（利空）消息、传言配合，要分析传言的真伪。结合大成交量、利多（空）消息，可初步确认为多头（空头），可考虑买入（卖出）股票。但为防止上当，既不要满仓，也不要空仓。

2. 星期一效应与星期五效应

星期一收盘股指、股价收阳线还是阴线，对全周交易影响较大，因为多（空）方首战告捷，往往乘胜追击，接连数根阳线（阴线），应该警惕。星期五收盘股指、股价也很重要，它不仅反映当日的多空胜负，也反映当周的多空胜负。

下面举例分析盘尾的看盘技巧。

如图 6-8 所示为华茂股份（000850）分时走势图，从图中可以看到，该股股价全天整体呈现宽幅震荡的走势，但在收盘前开始迅速上冲，因此这很有可能是主力出货故意拉升的结果，据此投资者应该做出卖出决策。

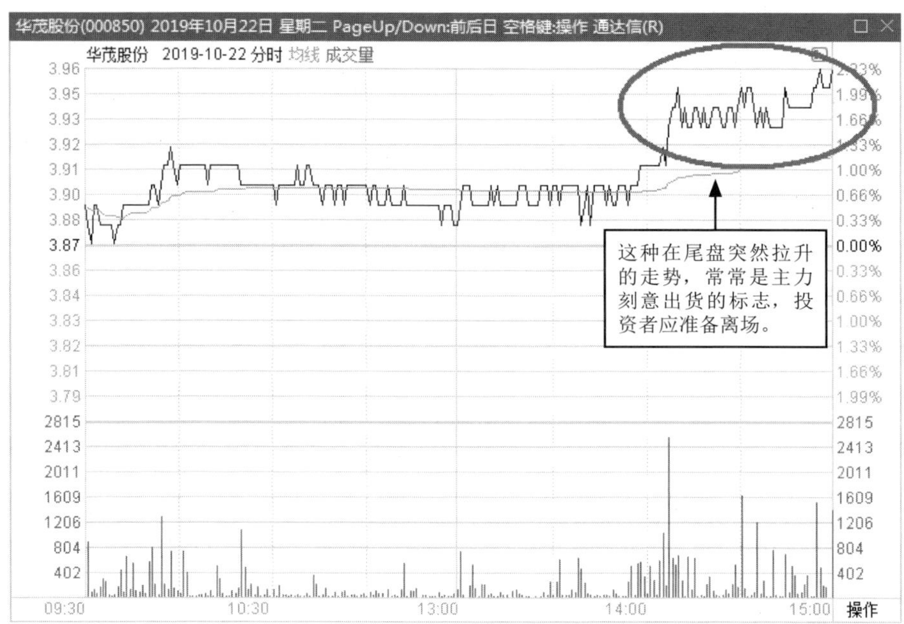

• 图 6-8 华茂股份（000850）分时图

> **专家提醒**：临近收盘时，股价在短时间内突然猛烈拉升或猛烈下跌，称为尾盘异动形态。分析尾盘异动形态产生的原因及盘口含义，对投资者摸清主力意图，以此决定下一步的操作策略会有很大的帮助。

如图 6-9 所示为华茂股份的 K 线图，从图中可以看到，股价达到 4.25 元左右后开始下跌，因此根据分时图做出卖出决策的投资者可以规避很大的风险。

• 图 6-9 华茂股份的 K 线图

6.2.4 盘口行情研判，看盘观察交易动向

要追求大资金大赚，就要发现趋势并引导趋势；要稳健地赚，就要控制对手，并击败对手盘，也就是操盘。学会研判盘口行情是股民应该掌握的技巧。

很多时候，大资金时常利用盘口挂单技巧，引诱投资人做出错误的买卖决定，委买卖盘常失去原有意义，例如有时刻意挂出大的卖盘动摇持股者的信心，但股价反而上涨，充分显示主力刻意示弱、欲盖弥彰的意图。因此，注重盘口是关键，这将使投资者有效地发现主力的一举一动，从而更好地把握买卖时机。

1. 上压板、下托板看主力意图和股价方向

大量的委卖盘挂单俗称上压板，大量的委买盘挂单俗称下托板。无论上压还是下托，其目的都是为了操纵股价，诱人跟风，且股票处于不同价区时，其作用是不同的。

（1）当股价处于刚启动不久的中低价区时，主动性买盘较多，盘中出现下托板，往往预示着主力做多意图，可考虑介入追势；若出现了下压板而股价却不跌反涨，则是主力压盘吸货的可能性偏大，往往是大幅涨升的先兆。

（2）当股价升幅已大且处于高价区时，盘中出现下托板，但走势却是价滞量增，此时要留神主力诱多出货；若此时上压板较多，且上涨无量时，往往预示顶部即将出现股价下跌。

2. 连续出现的单向大卖单

（1）盘口意义

连续的单向大卖单并非中小投资者所为，而大户也大多不会如此轻易买卖股票而滥用自己的钱。大卖单数量以整数居多，但也可能是零数，但不管怎样都说明有大资金在活动。大单相对挂单较小且并不因此成交量有大幅改变，一般多为主力对敲所致。成交稀少的较为明显，此时应是处于吸货末期，进行最后打压吸货之时。大单相对挂单较大且成交量有大幅改变，是主力积极活动的征兆。如果涨跌相对温和，一般多为主力逐步增减仓所致。

（2）扫盘

在涨势中常有大单从天而降，将卖盘挂单悉数吞噬，即称扫盘。在股价刚刚形成多头排列且涨势初起之际，若发现有大单一下子连续横扫了多笔卖盘时，则

预示主力正大举进场建仓，此时是投资人跟进的绝好时机。

（3）隐性买卖盘

在买卖成交中，有的价位并未在委买卖挂单中出现，却在成交一栏里出现，这就是隐性买卖盘，其中经常蕴含主力的踪迹。

单向整数连续隐性买单的出现，而挂盘并无明显变化，一般多为主力拉升初期的试盘动作或派发初期激活追涨跟风盘的启动盘口。

一般来说，上有压板，而出现大量隐性主动性买盘（特别是大手笔），股价不跌，则是大幅上涨的先兆。下有托板，而出现大量隐性主动性卖盘，往往是主力出货的迹象。

3. 无征兆的大单解读

一般无征兆的大单多为主力对股价运行状态实施干预所致，如果是连续大单个股，现行运作状态有可能被改变。如不连续，也不排除是资金大的个人大户或小机构所为，判断其实际意义不大。

能不能抓住这种机会关键取决于两个方面。

（1）投资的人有没有赚钱的能力

股市是一种高智商的熟练工游戏，很多方面与棋类运动员非常相似，如果没有一定天赋和不断实践，很难在非强势市场获得较高的收益。

（2）投资的人有没有赚钱的欲望

普通人在一生中发挥的能力、能量只占自己拥有的3%，集体体制下的人群更远远没有达到这个水平，所以出现这种现象，主要原因是多数人缺乏上进的动力或者外在压力。

6.2.5 个股看盘要点，每天看盘的三大要点

投资者对于手中的个股，要从集合竞价开盘开始，集合竞价的时间是上午9:15 ~ 9:25，这从一定程度上反映出资金对该股票的关注情况。

1. 关注集合竞价

需要注意的是，有时主力会利用集合竞价来制造假象，例如股价在集合竞价时高开，但是如果投资者开盘涌入的话，主力可能会趁机出货。因此，集合竞价

只是一个参考，不能因为竞价高而直接买入，需要多观察一段时间。

2. 观察大盘开盘情况

然后要观察大盘的开盘情况，需要看大盘是高开、平开还是低开，同时要观察开盘后成交量是放大还是缩小，以及开盘后涨跌股票数值是什么样的比例。紧接着，就要看投资者最关心的个股了，个股同样要看开盘情况，同时观察个股配合的量能是放大还是缩小。个股的考察最好配合板块，一般来讲个股的走势总会受其所在板块的影响，如果个股的走势独立于板块，则需要分析具体原因。

3. 观察收盘情况

最后需要注意的就是收盘，对于投资者来说，开盘和收盘是最需要观察的两个时间段。收盘时需要观察股票是以什么方式进行结尾，可能出现的情况有拉高收盘、快速反弹收盘、压低收盘、急跌收盘和加速下跌收盘等，收盘的最后表现往往代表主力下一步的真实意图。个股收盘时的表现往往为第二天的运行趋势定下了基调。

6.2.6 掌握开盘三线，开盘半小时的三个重要时间段

熟悉大盘且有经验的投资者，往往能够从开盘的具体细节中看出当日的股市走势，而开盘三十分钟股指与个股走势就是对股价全天走势进行判断的重要依据。一般情况下，以开盘时间为起点，分别与第 10 分钟、20 分钟和 30 分钟的指数移动点连成三条线段，叫作开盘三线，如图 6-10 所示。

多空双方之所以重视开盘后的第一个 10 分钟，是因为此时参与交易的股民人数不多，盘中买卖量都不是很大，因此用不大的量即可以达到预期的目的，俗称“花钱少，收获大”。

第二个 10 分钟则是多空双方进入休整阶段的时间，一般会对原有趋势进行修正，如空方逼得太猛，多头会组织反击，抄底盘会大举介入；如多方攻得太猛，空头也会予以反击，获利盘会积极回吐。这段时间是一个转折点。

第三个 10 分钟里因参与交易的人越来越多，买卖盘变得较实在，虚假的成分较少，因此可信度较大，这段时间的走势基本上为全天走向奠定了基调。

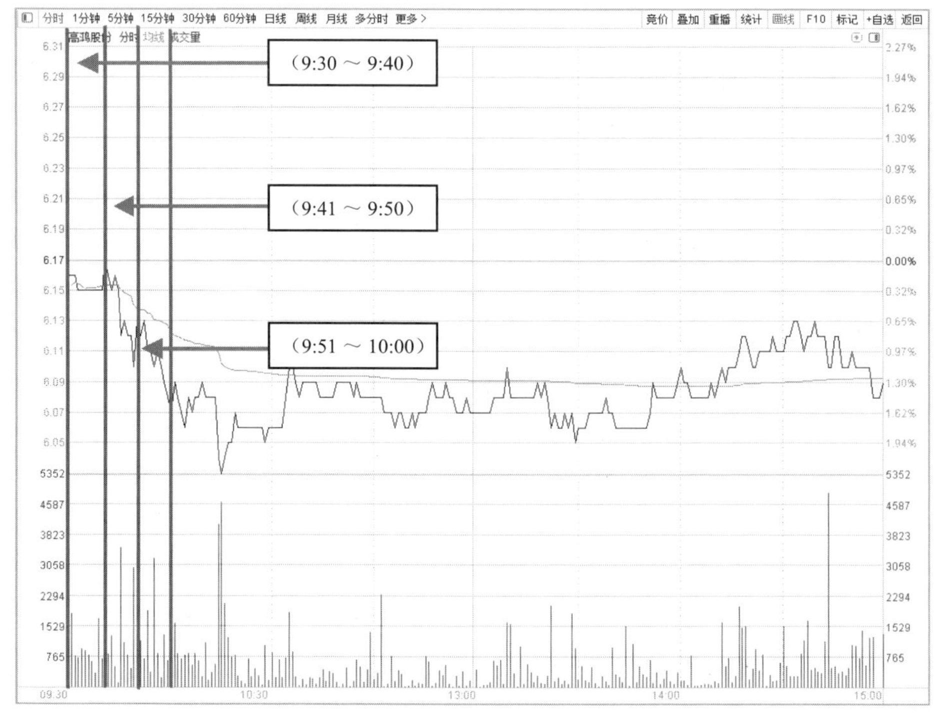

• 图 6-10 开盘三线

6.3 T+0 分时图形态理论交易技巧大全

在实战操作中，投资者们不仅要知道单根 K 线说明的含义，还要结合分时图具体分析当出现某种 K 线形态时所代表的具体含义。

6.3.1 分时图和 K 线图，哪一种更易于把握

本小节将详细介绍如何将分时图与 K 线结合观察从而正确掌握分时走势。通过对二者进行综合分析以及科学而又系统的研究，能够帮助投资者更直观地了解行情走势。

1. 小阳星 K 线分时图分析

“小阳星”是一种实体很短的阳线，在分时图中的表现为全日中股价波动很小，开盘价与收盘价极其接近，收盘价略高于开盘价，如图 6-11 所示。

• 图 6-11 “小阳星”分时图

“小阳星”的出现，表明行情正处于混乱不明的阶段，后市的涨跌无法预测，此时要根据其前期 K 线组合的形状以及当时所处的价位区域综合判断。

（1）若“小阳星”出现在低位区，大部分情况下预示着股价有可能出现上涨的情况，投资者可以适当加码，如图 6-12 所示。

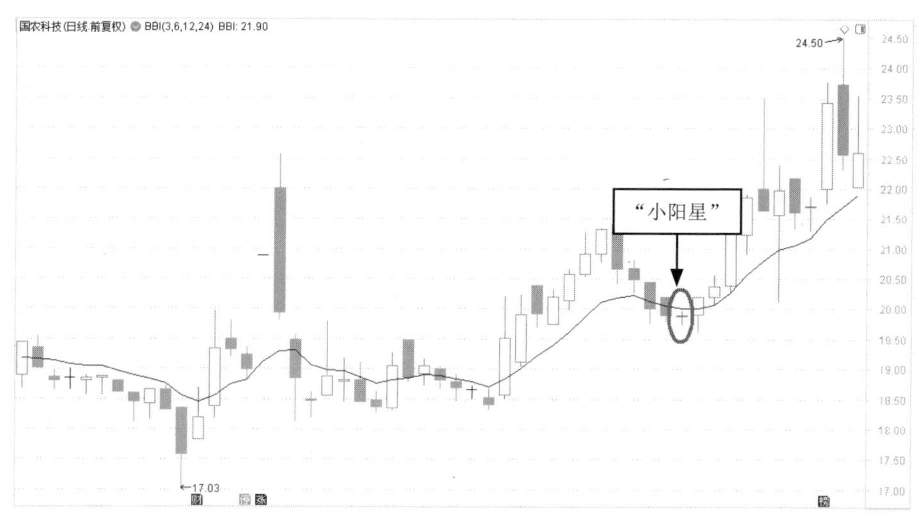

• 图 6-12 低位区“小阳星”

（2）如果“小阳星”出现在高位区，则有可能下跌，建议投资者离场观望，不要贪心不足。

2. 小阴星K线分时图分析

“小阴星”的分时走势图与小阳星相似，也是一种实体很短的K线，只是收盘价格略低于开盘价格，收于阴线，如图6-13所示。“小阴星”出现表明行情疲软，发展方向不明。

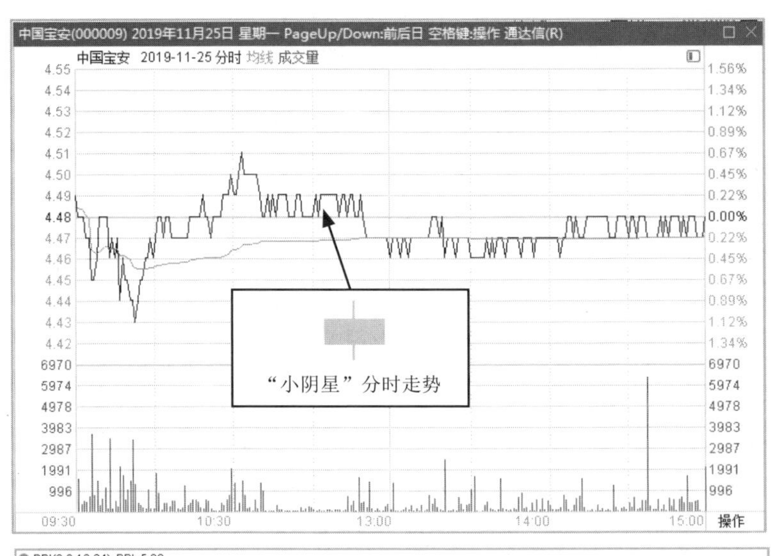

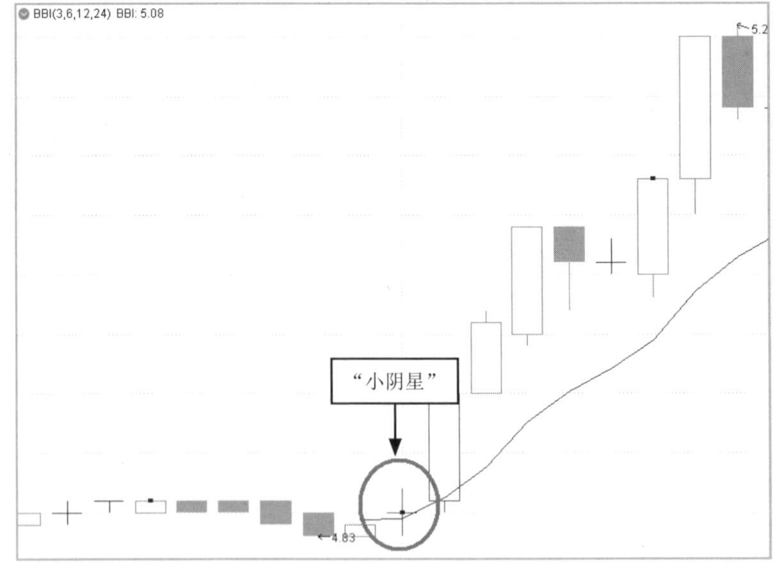

• 图6-13 “小阴星”分时图

3. 小阳线K线分时图分析

“小阳线”是阳线实体较短带有短上下影线的K线，如图6-14所示。而且，上下影线可以有不同的变化，如上长下短、上短下长等，其出现表示多空双方的小型对抗，消化获利盘和解套盘，趋势一般仍会持续，当连续的出现或次日出现成交量放大的阳线，即可跟进买入股票，股价必将有一段上涨行情。

• 图6-14 “小阳线”分时图

6.3.2 分时图形态告诉你，抓住牛股看一眼就够了

本小节将从形态分析的角度介绍分时图的不同运行线路，以及由此形成的形态特征，这对投资者更加形象、直观地认识分时图有着十分重要的作用。

1. 分时图拉升形态

分时图拉升形态是股价当天走势强势的表现，就像有一股无形的动力在把股价往上推一样，与高开高走类似，如图 6-15 所示。

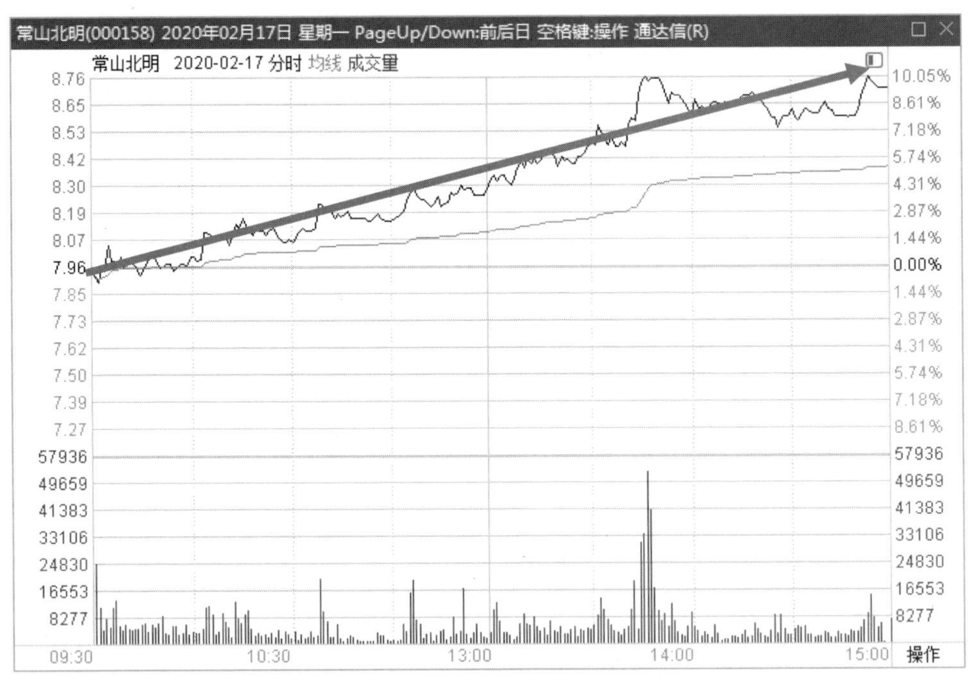

• 图 6-15 分时图拉升形态

（1）股价处于拉升阶段的初期和中期

当日分时图形成拉升形态，这是主力投入大笔资金进行拉抬股价的攻击性行为，主力意图通过大幅拉升股价从而迅速脱离持仓成本区，为日后套现做好准备。

（2）股价处于见顶阶段

当日分时图形成拉升形态，显示市场做多情绪已涨至顶点，股价随时可能下滑。主力此时拉高股价，目的是拉高出货，投资者应采取观望态度。

2. 分时图震荡形态

震荡形态就是在分时图股价形成反复上下震荡运行的态势，股价时上时下，

飘忽不定，不容易把握股价趋势，如图 6-16 所示。

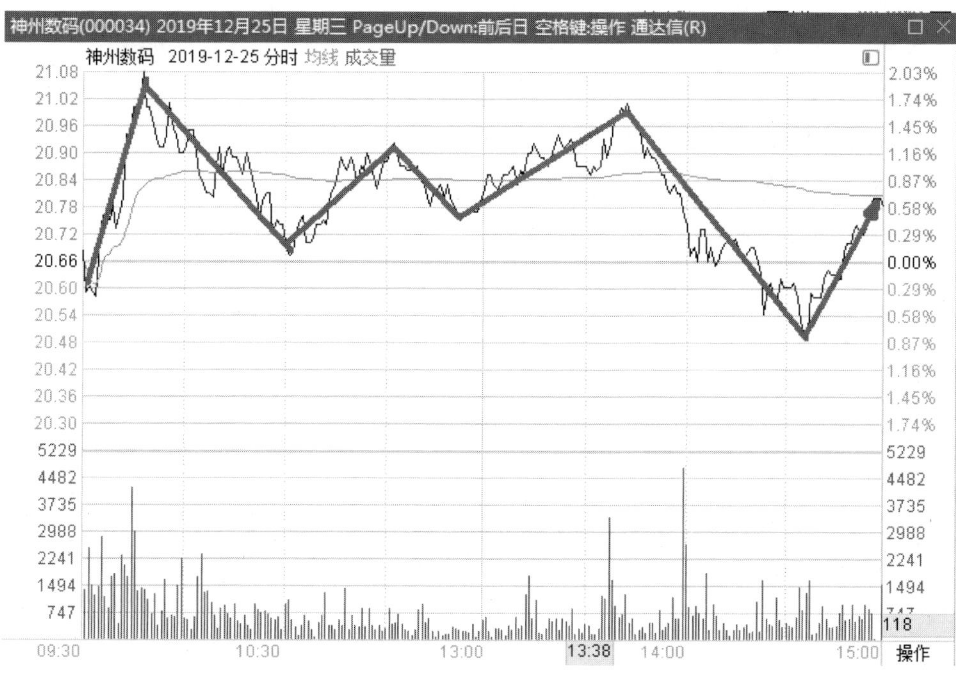

• 图 6-16 分时图震荡形态

（1）股价处于拉升阶段

当日分时图形成震荡形态，显示主力利用资金和筹码的优势，制造股价的剧烈波动，从而恐吓投资者，导致其对市场失去信心，没有耐心等待股价上涨，提前出局。主力借此排除拉升障碍，方便后续操作。

（2）股价处于见顶阶段

当日分时图形成震荡形态，这是主力在利用震仓手法进行出货的表现，目的是通过反复震荡迷惑场内的投资者，使其失去有效的判断力，并套牢盘中投资者，借机不断出货，股价后市看跌。

3. 分时图杀跌形态

分时图中出现的杀跌形态与缓跌形态类似，股价全天笼罩在空头的阴影下，股价重心不断向下，市场极度弱势，最后股价压低收盘，但有时尾盘也会有小幅的回升，如图 6-17 所示。

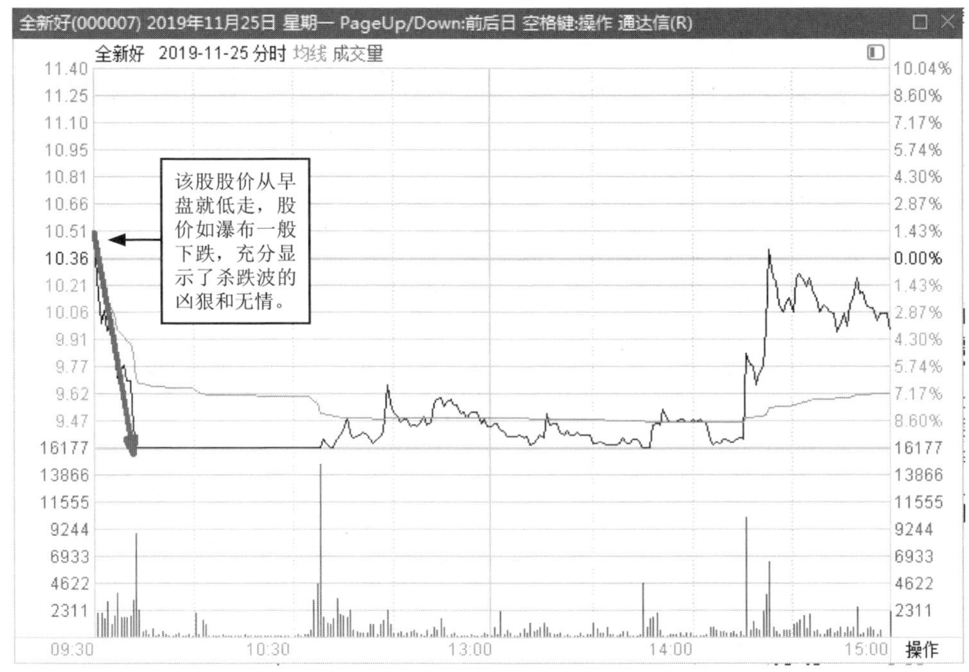

• 图 6-17　分时图杀跌形态

（1）股价处于拉升阶段

杀跌形态可能出现在股价的盘头阶段，由于股价经过大幅度的上涨，市场过热，主力已经完成拉升动作，开始进行出货，投资者此时应尽量回避，离场观望。

（2）股价处于见顶阶段

杀跌形态也会出现在股价的下跌阶段中，股价已经见顶，主力仍在出货，股价没有资金的支撑，自然快速下跌，投资者最好及时清仓，规避风险。

4．分时图涨停形态

分时图中出现的涨停形态是一种常见的强势形态，说明当天市场中多方完全占据主动地位，空方被多方大军牢牢压制，如图 6-18 所示。

（1）股价处于拉升阶段的初期或中期

当日分时图出现涨停形态，说明主力投入大笔资金进行拉升动作，制造涨停现象吸引投资者买入，从而帮助主力推高股价，主力即可坐收渔翁之利。

（2）股价处于上升末期的顶部阶段

当日分时图出现涨停形态，则可能显示主力在趁机出货。主力制造短时间的涨停吸引场外投资者跟风买入，跟风者买入大量主力在前期拉升后的高价筹码，主力顺利出货。到了第二个交易日，股价通常大跌，跟风者只能自己承受损失。

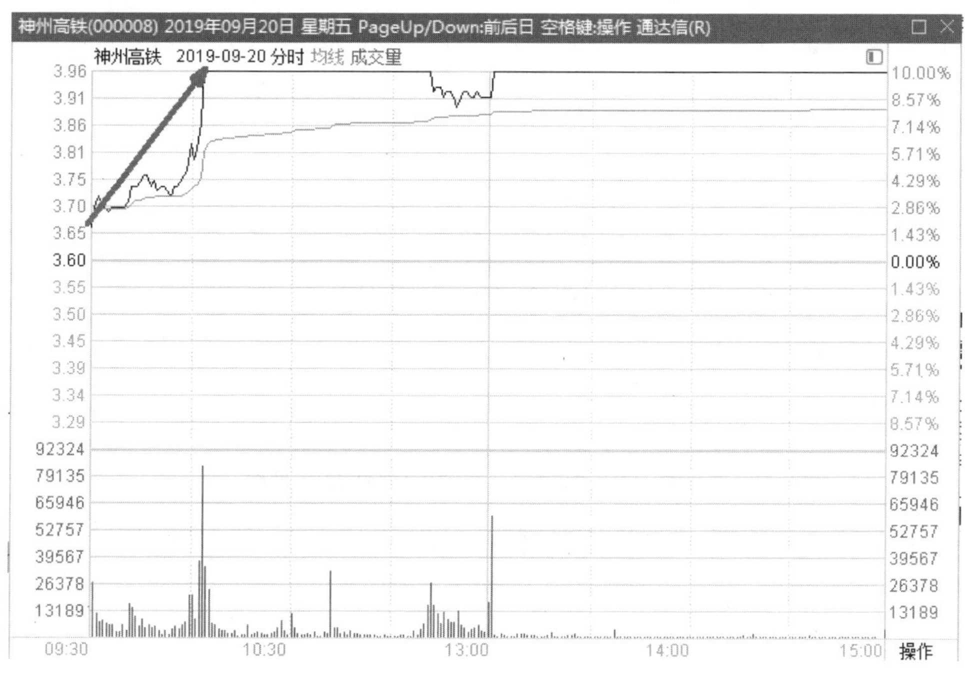

• 图 6-18 分时图涨停形态

6.3.3 分时图上的买入形态，一买就涨不是问题

分时图中的均价线是由股票分时成交平均价格数值点连接而成的曲线，它可以客观地反映当日投资者的平均持仓成本，对于买入位置分析有着十分重要的参考作用。

1. 均价线之上的买入形态

若股价在早盘时没有太大起色，沿着均价线横向运行，一段时间后，股价在均价线之上位置开始上涨，形成买入点，若股价处于底部，后市可能会展开上涨行情。

如图 6-19 所示为南玻 A（000012）分时走势图。从图中可以看到，该股早盘时小幅下挫，但随即进入横盘阶段，股价突破均价线，之后在均价线之上获得支撑，股价拉升。

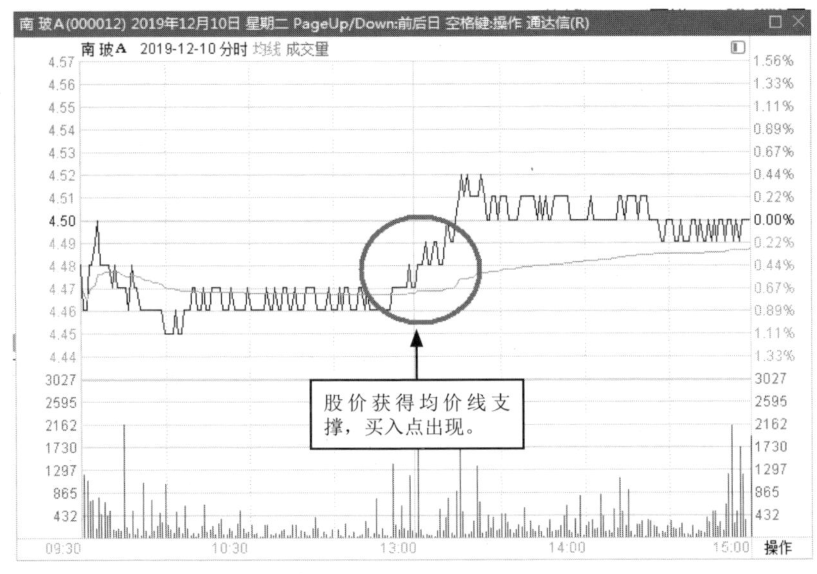

• 图 6-19　南玻 A（000012）分时走势图

如图 6-20 所示，该股前期处于底部横向运行之中，股价在底部徘徊，不久后分时图中出现均价线支撑的买入点，投资者可在股价运行至均价线之上的时候买入，后市股价大幅上涨，证明买入点有效。有时在上涨途中出现分时线获得均价线支撑，这更是一个非常不错的买入信号。

• 图 6-20　南玻 A（000012）K 线走势图

2. 均价线之下形态分析

如图 6-21 所示，价格线在收盘前一直位于均价线下方运行，而且运行的方向朝下，说明当天处于弱势行情，市场抛压严重，未来股价仍可能下行，投资者暂时不宜介入。

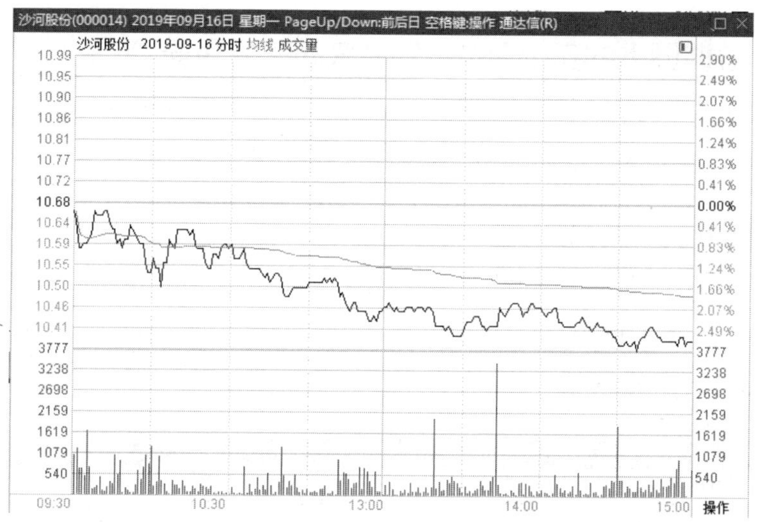

• 图 6-21 价格线一直处于均价线下方，市场预期偏差

如图 6-22 所示，股价长时间在均价线下方平行移动，始终无法有效突破均价线，这是因为均价线对股价有较强的压制作用。

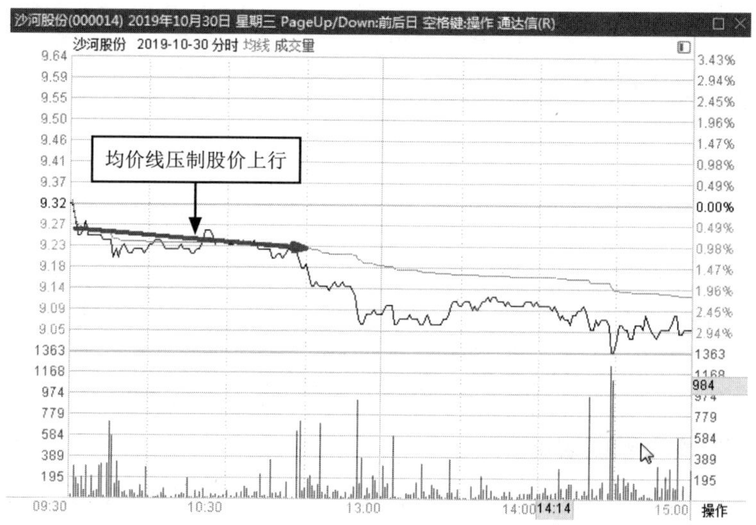

• 图 6-22 在下跌行情中，均价线对股价有较强的压制作用

在均价线的压制下，如果股价线长时间无法有效突破，则说明空方的力量非常强大，而多方已经无力招架，一旦横盘整理结束，股价将继续下跌。

在这种盘面中，投资者该如何进行操作呢？通常情况下，若股价不能向上突破均价线，则不建议投资者介入，这样可以规避股价继续下跌的风险。

6.3.4 分时图上的卖出形态，及时获利落袋为安

在分时图中，投资者不仅可以发现买入的时机，而且还可以发现卖出的时机，从而保住胜利的果实。

1. 均价线之上的卖出形态

股价运行在均价线的上方，与均价线保持同步上升的情况下，通常表明市场走势良好，此时不建议投资者卖出股票。当然，对于超短线投资者来说，这种形态也有一些较好的短线卖点，如图 6-23 中的①位置。

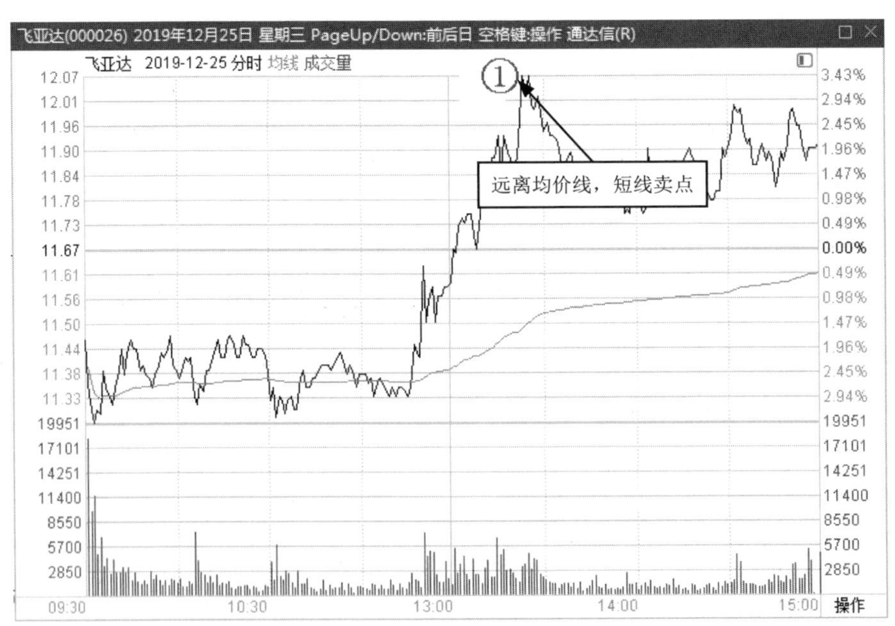

• 图 6-23 均价线之上的卖出形态

2. 均价线之下的卖出形态

在熊市行情中，如果投资者没有来得及在均价线上方卖出，则只能寻找均价线之下的卖出点。

此时，股价通常会反弹到均价线附近进行突破，并确认均价线是否已经成为压力线，一旦下跌行情形成，股价无法突破均价线时，就会在此形成一个短期卖点，如图6-24所示。

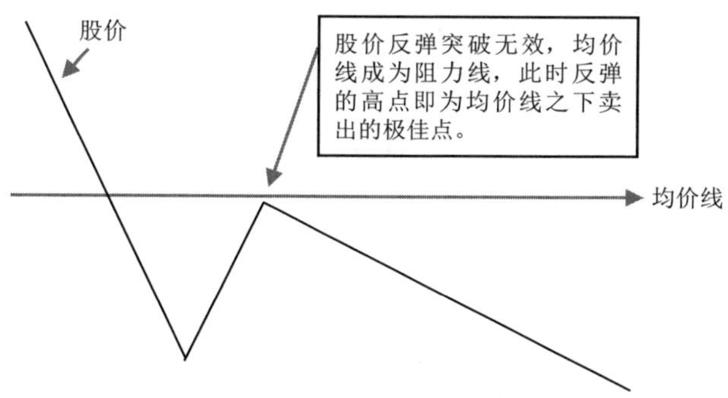

• 图6-24　均价线之下的卖出形态示意图

第 7 章

跟随趋势，用历史数据判断趋势并快速更迭

股市中讲究“顺势而为”。这个势就是趋势。投资者可以根据分析和预测股价的后期运行趋势，从而判断股票的买卖时机。本章将系统地介绍使用切线理论看盘的关键点——趋势线的使用技巧和方法。

7.1 何谓趋势：了解盘口趋势

盘口的趋势其实就是股价变动趋势的体现，对股价趋势的把握和预测有助于投资者能更好地抓住行情的首尾，更有效地进行买卖操作。

7.1.1 了解股价运行的趋势，揭秘股价变化原理

趋势中的“势”是指股价未来运行变化的方向和路线；而股价运行轨迹是在总体上观察得出来的，但并不是精确到每一天，每一个小时，只是一个大致的方向，所以称为“趋”。

股市中的技术分析的三大假设之一就提到过，市场中的股价按一定的趋势运行，在没有外界因素的作用下，股价会延续前期的趋势继续运行。由此可见，趋势在股价分析中的重要地位。

下面举例分析股价运行的趋势。

如图 7-1 所示为大悦城（000031）K 线走势图。从图中可以看出，该股从开始一直上扬，其间虽然有下跌回调走势，但没过多久便又重新回升，并且没有改变总体的态势，从 7.78 元的高点向前看，股价就像走扶梯一般顺势向上运行。

• 图 7-1 大悦城（000031）股价呈整体向上态势

如图 7-2 所示为天健集团（000090）K 线走势图。从图中可以看出，该股从 6.09 元处的高点开始回落，不久股价再次反弹至一定高度。这次反弹并未改变下跌走势，股价没有反转向上，而是继续下跌，纵观股价从 6.09 元高点跌至 5.31 元低点，整体处于下跌态势中。

• 图 7-2　天健集团（000090）股价呈整体向下态势

通常情况下，股价不会每天都是一样的价格，整个市场是在无休止地波动之中的。因此，趋势不在乎股价短时间内的上下波动，而是分析股价在很长一段时间内整体的运行态势。只要整体的态势是可以分辨的，那么就可以判断出此阶段股价的运行趋势。

7.1.2　趋势运行的三大方向：上升、下降、震荡

股票行情运行的趋势一旦形成，股价就会顺着这个方向持续运行下去，直到出现明显的转势信号。趋势线的趋势方向主要有三种，分别是上升趋势、下降趋势、震荡趋势。

1. 上升趋势

下面举例分析上升趋势的盘面。

如图 7-3 所示为潍柴动力（000338）K 线走势图。从图中可以看出，该股一开始以上升趋势为主的上涨行情，期间股价窄幅波动，每一波段顶部都高于前顶，每一波段底部都高于前底，使股价总体保持了上升的趋势。

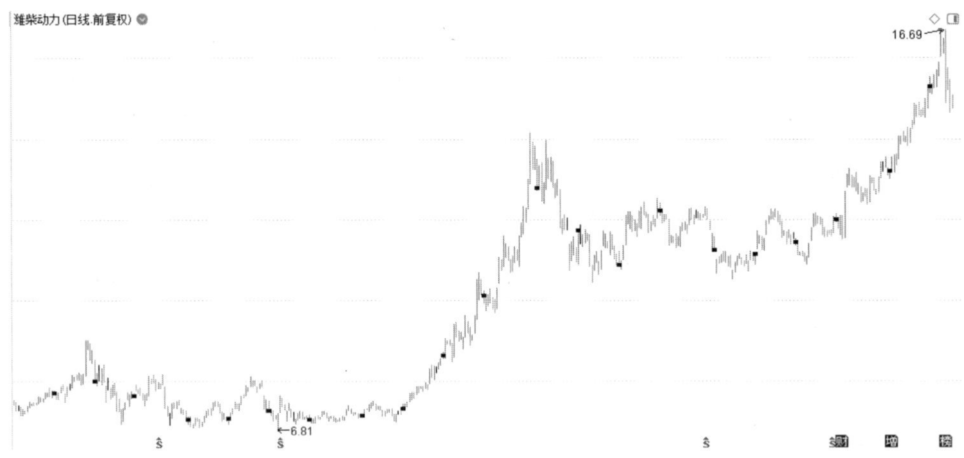

• 图 7-3　潍柴动力（000338）股价呈上升趋势

多空双方必有一方要妥协示弱，那么相反的另一方就会强势，强势的一方成为推动趋势继续发展的主要动力，弱势的一方会从中阻挠，形成一个趋势中的反向回调或反弹，但无法改变整体的运行方向。

2. 下降趋势

下面举例分析下降趋势的盘面。

如图 7-4 所示为 ST 地矿（000409）K 线走势图。从图中可以看出，该股从一开始的 5.98 元高点处开始一路下跌，途中每一个下跌低点都比上一个低，反弹的高点也逐级降低，股价一路下滑，走出了明显的下降趋势。

• 图 7-4　ST 地矿（000409）股价呈下降趋势

3. 震荡趋势

震荡趋势是指股价进行横向整理，表现为在很长一段时间里，下一波段的高点与低点和前期波段基本持平，股价在一定价格区间内窄幅震荡，如图 7-5 所示。

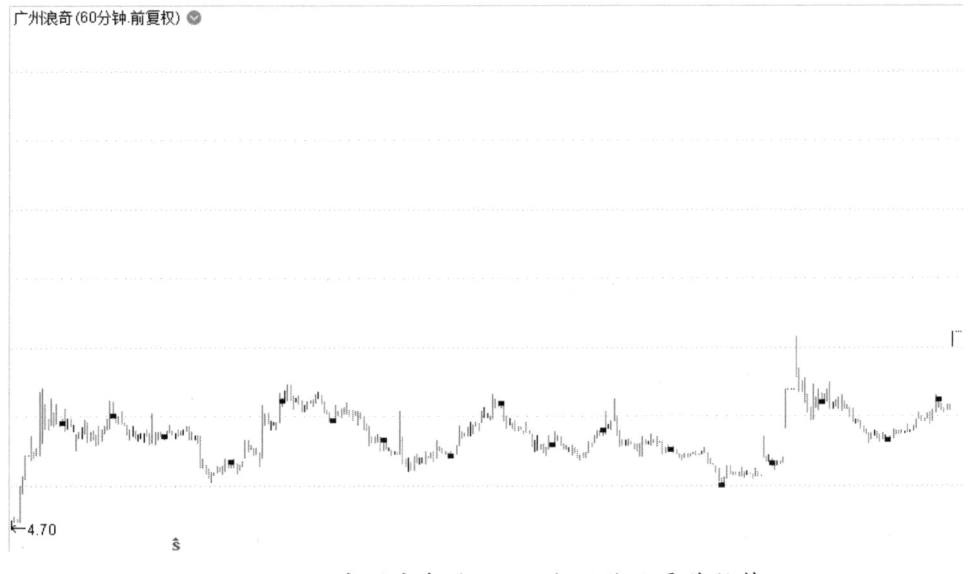

• 图 7-5　广州浪奇（000523）股价呈震荡趋势

7.1.3　趋势运行的三大类型：长期、中期、短期

趋势理论是指一旦市场形成上升（或下降）的趋势后，股价就将沿着上升（或下降）的方向运行，主要有以下三种趋势。

1. 长期趋势

长期趋势是指股价广泛或全面性上升或下降的变动情形，是在技术分析中讨论最多的趋势，是股价的主要趋势或大趋势，在股价分析中占有重要地位。

长期趋势的变动持续时间通常为一年或一年以上，股价总升（降）的幅度超过 20%。对投资者来说，长期趋势持续上升就形成多头市场，持续下降就形成空头市场。长期趋势比较适合长期投资者，可以帮助他们尽可能地在多头市场上买入股票，而在空头市场形成前及时地卖出股票。

由于证券分析行情软件界面大小的限制，时间越长的行情，在软件上的 K 线就会越来越小，股价短期的波动就不容易看得出来，而股价长期的趋势就会显示得越直观。

长期趋势需要在较长时间段中才会显示出来，并且一旦形成长期趋势，就需要充足的时间来构筑运行，如果运行一段时间后趋势被破坏，就不能称之为长期趋势。

2. 中期趋势

中期趋势在道氏理论中又被称为次级趋势，因为中期趋势经常与长期趋势的运动方向相反，并对其产生一定的牵制作用，因而也称为股价的修正趋势。这种趋势持续的时间从三周至数月不等，其股价上升或下降的幅度一般为股价基本趋势的 1/3 或 2/3。中期趋势比较适合想从股市中获取短期利润的投资者。

3. 短期趋势

短期趋势是指股价在短时间内的变化趋势，时间范围在数天至三周之间。短期趋势虽然时间短，但它体现了股价在每天或每个星期的变动情况，短期趋势是股价不断上下波动的最直观体现。通常，无论是中期趋势还是长期趋势，都是由多个短期趋势构成的。

7.2 趋势线的画法及使用技巧

趋势线是股价运行的方向，在股价的变化过程中，将逐步上涨的低点或者下跌的高点用直线连接起来就形成了趋势线。

7.2.1 绘制趋势线：画出一根具有方向性的直线

趋势线的绘制十分简单，就是应用证券行情的分析软件进行绘图。具体方法是在 K 线图中将一段行情的低点和高点连接起来，形成一根具有方向性的直线。

下面以通达信软件为例，介绍绘制趋势线的方法。

步骤 01 岭南控股（000524）2019 年 9 月至 12 月期间股价从低点处开始走出一轮下降行情，股价有三次回调，回调形成三个高点。要想绘制趋势图，在界面中单击“工具”菜单中的“画线工具”命令，如图 7–6 所示。

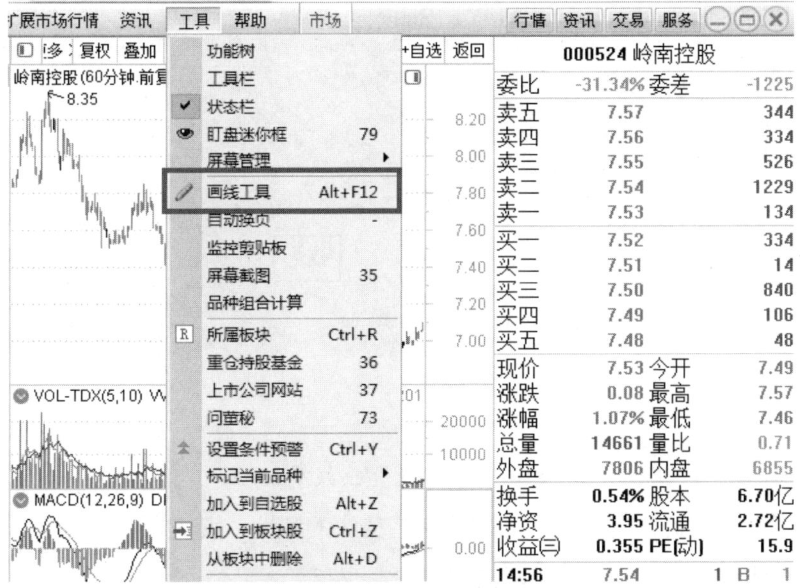

• 图 7-6 选取画线工具

步骤 02 打开画线工具面板，要想直观地感受股价的下降走势，可以绘制下降趋势线来衡量股价的运行趋势。在画线工具面板中选取“箭头直线”↗，在 K 线图中连接股价运行轨迹中的四次回调高点，便形成一个下降趋势线，如图 7-7 所示。

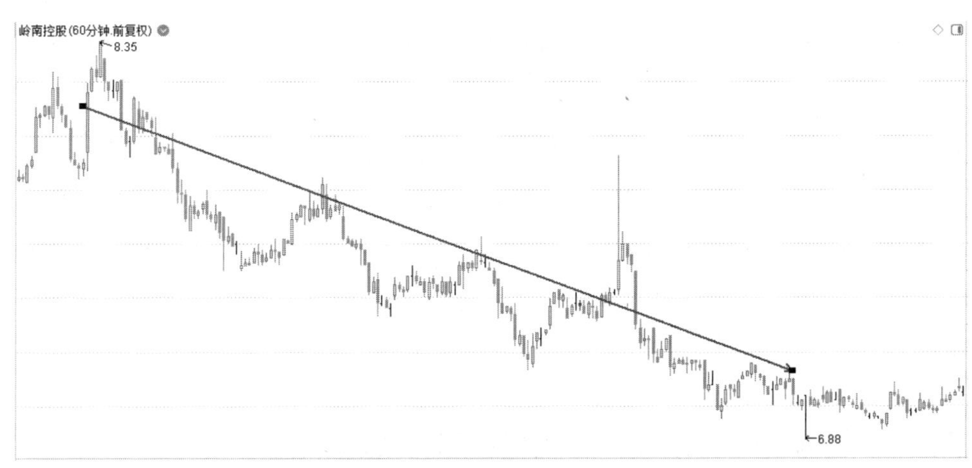

• 图 7-7 绘制带箭头的下降趋势线

步骤 03 在趋势线上右击，在弹出的快捷菜单中选择“编辑画线”选项，弹出“画线属性”对话框，设置相应的颜色、线型和线宽，如图 7-8 所示。

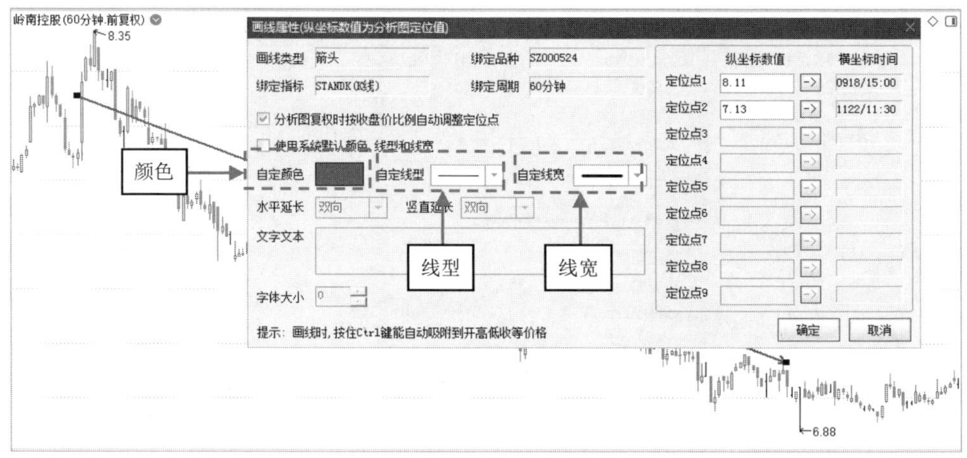

• 图 7-8　设置画线属性

步骤 04　单击“确定”按钮，即可改变趋势线的属性，投资者可以更清晰地观察到该股整体保持了下降走势，两次回调并未改变下降趋势。

7.2.2　趋势线被有效突破，行情即将逆转的表现

趋势线被有效突破是股价发生逆转的信号。

- 在上涨行情中，当股价向下跌破上涨趋势线后，如果继续走弱，此时视为一个卖出点。
- 在下跌行情中，当股价向上突破下跌趋势线后，如果继续走强，此时视为一个买入点。

有时，在新趋势形成的过程中可能会存在趋势形成失败的情况，即还未等趋势有效确认是否形成，该趋势便无法延续下去，而是形成新的转折。例如，在连接两个波段低点形成上升趋势后，没过多久，上升趋势便有所改变，股价不再向上运行，而是急转直下，则该上升趋势无效，或者只是一轮短期趋势或者中期调整趋势。

7.2.3　趋势线的时效性，时间越长趋势线越可靠

如果股价顺着趋势线移动的时间越长，则表明趋势线越可靠，即上涨趋势将继续上涨，下跌趋势将继续下跌。

下面举例分析趋势线被有效突破的盘面。

如图 7-9 所示为古井贡酒（000596）2013 年 12 月至 2015 年 6 月期间的走势图，股价前期经历了一波大幅下降行情，在低位企稳回升。

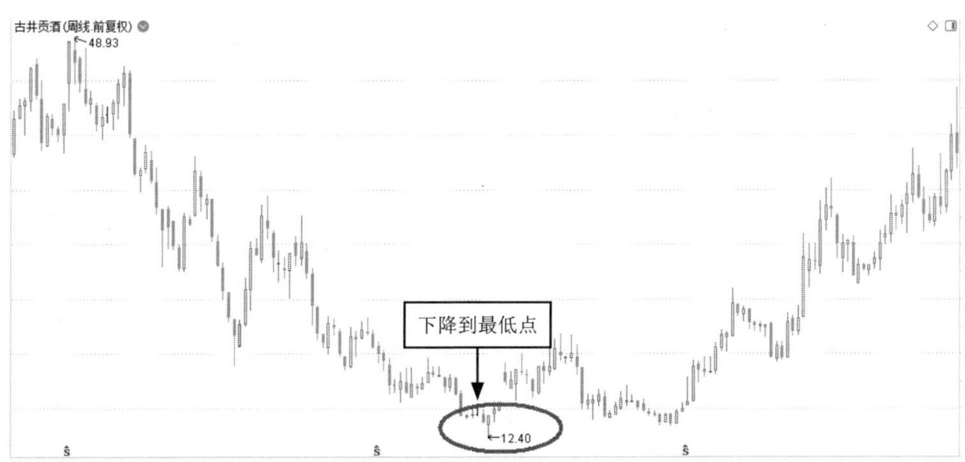

• 图 7-9　古井贡酒（000596）2013 年 12 月至 2015 年 6 月期间走势

随后股价顺着趋势线的方向持续放量上涨 5 年多，2015 年 6 月至 2020 年 1 月，股价始终在向上攀升，如图 7-10 所示。

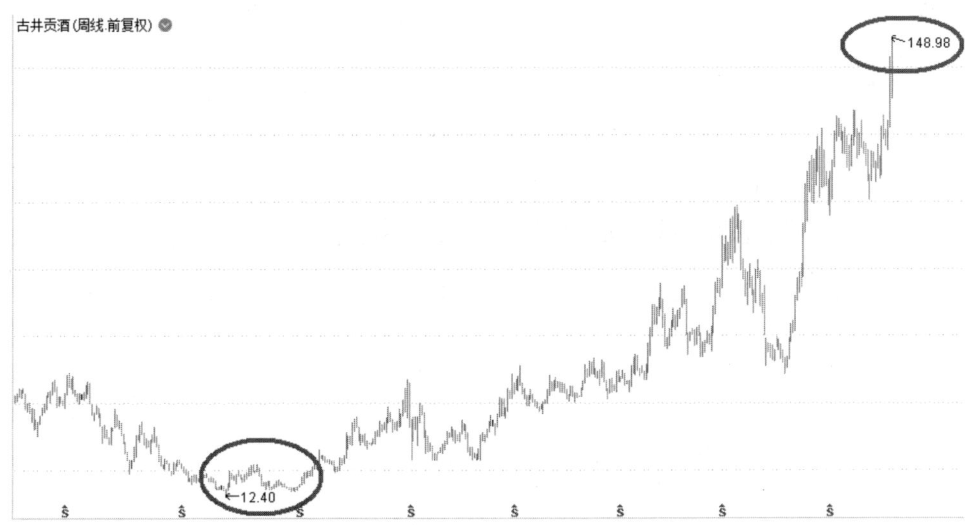

• 图 7-10　古井贡酒（000596）2015 年 6 月至 2020 年 1 月期间走势

7.2.4 结合趋势线与成交量，提高趋势预测的准确性

不管趋势线维持时间的长短，最终都会在某个位置反转，尤其是在股价运行到顶部或底部的时候，投资者更要谨慎使用趋势线。在上涨趋势末期，追涨盘和跟风盘盲目介入拉抬股价，主力则在高位顺势出货，因此成交量呈现放量形态，此时说明上涨趋势即将结束，后市看跌，投资者一定要及时止损出局，如图 7-11 所示。

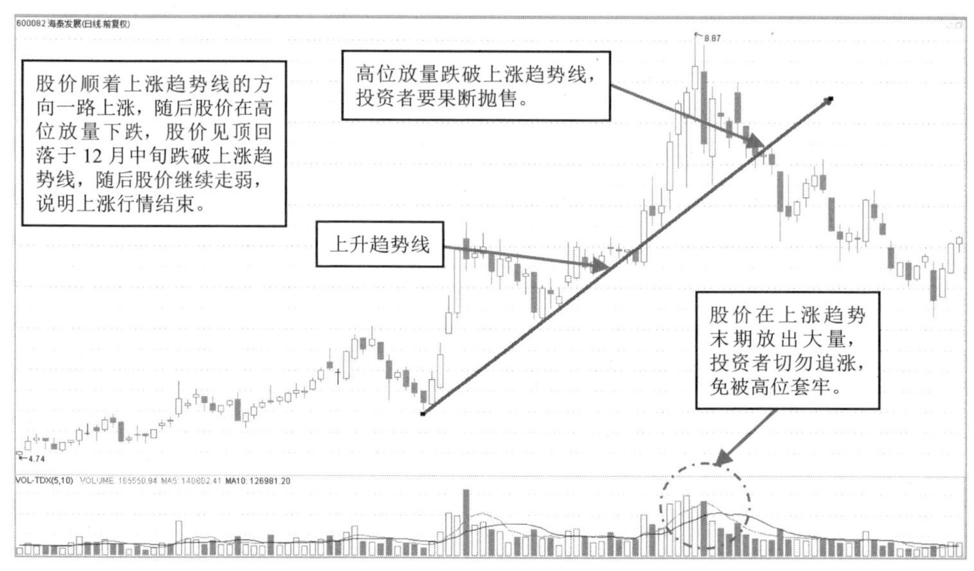

• 图 7-11 海泰发展（600082）K 线走势图

7.2.5 顶部或者底部偏离趋势线，如何寻找买卖点

对于趋势是否达到末期，投资者还可以通过高点或者低点与趋势线的偏离情况来进行判断，下面举例分析顶部或者底部偏离趋势线。

如图 7-12 所示为浙江富润（600070）K 线走势图，我们可以看出，顶部与趋势线偏离，后市看跌。

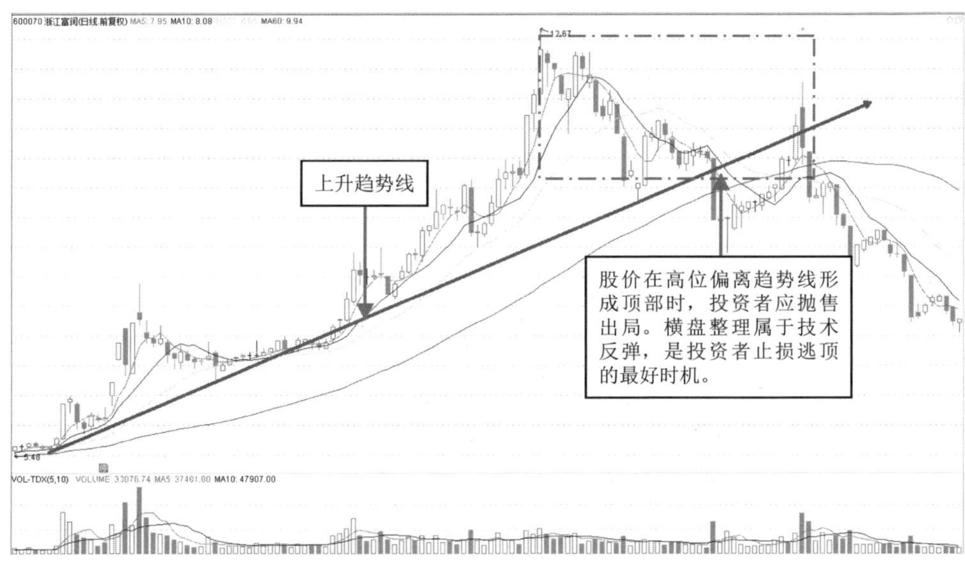

• 图 7-12　浙江富润（600070）K 线走势图

7.3 趋势跟踪，跑赢大盘的投资策略

在股市实际操作过程中，凭借单根趋势线不能准确地判断出 K 线行情的发展趋势，而且股价突破趋势线有时是暂时的，因此需要靠多根趋势线来进行组合分析，以此来提高趋势分析的准确性和可靠性。

7.3.1 组合趋势线，提高准确性和可靠性

趋势线的组合使用主要是缓慢趋势线和快速趋势线两者的组合使用，下面将研究上涨行情中缓慢上涨趋势线和快速上涨趋势线的组合使用，以及下跌行情中缓慢下跌趋势线和快速下跌趋势线的组合使用。

1. 缓慢上涨和快速上涨趋势线组合

在上涨行情中，缓慢上涨和快速上涨趋势线的组合有如下两种情况。

（1）先慢后快

在上涨行情途中，股价在原上涨趋势上方急速上涨形成新趋势，最终也会在原趋势线上获得支撑回升，如图 7-13 所示。

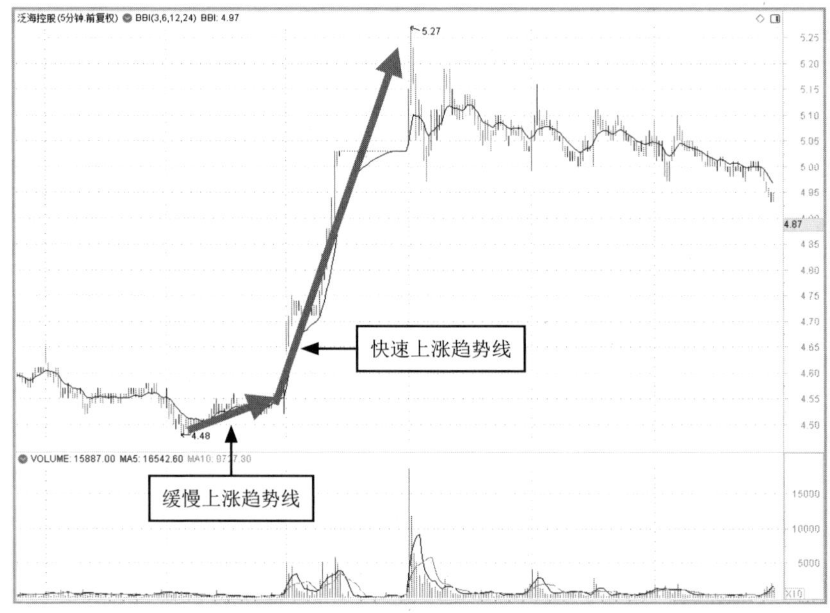

• 图 7-13　先慢后快上涨趋势组合

（2）先快后慢

在上涨初期，股价急速上涨，随后股价回落调整暂时跌破上涨趋势线创新低后反弹形成新趋势，后市沿着这个趋势继续上涨，如图 7-14 所示。

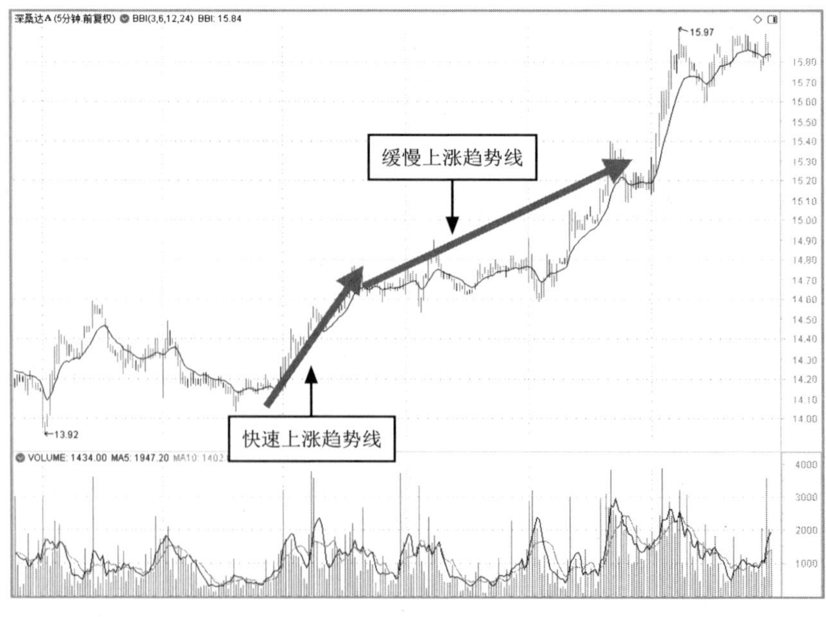

• 图 7-14　先快后慢上涨趋势组合

2. 缓慢下跌和快速下跌趋势线组合

在上涨行情中，如果在缓慢上涨趋势上方出现快速下跌趋势，此时往往是主力洗盘的一种手段，因为股价整体重心向上，股价回落在时间和空间上都是有限的，后市股价还会继续上涨，此时投资者可以持股待涨，不要轻易看空、做空。

在下跌行情中，缓慢下跌趋势和快速下跌趋势线组合有如下两种情况。

（1）先快后慢

在行情下跌初期，股价下跌趋势急速，随后股价反弹调整暂时突破下跌趋势线创新高后回落形成新趋势，后市沿着这个趋势继续看跌，如图 7-15 所示。

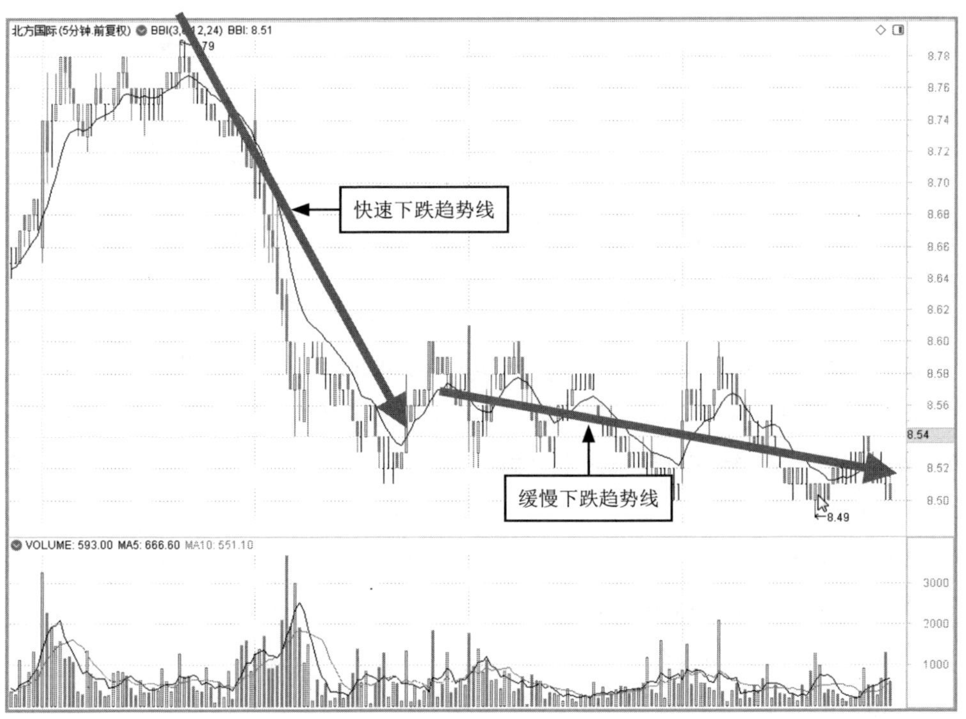

• 图 7-15　先快后慢下跌趋势组合

（2）先慢后快

在下跌行情途中，股价在原下跌趋势下方急速下跌形成新趋势，即使股价反弹上涨突破新趋势，最终也会在原趋势线处上涨受阻回落，如图 7-16 所示。

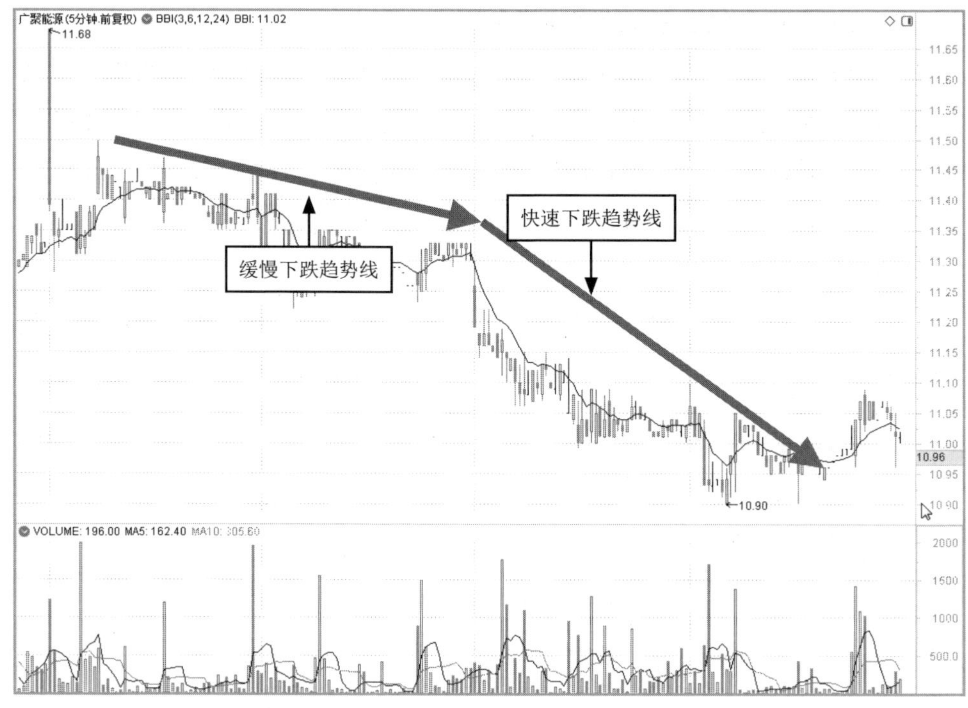

• 图 7-16　先慢后快下跌趋势组合

在股价的走势中，如果上升趋势中各波段回调的低点用直线相连，这些点大多在一条直线上，后市回调的低点同样也会落在这根直线上；在下跌趋势中，各反弹高点也一致保持在一根直线上后再次下跌。这就是支撑线与阻力线在股价走势中的作用。

（3）支撑线

当股价回落至由之前低点绘制的支撑线附近时，通常股价会止跌回升，这就是支撑线在对股价起作用。

（4）阻力线

阻力线起到阻截多方反攻的作用，当股价反弹到前一波段高点时遇阻回落，停止上涨而继续前期的下降趋势。

7.3.2 轨道线分析，快速找出高低价位所在

轨道线（channel line）又称通道线或管道线，是基于趋势线的一种方法。轨道线是趋势线概念的延伸，当股价沿趋势上涨到某一价位水准会遇到阻力，回

落至某一水准价格又获得支撑，轨道线就是将股价的顶部和底部使用直线或者曲线连接起来，从而形成一个通道，当轨道线确立后，就会非常容易找出股价的高低价位所在，投资者可依此判断来操作股票。

1. 通过直线轨道线分析 K 线

在 K 线走势图中，将其顶部和底部分别用直线连接起来形成的轨道线就是直线轨道线。直线轨道线是轨道线中最简单的一种，可以方便地查看行情变动的趋势，其上下线是以 K 线的实体来界定，与 K 线的上下影线无关。

（1）直线轨道线的形态

直线轨道线有三种形态，分别是上升轨道、下降轨道和多级轨道。

- 上升轨道：上升轨道是下轨线为上涨趋势线的轨道，其下轨线对整个轨道形成一个强有力的支撑，是股价震荡上涨的向上助推力。
- 下降轨道：下降轨道是上轨线为下跌趋势线的轨道，其上轨线对整个轨道形成一个强有力的阻力，是股价震荡下跌的向下惯性力。
- 多级轨道：在 K 线图的实际操作过程中，股价不会永远在一个轨道中运行，通常，在中级波段上升行情中，主力至少会对股价实施二级或者三级变轨从而形成多级轨道，每次变轨都会促使股价进行加速上涨。

一般上升或下降行情中，很难出现三级变轨，这主要是由于主力将股价维持在一个范围内进行调整的结果，因此，当出现三级轨道时，行情通常都会发生逆转。

（2）轨道线突破

当某个趋势的轨道一旦形成，股价就会在该轨道范围内波动，一旦股价突破轨道线，行情就会发生相应的改变。轨道线突破的操作要点如表 7-1 所示。

表 7-1　轨道线突破的操作要点

轨道类型	股价范围	轨道线突破	操作策略
上升轨道	上涨行情途中	股价向上放量突破上轨线时为有效突破，轨道可能发生变轨	投资者可以大胆介入
	上涨行情末期	股价向上缩量突破上轨线时为假突破可能性大	说明上涨动能衰减，行情即将见顶
		股价向上突破上轨线后又快速回落到上轨线下方	投资者应在中轨线附近止损出局

续表

轨道类型	股价范围	轨道线突破	操作策略
上升轨道	上涨初期或途中	股价回落后在下轨线位置获得支撑	投资者可以视为短期买入信号
	股价在高价位区	股价上涨至上轨线附近或者没有到达上轨线时回落	投资者可以视为短期卖出信号
		股价向下跌破下轨线	说明行情有可能发生逆转，若后市走弱，投资者应立即离场
下降轨道	下跌行情初期	股价向下跌破下轨线，轨道将发生变轨现象，股价将加速下跌	后市可能出现深幅下跌行情，投资者应离场观望
	下跌行情途中	股价在下轨线回升时	短线投资者可适当买入
		股价在中轨线或者上轨线附近回落时	短线投资者应立即卖出
	下跌行情末期	股价放量向上突破上轨线	行情可能发生逆转
		股价向上突破上轨线无量配合	后市可能出现横盘

2. 通过 ENE 轨道线分析 K 线

ENE 轨道线是系统内置的一种指标，由上轨线（UPPER）和下轨线（LOWER）及中轨线（ENE）组成。ENE 轨道线的优势在于其不仅具有趋势轨道的研判分析作用，也可以敏锐地觉察股价运行过程中方向的改变。

对于短线投资者而言，使用 ENE 轨道线分析买卖点的原则如表 7–2 所示。

表 7–2 使用 ENE 轨道线分析短期买卖点的原则

K 线趋势	轨道线动态	操作策略
上升趋势	股价回落下跌至下轨线附近获得支撑位回升	短期买入信号
	股价上涨至上轨线附近，遭到打压回落	短期卖出信号
	股价上涨始终在中轨线上方运行	可继续持有
下降趋势	股价在下轨线附近获得支撑反弹	短期买入信号
	股价上涨至中轨线或上轨线附近打压回落	短期卖出信号
	股价下跌始终在中轨线下方运行	持币观望

另外，ENE 轨道线在普通震荡的上升或下降行情中也能够准确地提示买卖信号，但对于股价处于单边上涨或者单边下跌的行情中，其买卖点分析就有所差别，如表 7–3 所示。

表 7-3　特殊行情中 ENE 轨道线买卖点分析

K 线趋势	轨道线动态	操作策略
单边上涨行情	上涨初期，股价不断震荡变换	投资者可采取普通行情的买卖规则操作
	股价向上突破上轨线	投资者可大胆介入或加仓
	股价在高位区偏离上轨线的高位	投资者可卖出股票
	股价在高位区跌破下轨线继续走弱	投资者应果断离场
单边下跌行情	下跌初期，若投资者在上涨顶部没有及时出局	可采取逢高卖出止损策略
	股价跌破下轨线走弱	投资者应坚决离场
	股价进入低位区	投资者可采取普通行情的买卖规则操作，即使卖出后股价继续上涨，也可以在利好时机再次买入

7.3.3　X 线分析，分析和预测行情运行趋势

X 线又称交叉线，也是用于分析和预测 K 线行情运行趋势的一种工具，与趋势线、轨道线不同的是，X 线是顶部和底部的连接线，至少需要间隔一个顶部和底部。

1. 解析 X 线的四大基本类型

使用 X 线可以寻找到股价移动过程中的压力或支撑力，根据其连接点起始位置和所在行情的不同，可将其分为上升 X 线、B 型上升 X 线、下降 X 线和 B 型下降 X 线四种类型。

（1）上升 X 线

在上升行情中，间隔一个或多个顶部后将底部连接到顶部形成上升 X 线。

（2）B 型上升 X 线

在下降行情中，间隔一个或多个顶部后将底部连接到顶部形成 B 型上升 X 线。

（3）下降 X 线

在下降行情中，间隔一个或多个顶部后将顶部连接到底部形成下降 X 线。

（4）B 型下降 X 线

在上升行情中，间隔一个或多个顶部后将顶部连接到底部形成 B 型下降 X 线。

X 线的连接点不一定必须是明显的顶部或底部，任意转折的高点或低点连接起来的 X 线都具有一定的效果，但是如果选择的连接点是重要的顶部或底部，则其所连接起来的 X 线肯定会比一般转折点连接成的 X 线更为可靠。

2. 通过 X 线分析 K 线走势

X 线实际上是趋势线的延伸使用，即当前的趋势线被突破以后与价格曲线相交。被突破的趋势线仍然有效，只是支撑和阻力的作用相反。

在不同的 K 线走势图中，股价触碰到不同的 X 线有着不同的市场意义，其判断的基本法则如表 7-4 所示。

表 7-4 X 线的基本用法

K 线趋势	X 线动态	操作策略
上升趋势	股价上涨碰到上升 X 线当天或次日回落，后市看好	投资者可以考虑在今后的几天内买入
	股价连续多次碰到上升 X 线且都是下跌情况，说明行情即将见顶	投资者可以考虑卖出
下降趋势	股价下跌碰到下降 X 线当天或次日反弹	投资者可以考虑持股几天后卖出或继续做空
	股价下跌碰到上升 X 线，说明股价反弹受阻，后市下跌的可能性较大	投资者应果断抛售离场

在实际的股价运行过程中，股价并不一定会碰触 X 线，只有当股价在碰触 X 线时，才能通过 X 线的支撑和压力作用来判断股价上涨或下跌，它并不具有测量涨幅度的功能。当股价在 X 线上方或下方时，投资者可以根据其他技术进行综合研判。

第 8 章

量价分析战法，在股市稳定盈利的基本策略

有盘口就有成交量，成交量是盘口分析的重要指标，是股价上涨下跌的原动力，是市场资金筹码多寡的最直接体现。本章将主要介绍成交量与股价相结合的实战分析，量价结合是十分有力的实战看盘工具，是判断市场强弱的重要技术。

8.1 每位股民都需要学会量价关系

在股市中，成交量是研判股市行情的重要依据，它可以反映股价走势的强弱即主力操盘的痕迹，通过对成交量的分析，在一定程度上能帮助投资者提供判断的准确性和可靠性。

8.1.1 成交量是股价的原始驱动力

在炒股软件中输入 VOL（成交量）命令，按【Enter】键确认，即可显示成交量窗口，如图 8-1 所示。

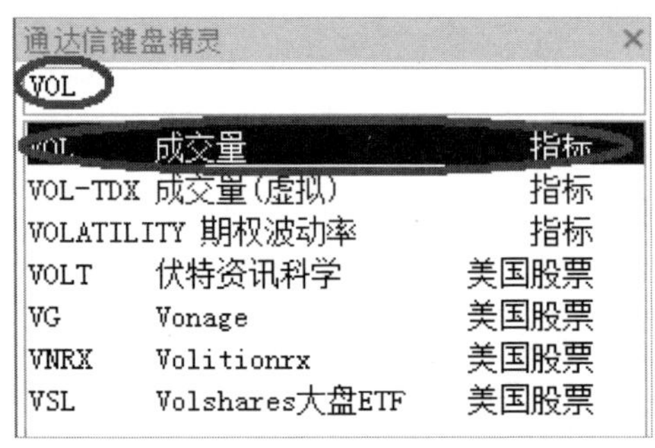

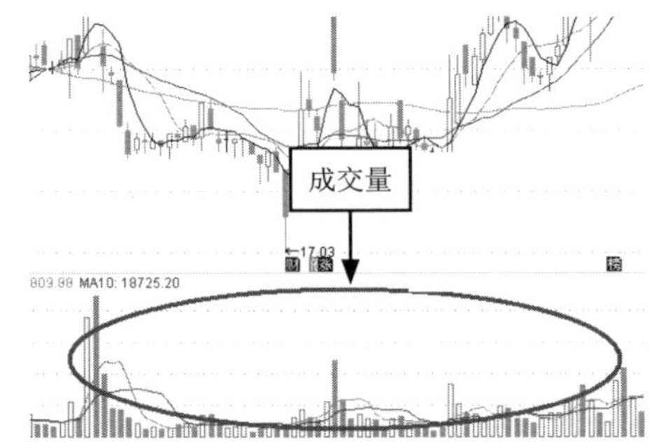

• 图 8-1 成交量

VOL 指标即成交量指标，在股票交易中是股票活跃度的表现，VOL 指标的不同形态，预示不同的行情，有助于掌握股票趋势。VOL 是成交量类指标中最简单、最常用的指标之一，它由成交量柱线和三条简单平均线组成。

8.1.2 了解成交量平均线，研判行情趋势

成交量平均线也被称为均量线，它是一种反映一定时期内市场成交情况的技术性指标，常用的均量线为 5 日均量线、10 日均量线、35 日均量线和 135 日均量线。

1. 5 日均量线和 10 日均量线

5 日均量线和 10 日均量线作为成交量涨跌的判断依据，对投资者操盘有明显的指导作用。

下面举例分析 5 日均量线和 10 日均量线。

当 5 日均量线在 10 日均量线下方向下运行且无拐头走势，说明跌势将继续，如图 8-2 所示。

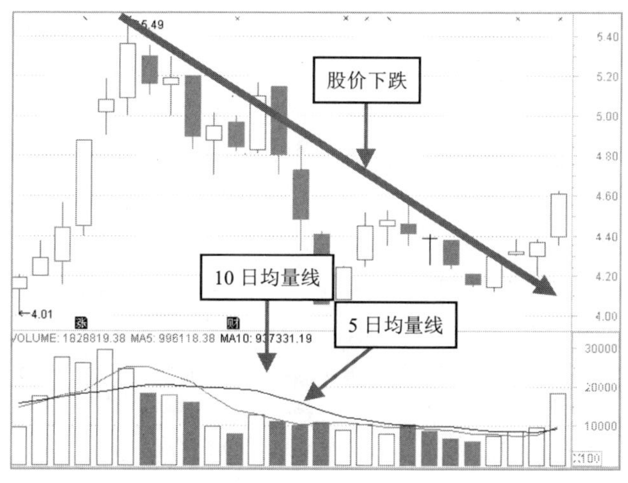

• 图 8-2　跌势图 5 日、10 日均量线

当 5 日均量线在 10 日均量线上方向上运行，说明股价仍将反复震荡上涨，如图 8-3 所示。

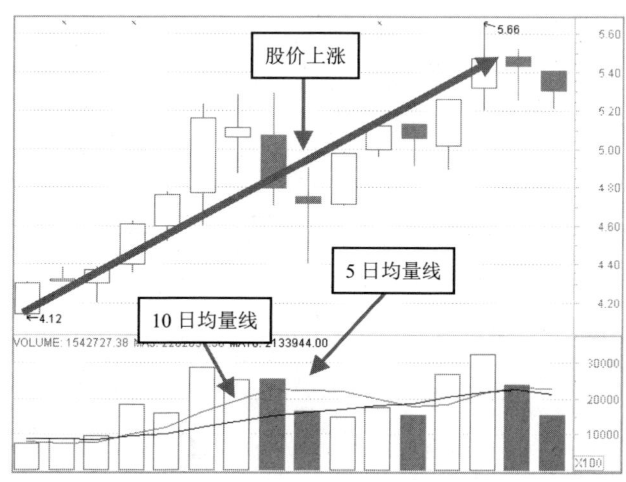

• 图 8-3　涨势图 5 日、10 日均量线

2. 35 日均量线和 135 日均量线

35 日均量线是主力洗盘线，下面举例分析 35 日均量线。

在个股上涨过程中，随着成交量持续放大引起 5 日均量线上穿 35 日均量线形成金叉，且当日成交量是 5 日均量的 2 倍以上，视为最佳买入点，如图 8-4 所示。

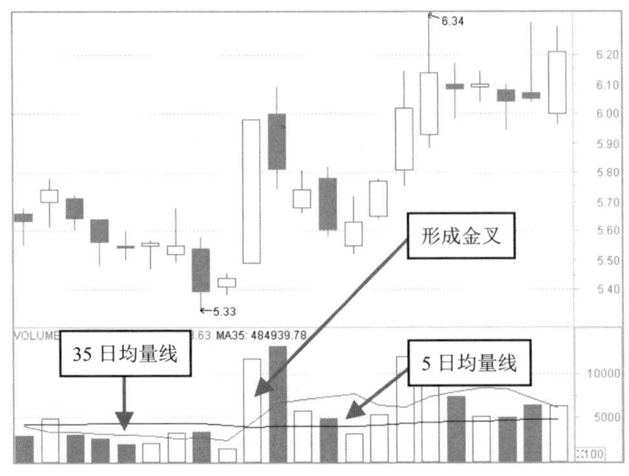

• 图 8-4　浙能电力（600023）均量线分析（1）

随着股价再创新高，如果 5 日均量线向上疲软且有拐头现象，或者下穿 35 日均量线形成死叉，一旦量缩价跌，就是短线卖点，如图 8-5 所示。

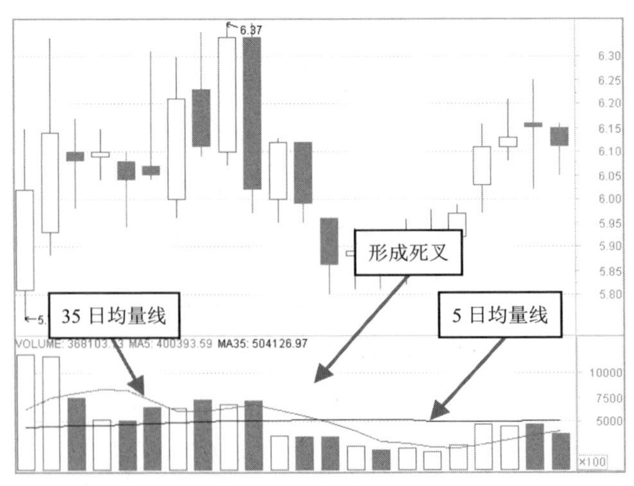

• 图 8-5　浙能电力（600023）均量线分析（2）

135 日均量线是资金异动线，成交量在 135 日均量线下方时，投资者应持币观望，当成交量突破 135 日均量线时，说明有资金异动，这时投资者就需要密切关注该股。

如图 8-6 所示为中海发展（600026）走势图，从图中可以看出，股价底部横盘整理阶段时，成交量在 135 日均量线下方运行。后来股价低开高走收大阳线，成交量出现巨量突破 135 日均量线，并在其上方持续放量拉升，随后股价走出一波上涨行情，成交量大部分在 135 日均量线上方运行。

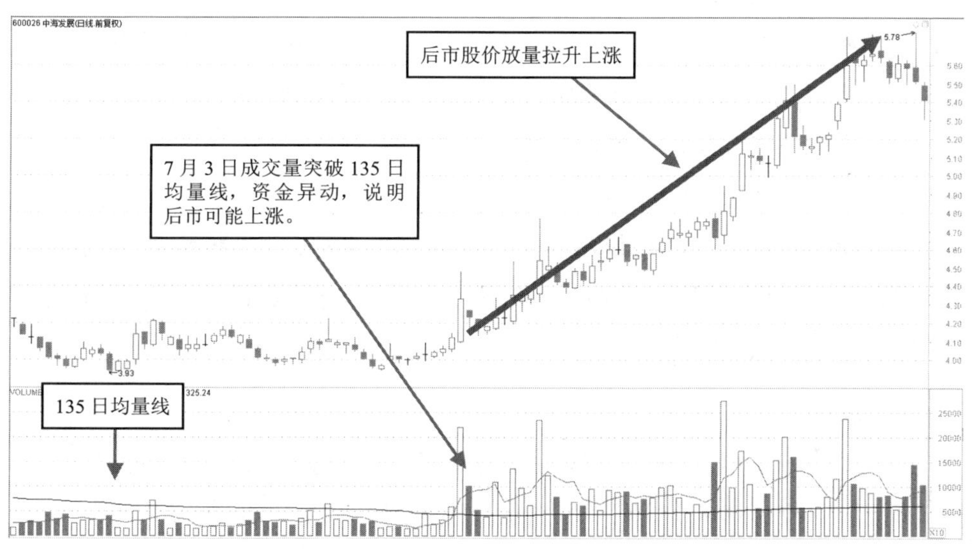

• 图 8-6　中海发展（600026）均量线分析

8.1.3　成交量的基本形态，有必要全面掌握

成交量的形成实质上是因市场多空双方的买卖意愿不统一而形成的，如果市场的看法一致，成交量就会小很多。

市场是要买卖双方撮合成交的，总是会有一部分投资者看多，一部分投资者看空，双方持不同的观点，于是多方买进空方抛出筹码，从而形成成交量。一般而言，成交量又分为以下几种形态。

1. 缩量

缩量是指个股在某个阶段的成交量与其历史成交量相比，出现明显减少的形态，如图 8-7 所示。

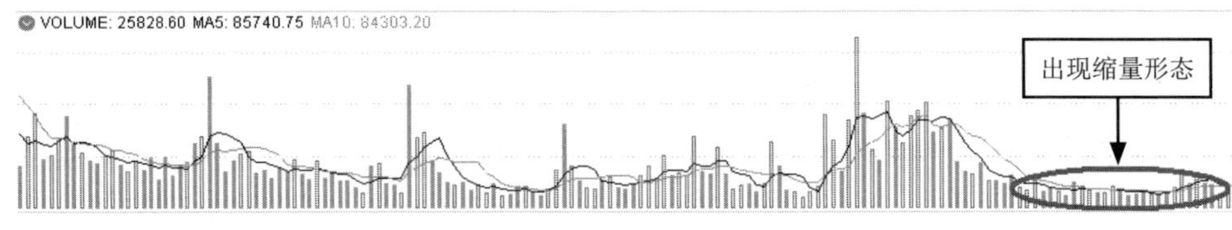

• 图 8-7　成交量缩量示意图

在不同的行情中，成交量缩量形态的意义不同。

（1）上涨行情缩量

在上涨行情途中出现缩量形态，这主要是主力洗盘的一种手法，后市还会上涨，投资者可以在该阶段逢低吸纳。如果在高位出现缩量，说明上涨动能衰减，后市可能发生逆转，投资者应抛售出局。

（2）下跌行情缩量

在下跌行情途中，如果成交量出现缩量形态，说明后市还将持续下跌，投资者应果断卖出，离场观望。待股价下跌到一个低价位出现放量后再介入，这样不失为一个有效的回避风险的好办法。

2. 放量

放量是指个股在某个阶段的成交量与其历史成交量相比，出现明显增大的形态，即形成成交密集区，如图 8-8 所示。放量说明市场形成明显的买卖方向对立的多空双方，多方认为买卖机会来临，于是急于买入筹码；空方则认为顶部将至，于是急于抛售筹码，导致空方抛出，多方接盘。

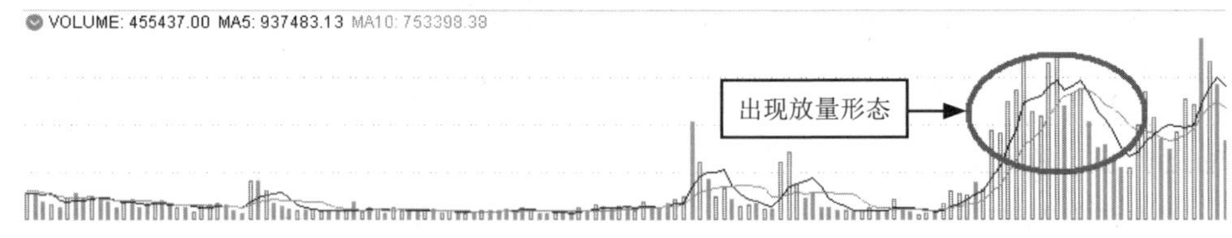

• 图 8-8　成交量放量示意图

通常在股价低价位区和高价位区中，成交量形态的意义不同。

（1）股价高价位区放量

当股价大幅上涨运行到高位区后，成交量出现放量形态，说明行情可能见顶逆转，投资者此时应该谨慎操作。

（2）股价低价位区放量

当股价深幅下跌运行到低价区后，成交量出现放量形态，说明行情可能见底，后市看好，投资者可以低价建仓。

3. 天量

天量是指股价在运行过程中突然放出一根巨大的量（至少是前一天成交量的两倍以上），如图 8-9 所示。天量天价是指股价经过大幅上涨后，在高价位放出巨量，同时股价也再度出现大涨。天量天价大多出现在股价见顶附近，如果出现天量天价，股价又在顶端出现滞涨现象，意味着股价行情将反转下跌，是尽早卖出的信号。

• 图 8-9　成交量天量示意图

天量出现的位置不同，其市场含义也不同，具体情况如下所示。

（1）股价的高价位区

此时可能是主力在高位放量出货，预示股价见顶，后市可能出现行情逆转，股市中常说的“天量天价”就是指这个阶段的天量。当股价大幅上涨后出现天量，投资者应果断出局，逃离风险。

（2）股价低价位区或上涨过程中

此时的天量是主力通过对敲手段制造的，其目的是清理浮筹。只要在出现天量后几个交易日的股价不跌破天量当日的低点，且股价超过前期高点，投资者就可以适当介入。

4. 地量

地量就是指个股成交量呈现出极度缩小的状态，而且一般还具有一定的持续性，如图 8-10 所示。地量在行情清淡的时候出现得最多，此时场内套利机会不多，几乎没有任何赚钱效应。持股的不想卖股，持币的不愿买股，于是地量的出现就很容易理解了。这一时期往往是长线买家进场的好时机。

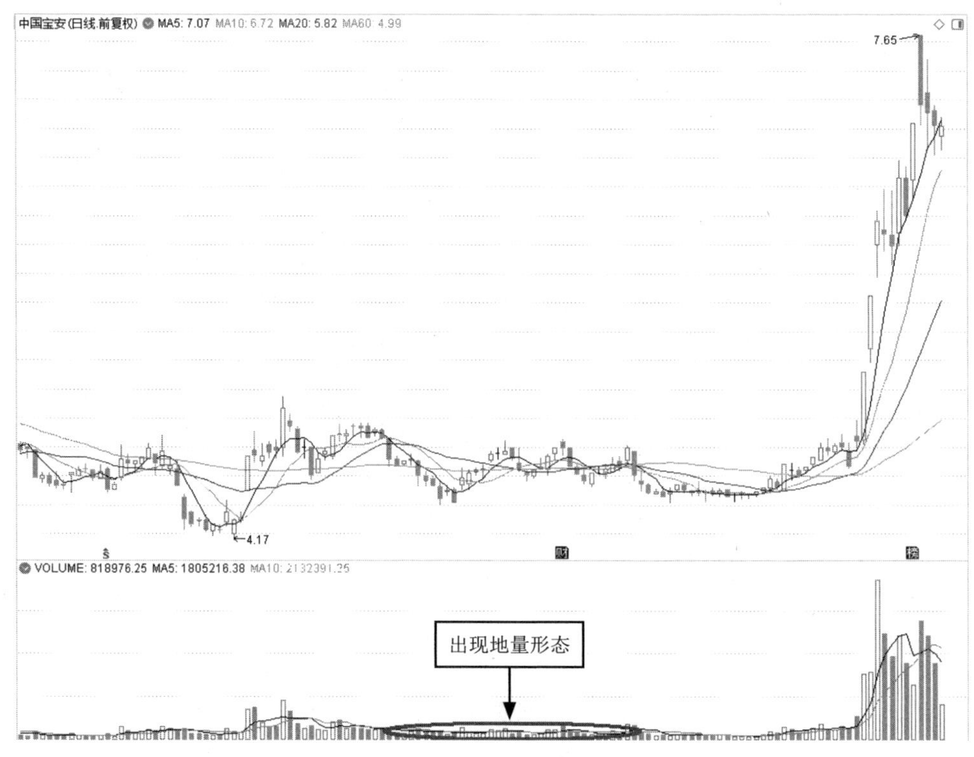

• 图 8-10　成交量地量示意图

地量通常出现在下跌行情的末期，是行情见底的重要反转信号。一般而言，成交量要缩至顶部最高成交量的 20% 之内，则估计有望见底；如果成交量大于这个比例，说明股指仍有下跌空间。

8.1.4　阳成交量和阴成交量有区别吗

从成交量相对的 K 线属性，可以将成交量分为阴量和阳量。

（1）阴量：当 K 线为阴线时，对应的成交量显示为绿色或黑色，称为阴量。一般正常成交量水平下的阴量对股价影响不大，而巨阴量则容易对股价的运行方向产生较大的影响，如图 8-11 所示。

（2）阳量：当 K 线为阳线时，对应的成交量显示为红色或白色，称为阳量。阳量说明市场承接力强，多方取得胜利，如图 8-12 所示。

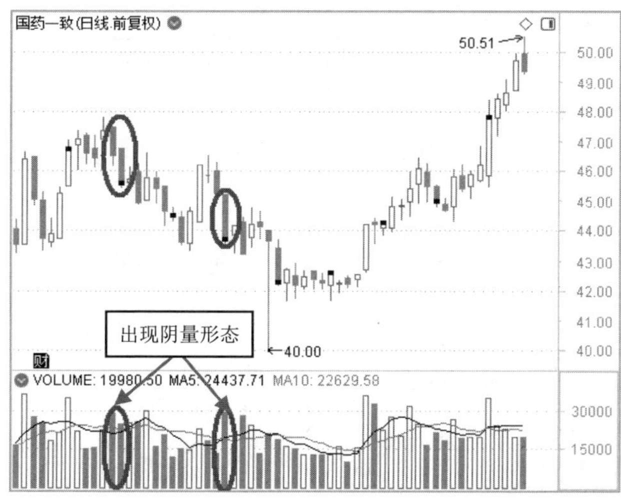

• 图 8-11　成交量阴量示意图

• 图 8-12　成交量阳量示意图

8.1.5　成交量与股价的关系：量价配合与量价背离

量价配合与量价背离主要反映成交量与价格的关系，其具体分析如下。

（1）量价配合：即成交量的增减与股价涨跌成正比，当股价上涨（K 线呈上升趋势），成交量增大，表明投资者看好后市，放心做多；股价下跌（K 线呈下降趋势），成交量减少，如图 8-13 所示。表明投资者对后市充满信心，持股惜售。

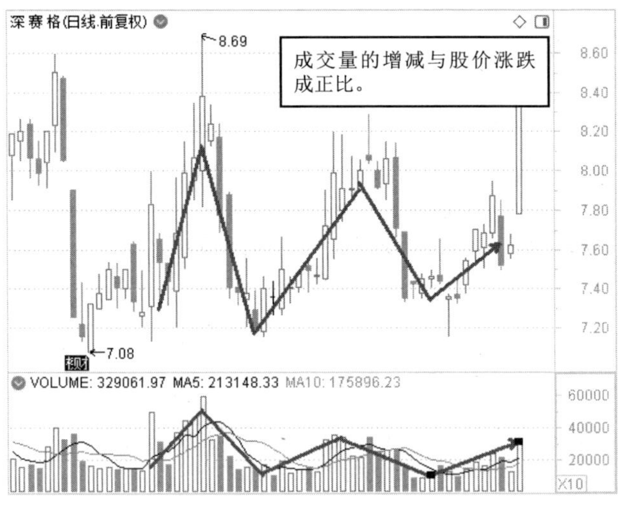

• 图 8-13　量价配合

（2）量价背离：即成交量的增减与股价涨跌成反比，当股价上涨（K 线呈上升趋势），成交量却减少或持平；股价下跌（K 线呈下降趋势），成交量却增大，如图 8-14 所示。

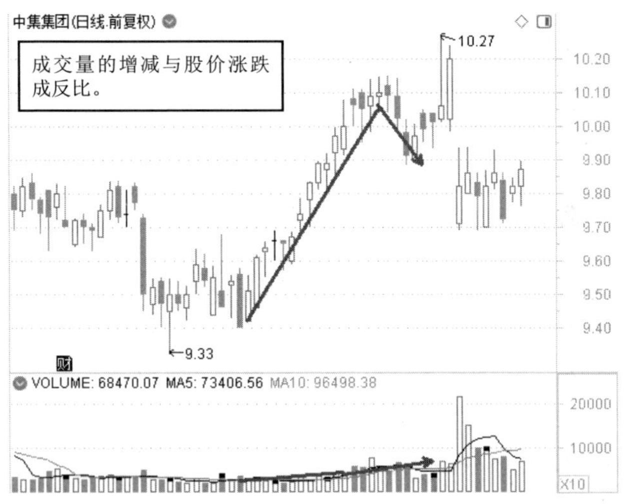

• 图 8-14　量价背离

结合 K 线和成交量的走势形态进行分析，可以提高判断的准确性，也是取得成功的重要保证。

8.2 成交量的变化：放量与缩量

成交量的放量与缩量对研究股价涨跌背后的动力十分有效，有了成交量的放量和缩量，股价的涨跌变化也就有了参考依据，这就更有利于投资者观察股价的变动趋势，掌握盘口的运行特征。

8.2.1 温和放量：阶梯式的上升

成交量温和放大是指成交量维持平稳放大的运行态势，没有出现天量，也没有出现地量，成交量开始慢慢放大，就像阶梯式的上升。

下面举例分析成交量温和放大的盘面。

如图 8-15 所示为深圳机场（000089）K 线走势图。该股在上涨初期遭到主力的打压洗盘，但成交量并未明显放大，说明此处出逃的筹码不多。

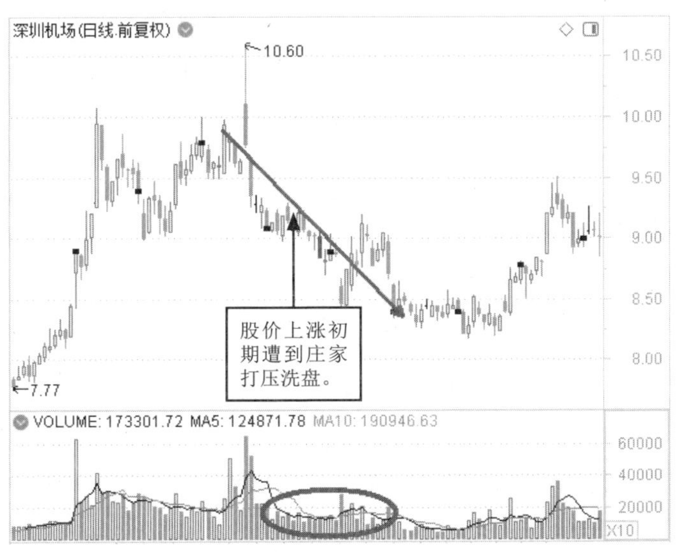

• 图 8-15　深圳机场（000089）K 线走势图（1）

如图 8-16 所示，打压整理后，股价开始回暖，上涨态势稳定，没有暴涨也没有暴跌，同时成交量温和放大，并伴随短时的减少，成交量整体保持稳定态势。随后股价出现了直线的拉升行情，前期温和的成交量这才放出天量。

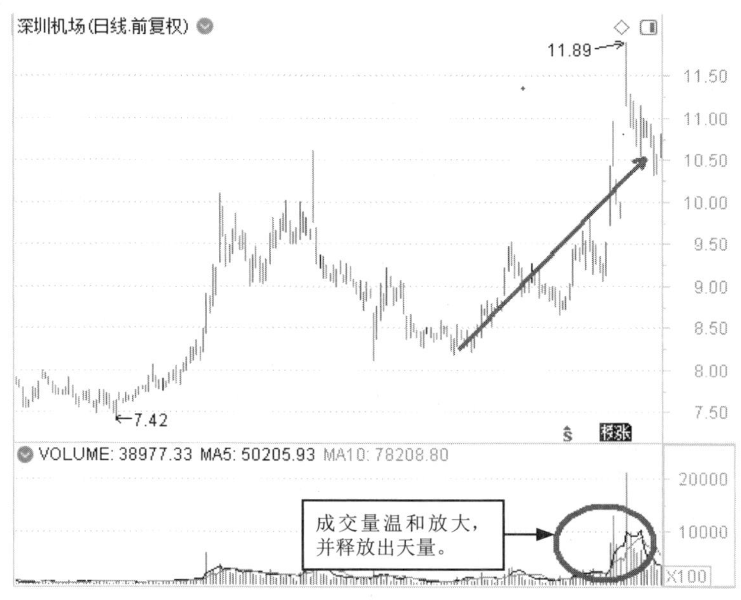

• 图 8-16　深圳机场（000089）K 线走势图（2）

温和放量的形成是因为主力在缓慢吸筹，盘中的剩余浮筹已经很少，主力达到稳定的控盘，没有出现获利盘出局的现象，也没有出现大量筹码被哄抢的现象。在主力的控制之下，股价和成交量被限制在一定的区域内。

8.2.2　天量天价：股价见顶的信号

天量天价是指股价上涨的末期，股价相对于上涨初期，涨幅已经十分巨大，创出了新高。同时，成交量也表现得不俗，放出了长时间以来最大的天量。

下面举例分析成交量天量和股价天价的盘面。

如图 8-17 所示为深大通（000038）的 K 线走势图。从图中可以看出，图中前期该股股价长期处于窄幅震荡的走势中，大部分时间在横盘整理。到后期股价开始急速拉升，直至 40.17 元高点，K 线收出长上影线的穿头光脚阳线，出现天量天价。

天量天价经常出现在股价上涨末期，是股价见顶的信号，股价经过长时间的上涨，已经涨至历史高位，由于市场的买入情绪已到达极限，成交量出现放出天量的现象。此时是时候提醒投资者应该注意减仓了。

该股出现天量天价后，股价已经见顶，市场做多氛围走高，随时可能出现下跌回落。果然，股价在高位几次大幅震荡后开始直线下滑，下跌初期还有一些放量，但随着股价的继续下跌，成交量开始逐步萎缩，显示此时已没有多少买盘，市场各方做空意见一致，如图 8-18 所示。

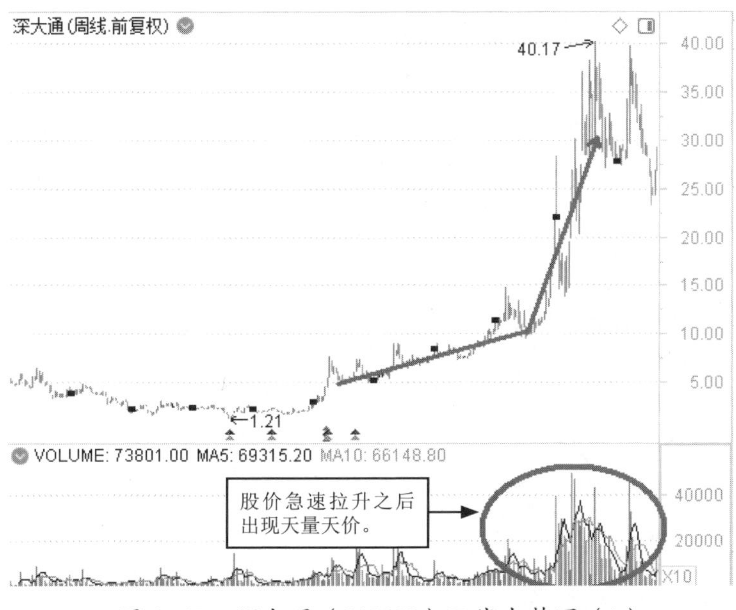

• 图 8-17　深大通（000038）K 线走势图（1）

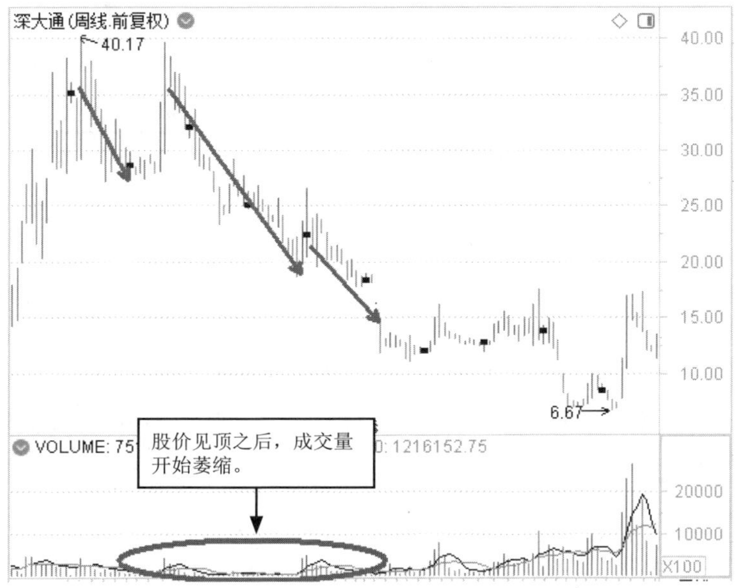

• 图 8-18　深大通（000038）K 线走势图（2）

8.2.3 突放巨量：多空分歧大

某股股价保持平稳运行，成交量保持平稳放大或缩小，而某日突然出现巨量，成交量放大水平居近一段时间之最，股价也有大幅的波动，这是市场不正常的表现。这种现象多半是市场中主力的故意操作行为导致的，也有可能是应用对敲、对倒的手法，故意造成股价的波动和成交量的大幅放大。

下面举例分析成交量突放巨量的盘面。

如图 8-19 所示为上海梅林（600073）K 线走势图。从图中可以看出，该股从 7.01 元开始上涨，随后在一定区域内横盘震荡，股价有所回落，但随后股价继续拉升，图中出现跳空上涨。当股价涨至 9.39 元高点时，当日股价收出穿头光脚阳线，成交量巨幅放大，甚至超过前期跳空上涨所放出的巨量。此后，股价连续走出阴线，迅速回落，此处的突然巨量是股价洗盘的开端，随后股价的回落就是最好的证明。

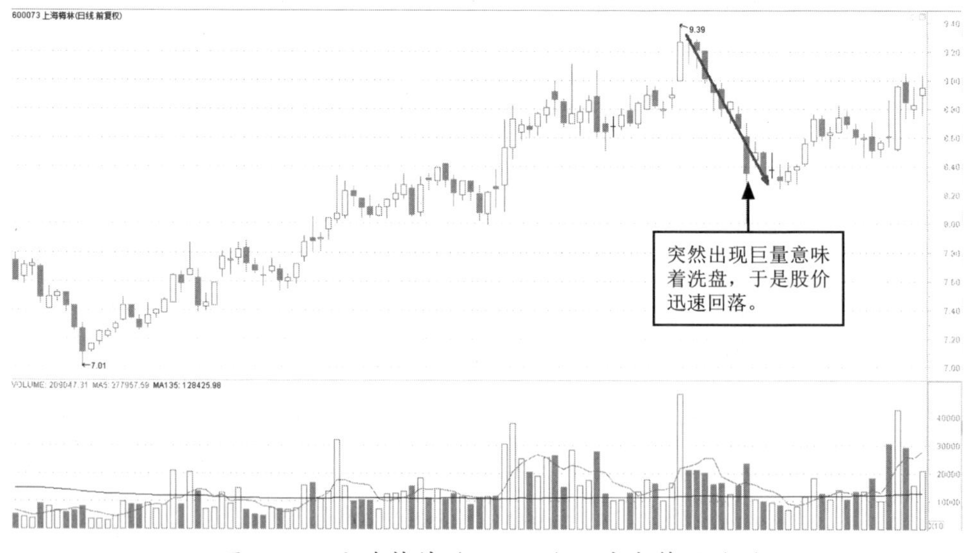

• 图 8-19 上海梅林（600073）K 线走势图（1）

后市走势如图 8-20 所示，股价在出现巨量洗盘后，股价再次逐步回升，此时成交量也再次放出天量。

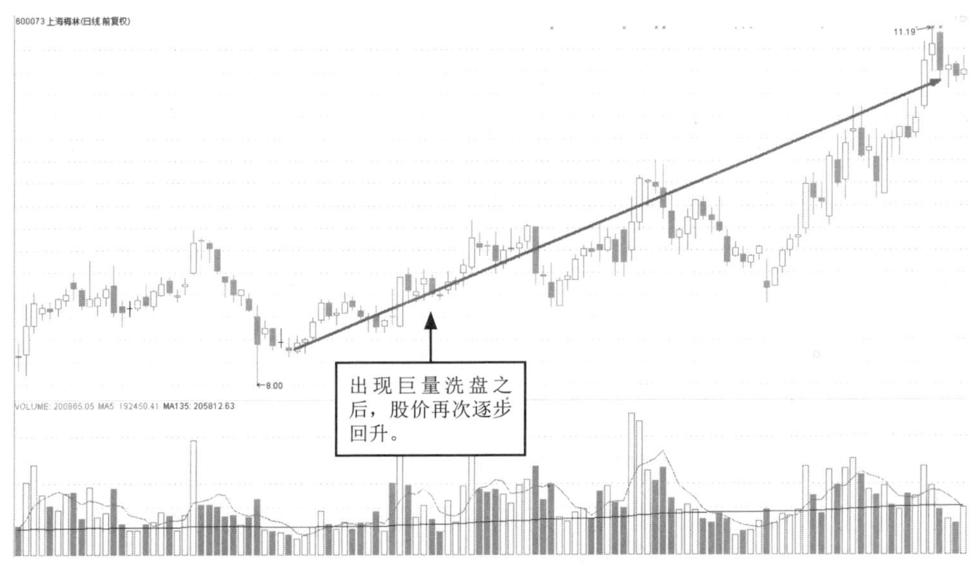

• 图 8-20　上海梅林（600073）K 线走势图（2）

如果在股价上涨阶段中期，成交量在某日突然出现天量且放出阴量，后市股价如果出现短期下跌，则可能是主力故意对敲震仓洗盘，以“恐吓”投资者出售筹码。如果股价在上涨阶段初期出现天量，则可能是主力的急促建仓行为，此时主力不在乎吸筹的隐秘性，而是让投资者关注，说明主力吸筹已接近尾声，希望在场内的投资者买入以方便主力拉高股价。

8.3 看懂成交量，掌握炒股赚钱的秘密

量价组合是指实战应用的分析方法，可以帮助投资者更好地把握股价变化趋势和盘口资金流向。

8.3.1　量增价升：十分危险的信号

量增价升是指股价随成交量的不断增长而上升。在不同阶段出现量增价升形态，其代表的盘面意义也不同，如表 8-1 所示。

表 8-1 量增价升形态的盘面意义

时期	详情
上涨初期和上涨途中	在上涨初期或上涨途中出现量增价升形态，说明场外资金不断注入，后市看涨，此时为明显的买入信号
上涨末期	在上涨末期出现量增价升形态，是主力高位出局的表现，后市看跌，待主力完全出货后，行情将出现逆转
下跌初期和下跌途中	在下跌初期或下跌途中出现量增价升形态，往往是股价反弹，当量能不足以继续放大时反弹结束，下跌行情将继续
下跌末期	在下跌末期出现量增价升形态，股价不会立即大幅上涨，可能会经历一个调整回落的阶段

下面举例分析股价上涨初期量增价升的盘面。

如图 8-21 所示为中国长城（000066）K 线走势图。从图中可以看出，该股股价见底后不久开始回升，同时成交量温和放大，显示量增价升。

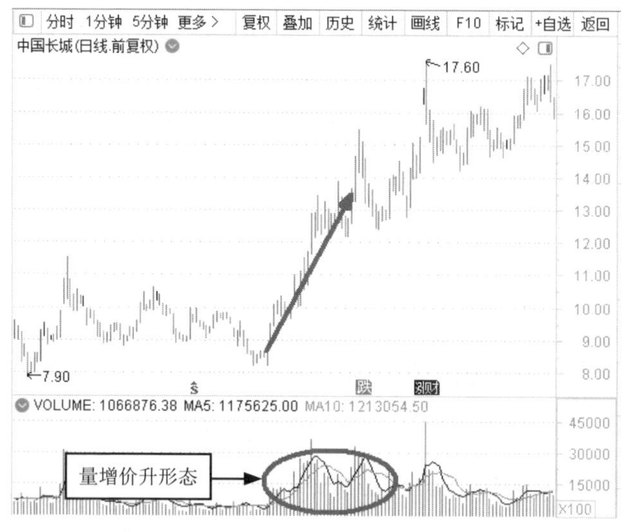

• 图 8-21 中国长城（000066）K 线走势图（1）

后市走势如图 8-22 所示。从图中可以看出，股价从底部开始逐渐回升，在股价回升的同时，成交量不断放大。就这样成交量与股价相互配合，股价上涨吸引投资者买入，成交量放大；因成交量放大，推动股价上涨。

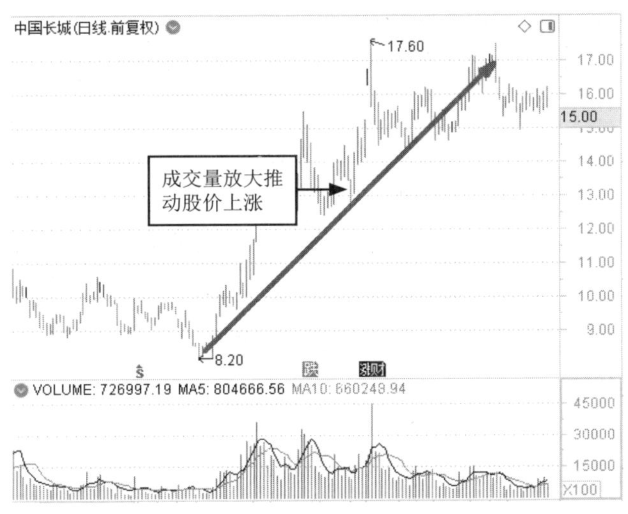

• 图 8-22　中国长城（000066）K 线走势图（2）

8.3.2　量增价跌：典型的短线价量背离现象

量增价跌形态主要是指个股在股价下跌的情况下成交量反而增加的一种量价配合现象，是一种典型的短线价量背离现象。在不同阶段出现量增价跌形态，其代表的盘面意义也不同，如表 8-2 所示。

表 8-2　量增价跌形态的盘面意义

时期	详情
上涨初期和上涨途中	在上涨初期或上涨途中出现量增价跌形态，主要是主力在此震仓洗盘，只要股价在均线位置获得支撑回升，就会继续上涨
上涨末期	在上涨末期出现量增价跌形态，说明做多量能衰减，股价上涨乏力，行情即将反转，后市可能出现一波深幅下跌行情
下跌初期和下跌途中	在下跌初期或下跌途中出现量增价跌形态，主要是主力派发完成，股价上涨失去主力依托，做空动能强，这是明显的助跌信号，后市看空
下跌末期	在下跌末期出现量增价跌形态，说明有资金接盘，尤其是出现快速放量下跌的状态，往往是主力诱空，后期有望形成底部或产生反弹

下面举例分析股价上涨末期量增价跌的盘面。

如图 8-23 所示为东安动力（600178）K 线走势图。从图中可以看出，该股前期经历了一波放量上涨的走势，直冲至 7.47 元高点后开始回落，并出现量增价跌的形态，显示有大量筹码在此出逃。

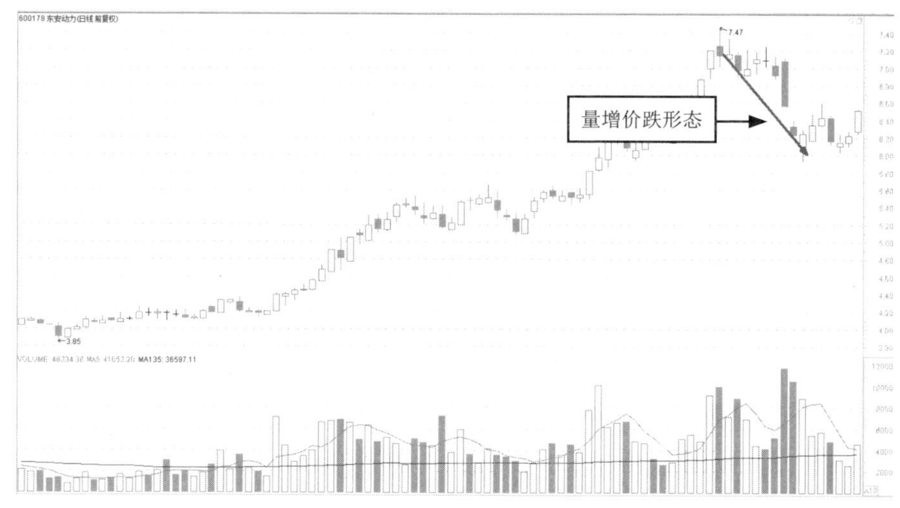

• 图 8-23　东安动力（600178）K 线走势图（1）

后市走势如图 8-24 所示。从图中可以看出，该股在高位震荡中形成量增价跌形态，量增表明买盘比较汹涌，市场恐慌情绪高涨，股价后市开启了大幅度的下跌走势，此时投资者必须离场。

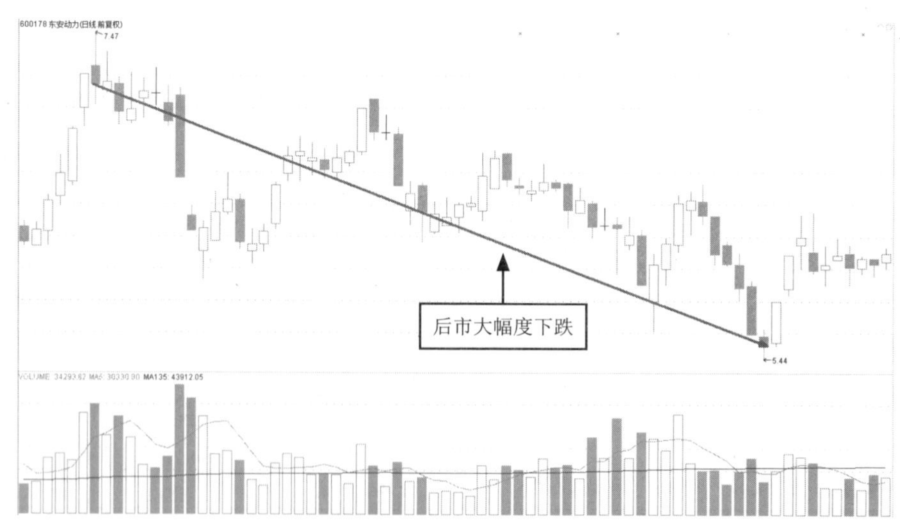

• 图 8-24　东安动力（600178）K 线走势图（2）

量增价跌形态用在股市上，表现为价格下跌，成交量反而上升，说明价格的下跌得到部分买家的认可进而大批购买，但也可能是主力在疯狂出逃，所以要看成交量、消息面、大市行情的局面。在大家都疯狂出逃时，也会有人认为是建仓的好时机，价跌量增实质上是买卖双方分歧较大的反应。

8.3.3 量增价平：多空双方的意见分歧比较大

量增价平形态是指股价随着成交量的不断增大而保持在某个价位范围内波动，它意味着多、空双方的意见分歧比较大；或者是大盘在成交量放大的情况下，指数却没有出现上涨，而是在原来的点位上下波动。

通常情况下，量增价平形态会出现在谷底时期、多头初升段、多头主升段、多头回调整理、多头末升段、空头主跌段、空头盘整或反弹七种行情结构中，量增价平形态的盘面意义如表 8-3 所示。

表 8-3　量增价平形态的盘面意义

阶段	盘面意义
谷底时期	当股价下跌很深，量价关系转为量增价平，代表股价有可能在此进行止跌见底的行为，但是股价不会立即上涨，因此投资者宜待底部形态确立后再寻找机会介入
多头初升段	在股价上涨初期，量增价平为筹码良性换手的现象，或是主力介入吃货的迹象，投资者可以在此逢低承接
多头主升段	若量增价平出现在多头主升段的中、末期，投资者应持观望态度，因为这种现象是属于主力换手或是拉高出货的先兆，不容易分辨，但往往是走势回调的征兆，投资者应该注意卖出时机，尤其是股价上涨在测量的相对满足点附近，代表卖压已经渐渐转强，行情可能出现止涨，进入盘跌走势
多头回调整理	当股价进入涨势满足后的回调整理阶段时，有可能使走势回升，也有可能因为久盘形成头部，使股价反转下跌。若是回升盘，在整理过程中，理应不会破坏多头趋势的支撑关卡，那么在盘整过程中的量增价平，极有可能是主力的试单量；相对来说，在整理过程中如果破坏多头关卡，那么量增价平就有可能是出货量
多头末升段	当股价在上涨末期走势减缓，并呈现盘软震荡，如果伴随成交量持续涌现，但是价格持平，即所谓的“量大不涨”，往往是股价反转的征兆，主要是主力在高位借助盘整形态趁机出货，一旦主力出货完成，行情就会逆转步入下跌行情。此时，没有股票的投资者要持币观望，而持有股票的投资者则应考虑减仓或平仓

续表

阶段	盘面意义
空头主跌段	在下跌初期或下跌途中出现量增价平，表示逢低介入的短线买盘已经出现，有机会酝酿短线波段反弹，尤其是股价已经进入支撑区，但是这只是短线多头行情而已，有时根本不反弹却再度破底，股价跌破形态后，后市会继续下跌，所以出现这种现象投资者切勿认为已经转成回升，不妨等进入谷底期之后再开始注意是否打出底部形态
空头盘整或反弹	当股价进入空头的盘整或是反弹走势阶段时出现量增价平形态，尤其是量增幅度较大时，往往是反弹尾声，大的成交量处往往就是相对高点，投资者宜趁此时机将短线多单顺势脱手

下面举例分析股价上涨初期量增价平的盘面。

如图 8-25 所示为丰原药业（000153）K 线走势图。从图中可以看出，该股在上涨初期经历了长时间的横盘整理，并出现量增价平的形态，股价伴随着成交量的不断增大而保持在某个价位范围内波动。

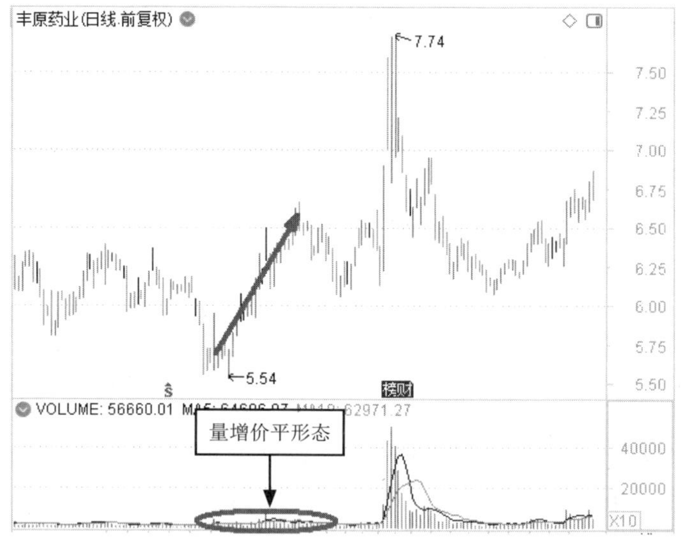

• 图 8-25　长城电工（600192）上涨初期出现量增价平形态

在下跌末期出现量增价平形态，预示着有大量资金介入该股，后市股市有望见底，行情可能会发生逆转，投资者应密切关注、仔细分析，可在下跌行情的低位等待机会，做好买入准备。

8.3.4 量减价升：可以持有但须谨慎

量减价升形态是不健康的量价结构，股价随着成交量的不断减少而上升，属于典型的背离现象。在不同阶段出现量减价升形态，其代表的盘面意义也不同，如表 8-4 所示。

表 8-4 量减价升形态的盘面意义

时期	详情
上涨途中	在上涨途中出现量减价升形态，这是主力大力吸筹后锁仓拉升股价的表现，后市会继续上涨。若在大盘中出现该形态，说明大盘走势转弱，投资者应谨慎做多
上涨末期	在上涨末期出现量减价升形态，这是明显的量价背离形态，是强烈的行情逆转信号，后市将进入一段下跌行情
上涨初期和下跌末期	在上涨初期或下跌末期出现量减价升形态，股价上涨无成交量的配合，说明上涨高度有限，后市可能会出现股价回落下调或者横盘整理
下跌初期和下跌途中	在下跌初期和下跌途中出现量减价升形态，说明价格会反弹，但是如果成交量不能继续放大，股价反弹将结束，后市继续看跌

下面举例分析股价上涨途中量减价升的盘面。

如图 8-26 所示为金宇集团（600201）K 线走势图。从图中可以看出，该股从前期下跌至 49.05 元低点，在底部进行横盘数日，股价开始逐步回暖，上涨初期股价涨幅较小，涨速较慢，后期股价突然跳空高开高走，以一根大阳线开启快速拉升走势，同时成交量减少，显示此时主力通过前期的吸筹拉升，已经达到了高度控盘状态。或者说市场的各方一致做多，操盘意见达成一致，后市该股将大有作为。

股市的上涨需要资金的支持，每一轮上涨行情同时也是一个成交量持续放大的过程，但成交量不可能无限放大，当达到一定水平（即“天量”）后就会难以为继，股市继续上涨的基础也就会发生动摇。一旦成交量由持续放大变为持续萎缩，往往都伴随着调整行情的展开。

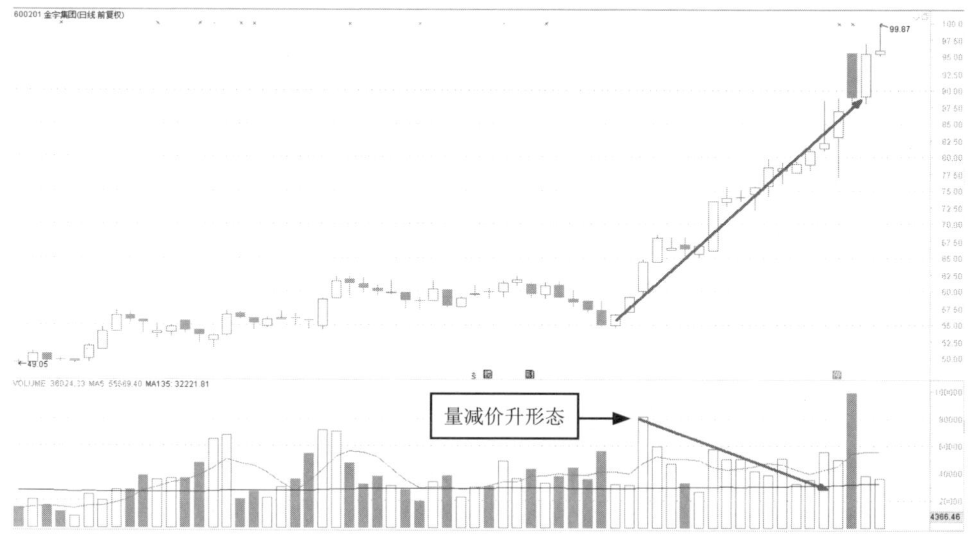

• 图 8-26　金宇集团（600201）上涨途中出现量减价升形态

8.3.5　量减价跌：下跌趋势的强烈信号

量减价跌表现为股价持续下跌，成交量也同步伴随缩减，即缩量跌阴，表示投资者惜售心理强烈，此时是股价进入下跌趋势的强烈信号，是多头由盛转衰的最好体现。在不同阶段出现量减价跌形态，其代表的盘面意义也不同，如表 8-5 所示。

表 8-5　量减价跌形态的盘面意义

时期	详情
上涨初期	如果出现在股价上涨初期，属正常回档，后市看涨，投资者可以大胆在低位介入
上涨途中	在上涨途中出现量减价跌为主力震荡洗盘，后市看涨，该阶段必须减量，否则股价将持续下跌
上涨末期	在上涨末期出现量减价跌，说明主力开始出货，若随后股价走势疲软，则行情可能发生逆转
下跌末期	在下跌初期出现量减价跌，说明行情运行到底部，此时在短时间内股价可能在反弹之后创出新低

下面举例分析股价上涨途中量减价跌的盘面。

如图 8-27 所示为海南海药（000566）K 线走势图。从图中可以看出，该股前期震荡下行，下跌一段时间后股价开始见底回升。上涨后不久，股价快速下跌，成交量锐减，形成量减价跌的态势。

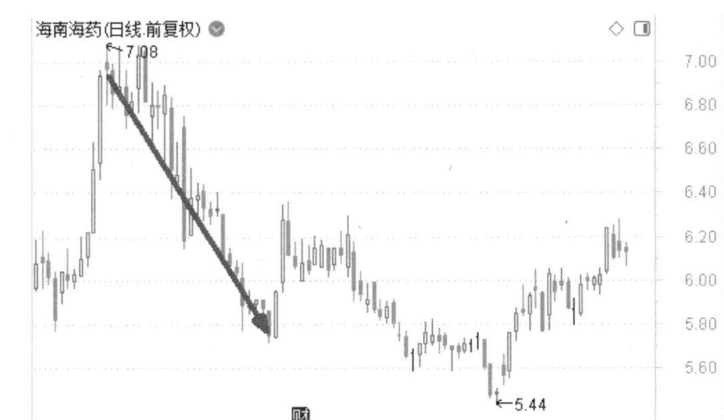

• 图 8–27　海南海药（000566）上涨途中出现量减价跌形态

另外，对于出现价跌量缩的个股，投资者应密切关注大盘走势，如大盘仍有上升空间，则个股可能会止跌向上；如果大盘向下，出现价跌量缩的个股可能向下突破。

在下跌行情转为上升行情之前，成交量会放出信号。下跌行情快要结束的时候，股价波动小。成交量经过一段时间的整理，大多已萎缩，随后成交量有放大迹象，股价有时回升，有时则沉寂不动。几次较大的换手后，股价上涨势在必行。

在上升行情中，成交量的变化一般都领先于价格的变化，所以大盘再创新高时并不一定要求新的“天量”出现。通常，“天量”会早于“天价”出现，不过“天量”出现也往往意味着上升行情进入了下半程。在此过程中，上升行情仍然是一个持续放量的过程，只是要求这个成交量足以推动大盘持续上行即可。

另外，对于出现价跌量缩的个股，投资者应密切关注大盘走势，如大盘仍有上升空间，则个股可能会止跌向上；如果大盘向下，出现价跌量缩的个股可能向下突破。

第 9 章

均线固定铁律，暴涨牛股都是这样抓出来的

投资者在看盘的时候可以把移动平均线作为一个参考指标，移动平均线能够反映出价格的趋势走向。所谓移动平均线，就是把某段时间的股价加以平均，再依据这个平均值画出平均线图像，这样不但更加直观明了，而且也可以极大地提高盘面分析的可靠性。

9.1 干货技巧！带你重新认识均线

从线看盘主要是指使用各种移动平均线来分析和预测股价的走势。移动平均线是分析价格变动趋势的指标，它可以配合 K 线图使用，与 K 线走势图相结合，是分析股价走势的强大法宝。

9.1.1 股市如何分析 MA 均线系统

股价移动平均线是分析价格运行趋势的一种方法，它是按固定样本数计算股价移动平均值的平滑连接曲线，其直接加载在主图上，如图 9-1 所示。

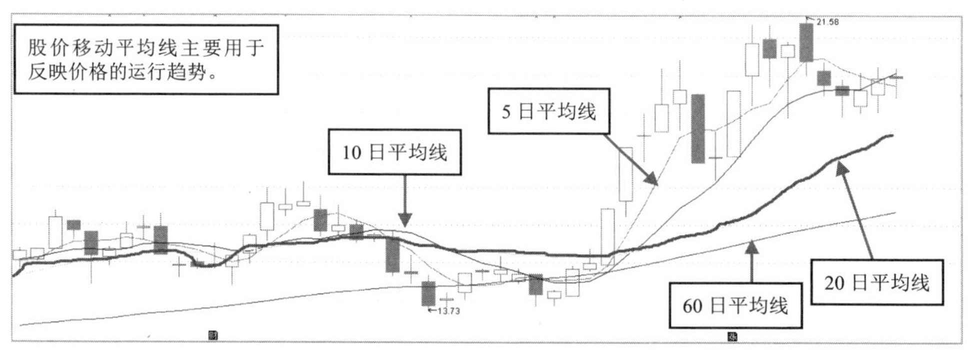

• 图 9-1　默认显示的股价移动平均线

移动平均线是以道·琼斯的平均成本概念为基础的理论，采用统计学中的“移动平均”原理，将一段时间内的股价价格加以平均，从而显示股价在一定时期内的变动趋势。

同时，投资者可以通过平均线当前的走势来预演股价后期的变动。根据移动平均线的周期，可将其分为短期移动平均线（SMA）、中期移动平均线（MMA）和长期移动平均线（LMA）。

9.1.2 利用 MACD 判断股票强弱

平滑异同移动平均线（Moving Average Convergence / Divergence，简称 MACD）是移动平均线派生的技术指标，它对股票买卖时机具有研判意义，适合初涉股市的投资者进行技术分析。

MACD 是从双移动平均线得来的，由快的移动平均线减去慢的移动平均线计算而来。MACD 比单纯分析双移动平均线的差使用起来更为方便快捷。如图 8-2 所示为 MACD 指标在盘面中的表现形式。

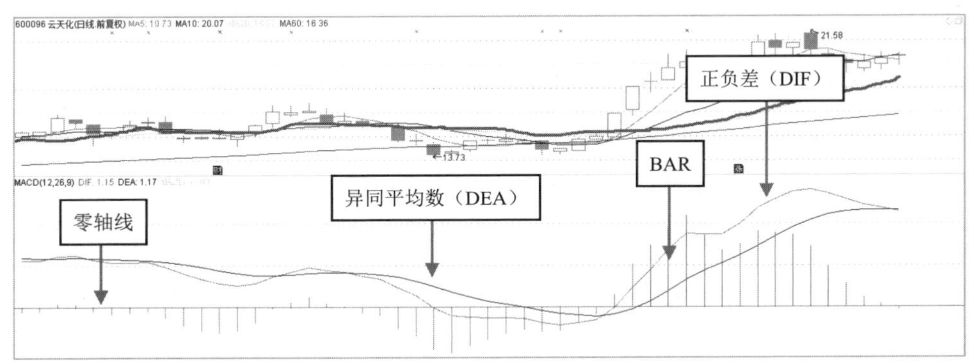

• 图 9-2 平滑异同移动平均线（MACD）

MACD 由正负差（DIF）和异同平均数（DEA）两部分组成。

1. 正负差（DIF）

DIF 是快速平滑移动平均线与慢速平滑移动平均线的差，快速和慢速的区别是进行指数平滑时采用的参数的大小不同，短期的移动平均线是快速的，长期的移动平均线是慢速的。

2. 异同平均数（DEA）

DEA 作为辅助是 DIF 的移动平均，也就是连续的 DIF 的算术平均值。

3. 柱状线（BAR）

BAR 是 DIF 与 DEA 线的差，在指标走势区呈现为彩色的柱状线。红色表示 BAR 值为正，绿色表示 BAR 值为负。由于 BAR 值是由 DIF 减去 DEA 再乘以 2 所得，因此投资者经常把 BAR 由绿变红（即由负变正）视为买入时机，将 BAR 由红变绿（由正变负）视为卖出时机。

9.2 真正的均线高手：详解金叉和死叉

当多条均线同时存在的时候就会出现交叉，这些交叉点对股价运行趋势的分析和预测具有十分重要的参考意义。

9.2.1 均线金叉：准确率极高的短线绝佳买入点

股价在上涨的过程中，上升的短期移动平均线由下而上穿过上升的中、长期移动平均线形成的交叉就是金叉。当出现金叉时，表示市场短期走强，预示着股价短期有较强的上涨动力，后市看好，投资者可以介入持股待涨。

下面举例分析均线金叉中的盘面买入信号。

如图 9-3 所示为康达尔（000048）走势图，股价前期经历了一波大幅下降行情，在低位企稳回升。

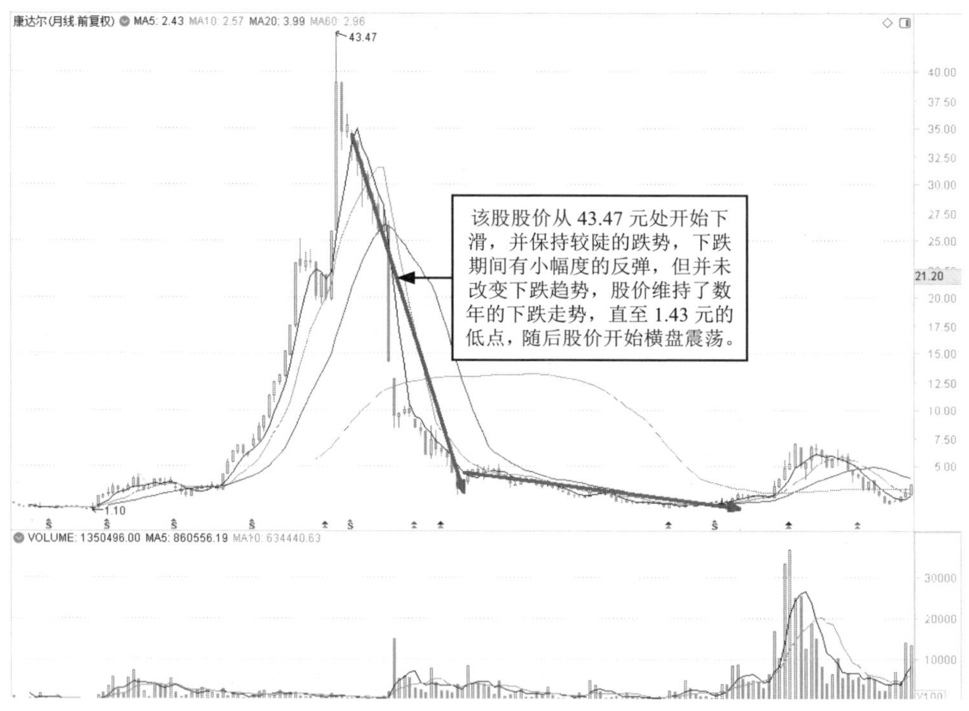

• 图 9-3 康达尔（000048）K 线走势图（1）

该股的后市走势如图 9-4 所示，从图中可以看出，横盘一段时间后，该股开始强势上涨，5 日、10 日、20 日平均线先后向上穿 60 日平均线形成金叉，股价先于均线有所表示，均线在股价上涨一段时间后出现金叉，投资者在近几日介入，短期持有后卖出便会获利。

• 图 9-4　康达尔（000048）K 线走势图（2）

9.2.2　均线死叉：一般能卖到较理想的价位

股价在下降的过程中，下降的短期移动平均线由下而上穿过下降的中、长期移动平均线形成的交叉就是死叉，如图 9-5 所示。当出现死叉时，表示后市看空，投资者可以离场观望。

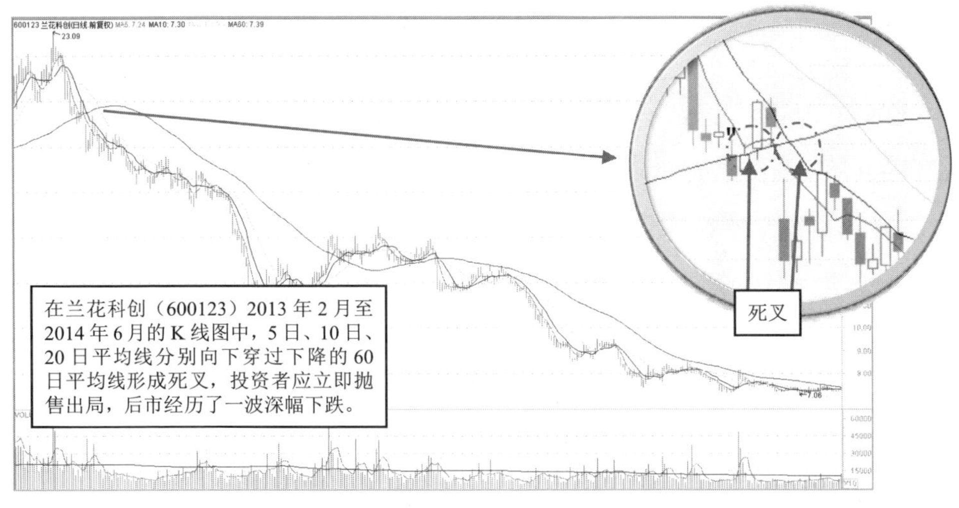

• 图 9-5　均线死叉

专家提醒：MACD 中的金叉和死叉的形成与股价移动平均线相似，在 MACD 中，金叉和死叉是由 DIF 与 DEA 的交叉点形成。MACD 指标的看盘技巧如下。

- DIF 向上突破 DEA 时是买入信号。
- DIF 向下跌破 DEA 时只能认为是回档，应获利了结。
- DIF 和 DEA 均为正值时，属于多头市场。
- DIF 和 DEA 均为负值时，属于空头市场。
- DIF 向下突破 DEA 时是卖出信号。
- DIF 向上突破 DEA 时只能认为是反弹。

9.3 各种股价移动平均线的实战操盘技巧

股价移动平均线具有趋势性，通常移动平均线向右上方运行，表示股价会上涨；股价移动平均线向右下方运行，表示股价会下跌。但单根移动平均线有时候会频繁发出错误信号，所以在实际操作中，通常将多根移动平均线进行组合应用。投资者研究移动平均线，若能正确掌握，再配合当日走势的强弱，即可抓住买进和卖出的时机。

9.3.1 均线分类：短期均线、中期均线、长期均线

根据移动平均线周期的长短，可以将其分为短期移动平均线、中期移动平均线和长期移动平均线三种类型，具体介绍如表 9-1 所示。

表 9-1 各种周期移动平均线的作用

均线周期	具体含义	主要类型	盘面意义
短期移动平均线	指 1 个月以下的移动平均线，其波动较大，过于敏感，适合短期投资者	5 日平均线和 10 日平均线	5 日平均线代表 1 个星期股价运行方向；10 日平均线代表半月股价运行方向
中期移动平均线	指 1 个月以上、半年以下的移动平均线，其走势比较沉稳，因此常被使用	20 日平均线、40 日平均线和 60 日平均线	20 日平均线代表 1 个月股价运行方向；40 日平均线代表 2 个月股价运行方向；60 日平均线（季线）代表 3 个月股价运行方向
长期移动平均线	指半年以上的移动平均线，其走势过于稳重不灵活，适合长线投资者	120 日平均线和 240 日平均线	120 日平均线（半年线）代表半年股价运行方向；240 日平均线（年线）代表 1 年股价运行方向

专家提醒：需要注意的是，MA 指标具有一定的滞后性。在股价原有趋势发生反转时，由于 MA 的追踪趋势的特性，MA 的行动往往过于迟缓，调头速度落后于大趋势，这是 MA 的一个极大的弱点。等 MA 发出反转信号时，股价调头的深度已经很大了。

9.3.2 均线的买入机会：突破 5 日平均线

当股价向上突破 5 日平均线时，表明市场中资金介入，预示股价将脱离弱势而步入强势，显示出短线机会。

下面举例分析突破 5 日平均线的盘面买入信号。

如图 9-6 所示为平安银行（000001）走势图。从图中可以看出，该股在 14.85 元的高位处震荡下跌，股价表现得十分弱势，一直跌至 8.17 元的低点。

后市走势如图 9-7 所示。从图中可以看出，该股跌至低点后跳空突破均线，可惜股价很快回补缺口，股价跌到均线以下。随后股价继续向上运行，股价向上强势突破 5 日平均线，此后开始一路上升，涨势可观，投资者应在突破处买入，

后市将获利不少。

• 图 9-6 平安银行（000001）走势图（1）

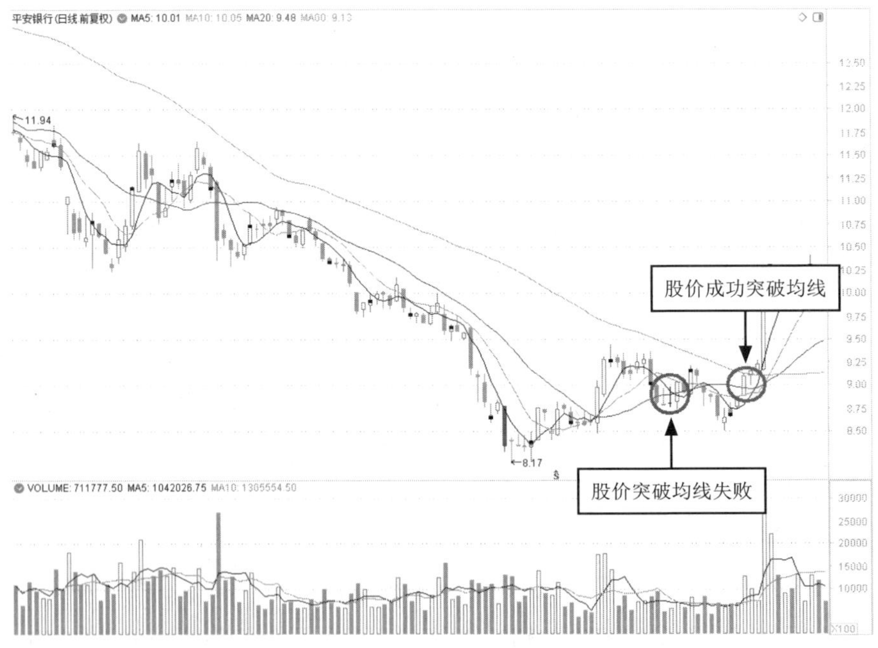

• 图 9-7 平安银行（000001）走势图（2）

9.3.3 均线的卖出信号：跌破 10 日平均线

市场在处于强势时，股价会保持上涨的态势，待进入回调后，并不会轻易击穿 10 日平均线，一旦当股价向下击穿 10 日平均线时，说明空头力量开始主导市场，此时短线投资者要及时卖出股票，以保住前期的胜利果实。

岷江水电（600131）股价在高位震荡一段时间后跌破 10 日平均线，之后股价开始连续跌阴，下跌动力十分强劲，此时投资者应趁早出局，如图 9-8 所示。

• 图 9-8　岷江水电（600131）K 线走势图

9.3.4 均线多头排列：涨势中的做多信号

周期较小的移动平均线在周期大的移动平均线上方，并且向上发散的均线排列就是多头排列，如图 9-9 所示。该形态说明市场短期介入的投资者的平均成本超过长期持有投资者的平均成本，市场做多气氛浓厚，股价上涨有力，投资者可以积极追涨，并由此来获得短线操作的收益。

专家提醒：短期移动平均线组合主要用于分析和预测个股短期的行情变化趋势，主要组合分析方法如下。

- 5 日平均线为多方护盘中枢，否则上升力度有限；10 日平均线是多头的重要支撑，当有效跌破该均线时，市场有可能转弱。
- 30 日平均线是衡量市场短、中期趋势强弱的重要标志，当向上运行时短期做多；当向下运行时短期做空。

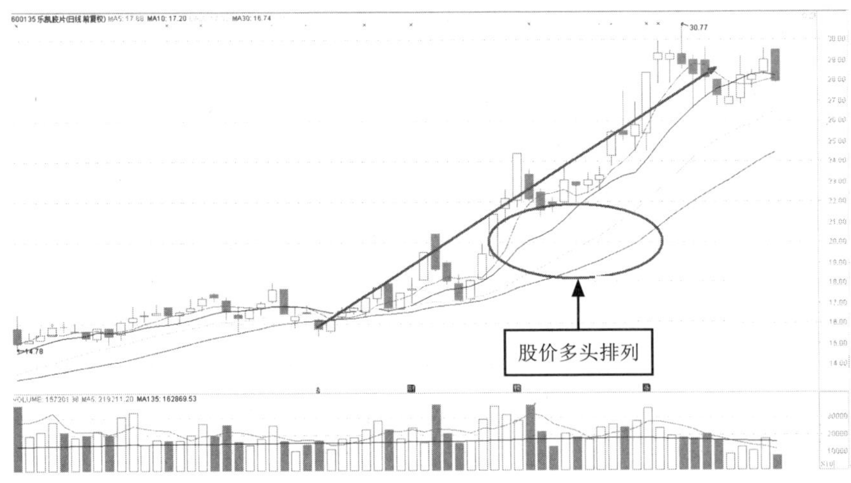

• 图 9-9　乐凯胶片（600135）K 线走势图

乐凯胶片（600135）股价在缓慢回升一段时间后开始发力上攻，均线不再黏合在一起，而是逐渐发散并且形成多头排列，短期均线在上，长期均线在下，股价开始稳步拉升，投资者可在均线多头排列时间内建仓，后市将获利颇丰。

9.3.5　均线空头排列：跌势中的做空信号

周期较小的移动平均线在周期较大的移动平均线的下方，并且向下发散的均线排列就是空头排列，如图 9-10 所示。该形态说明市场短期介入的投资者的平均成本低于长期持有投资者的平均成本，市场做空情绪高涨，投资者应以观望为主。

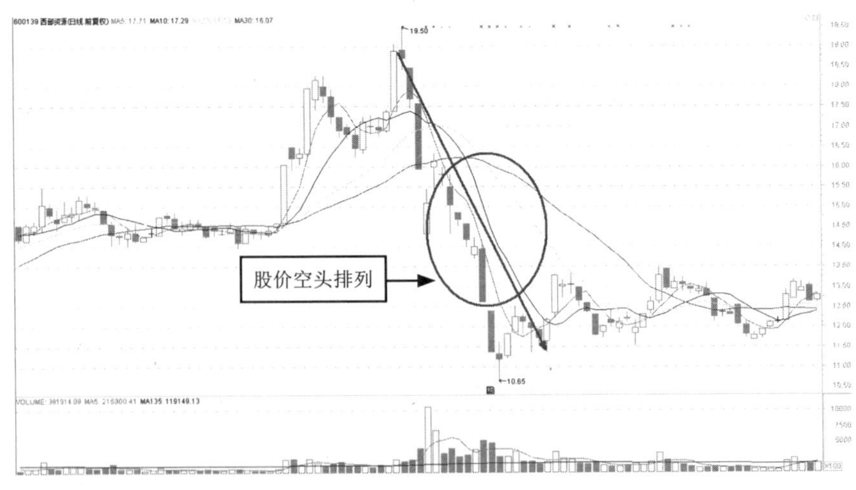

• 图 9-10　西部资源（600139）K 线走势图

9.3.6 分时图解读要领——均价线实战解析

与 K 线图上以每天收盘价作为统计依据的均线不同，分时图中的均价线是以盘口总成交额除以盘口总成交量的运算方式测算当前每一股的平均成交价，十分精确地统计出当前所有参与者的综合持仓成本。因此，有了这条均价线，投资者就可以在盘面做一些简单的推理。尤其是对于超短线投资者来说，往往根据均价线交易可以获得很好的收益。

1. 辨别多方与空方市场

在股票市场上，或者是在别的证券市场上，有多头和空头之分：所谓的多头是指投资者看好市场未来的走向为上涨，于是先买入，再卖出，以赚取利润或者是差价；所谓的空头是指投资者看好市场未来的走向为下降，所以就抛出手中的证券，然后再寻找机会买入。其中，买入的叫多方，卖空的叫空方。短线投资者想要有稳定的获利，就必须分清多空双方的力量，而均价线就是一个十分不错的工具。

下面举例分析分均价线中的多空阵营。

如图 9-11 所示为飞亚达 A（000026）的分时图，从图中可以看出，均价线稳定地向上移动，且股价从盘整结束后开始稳定上行，而成交量伴随着股价的上行也给出了放大的走势，这就说明多方的能量已经占据明显优势，场外和场中做多资金非常充足，因此后市将在很大程度上会延续上涨的行情，投资者可以寻找低点进场做多。

如图 9-12 所示为飞亚达（000026）分时图，从图中可以看出，当天股价的走势是向下的，而分时图中的分时线也是向下延伸的，股价在稳定地向下推进，说明空方的力量非常强大，股民此时应该尽快离场，已经离场的投资者应持币观望。

> **专家提醒**：多方想让价格上涨，就会积极地向上推升股价，此时分时线会不断上行，均价线同时也会不断上行，因为均价线代表了此时的平均持股成本。股价在均价线上方运行，说明多方依然控制着整个市场。
> 如果股价下跌，则不仅分时线会向下运行，而且代表平均持股成本的均价线也会向下移动，说明当前市场已经是空方占据绝对优势。因此，投资者只要及时查看均价线的走势，便可以清楚地洞察当前所处的股市行情。

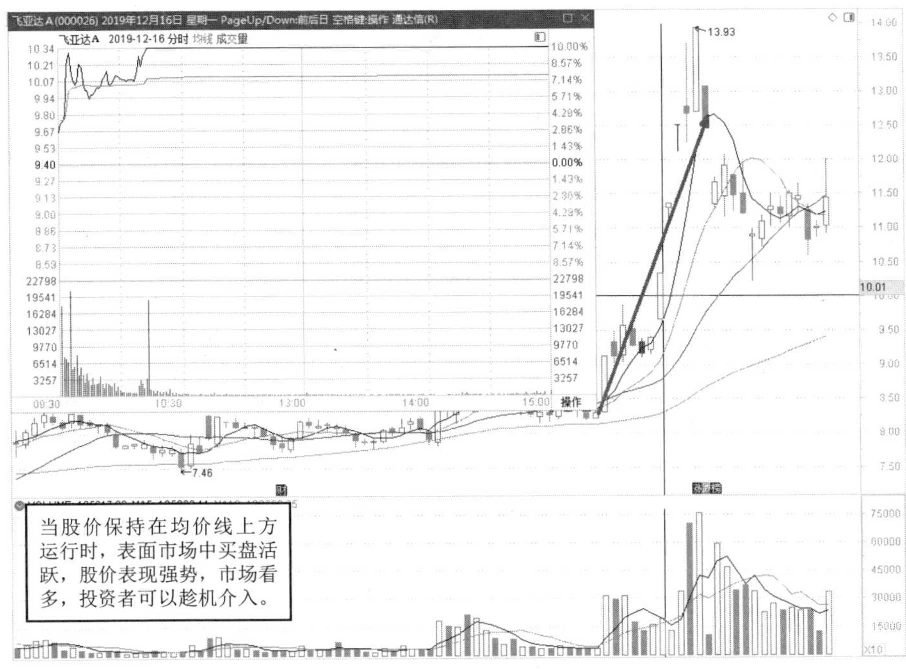

• 图 9-11　飞亚达 A（000026）走势图（1）

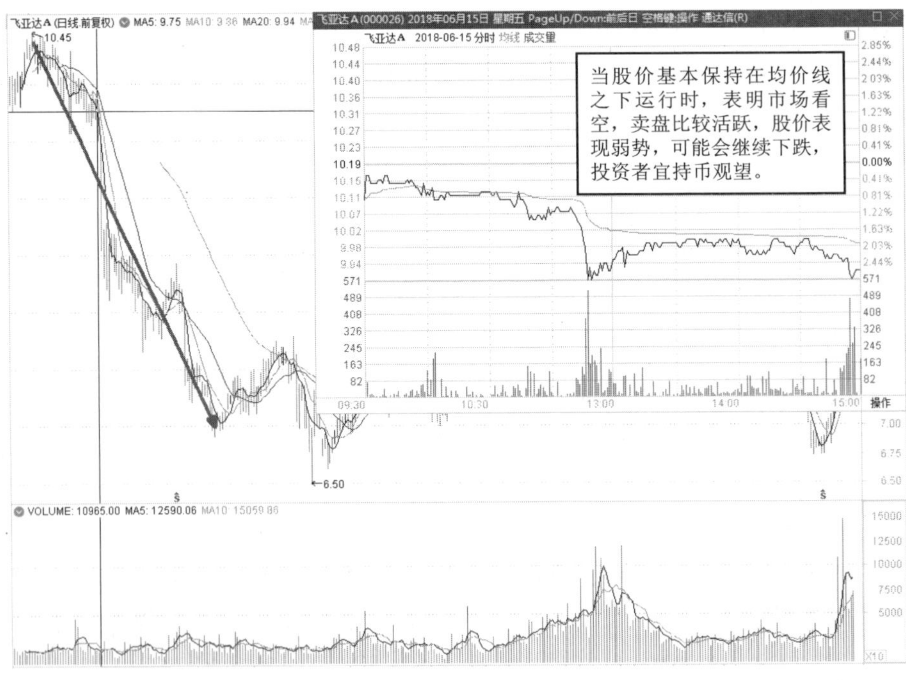

• 图 9-12　飞亚达 A（300240）走势图（2）

2. 股价在均价线上方运行

当股价保持在均价线上方运行时，表明市场中买盘活跃，股价表现强势，市场看多，投资者可以趁机介入。

> **专家提醒**：分时图只能作为每天盘中行情的观察，对整体行情的影响比较小，所以使用分时图只是作为观察盘中即时变化的工具，所有指标都要综合利用起来分析，这样才会减少操作中的判断失误。
>
> 同时，实战中的 K 线分析，必须与即时分时图分析相结合，才能真实可靠地读懂市场的语言，洞悉盘面股价变化的奥秘。K 线形态分析中的形态颈线图形，以及波浪角度动量等分析的方法原则，同样也适合即时动态分时走势图分析。分时图对于喜欢短线操作的投资者尤为重要，是其使用的主要的分析工具。

下面举例分析股价在均价线上方运行。

如图 9-13 所示为国药一致（000028）分时图，从图中可以看出，股价不断上行，而代表平均成本的均价线由于股价的上扬，也会逐渐走高，均价线对股价又有促进上涨的作用，因此股价稳定向上移动，短时间内很难发生方向逆转。

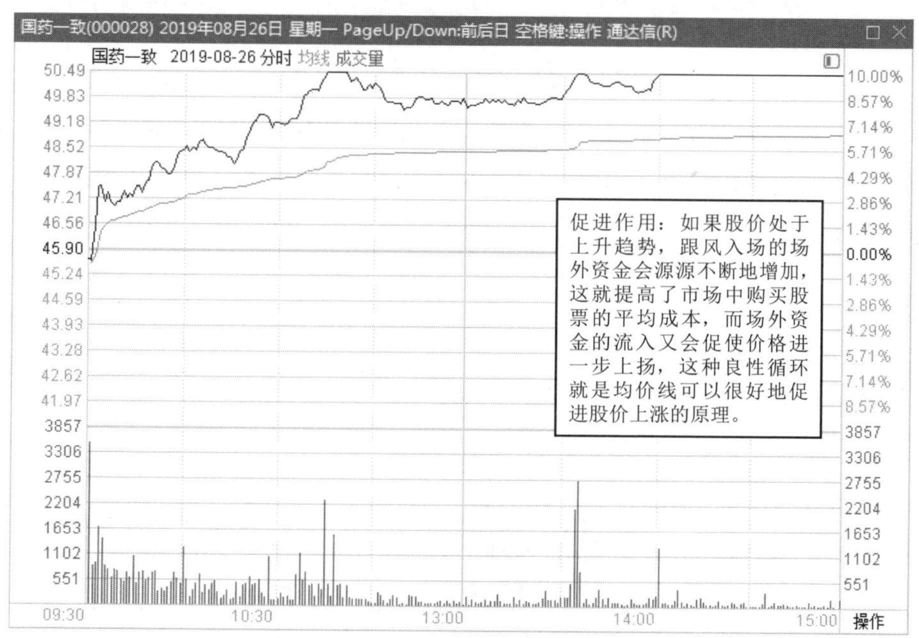

• 图 9-13　国药一致（000028）分时图（1）

如图 9-14 所示为国药一致（000028）分时图，从图中可以看出，股价稳步推升，而分时线也在震荡向上延伸，尽管股价在上升过程中偶尔出现回调，但是回调的低点也在逐渐抬高，由此可以看出均价线对股价的上涨起到一定的支撑和促进作用。

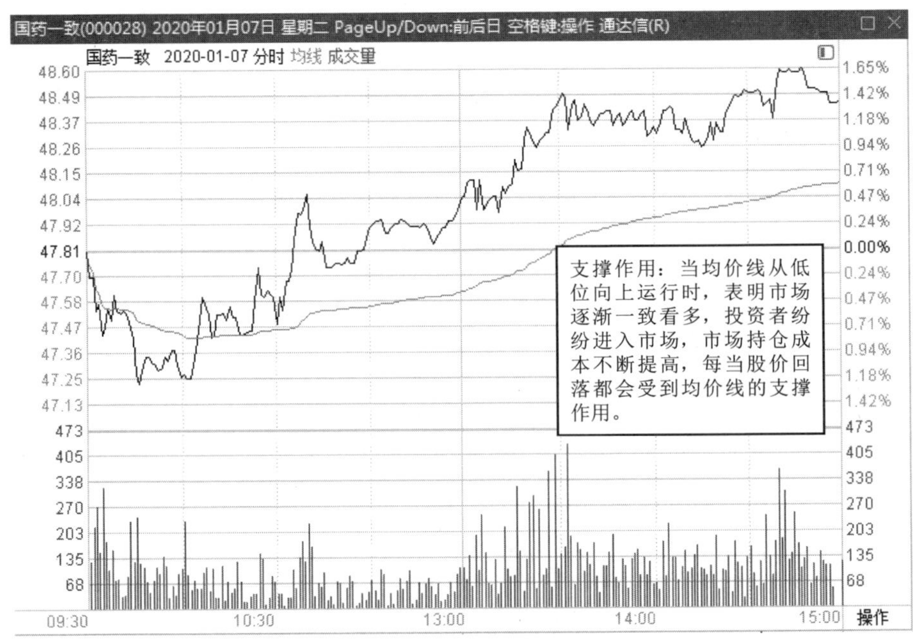

• 图 9–14　国药一致分时图（2）

由于均价线代表的是平均购买成本，均价线的不断上扬，也标志着投资者购买股票的平均成本逐渐提高，因此多方必须继续向上推升股价，才能给自己带来更多的利润。由此可见，在股价的上升趋势中，均价线有促进股价上涨的作用。

3. 股价在均价线下方运行

当股价保持在均价线下方运行时，表明市场看空，卖盘比较活跃，股价表现弱势，可能继续下跌，投资者宜持币观望。

下面举例分析下跌趋势中的均价线。

如图 9–15 所示为富奥股份（000020）分时图，从图中可以看出，股价在稳定下跌，均价线也会向下延伸，由于均价线代表平均持股成本，因此短时间内股价不会快速反转。

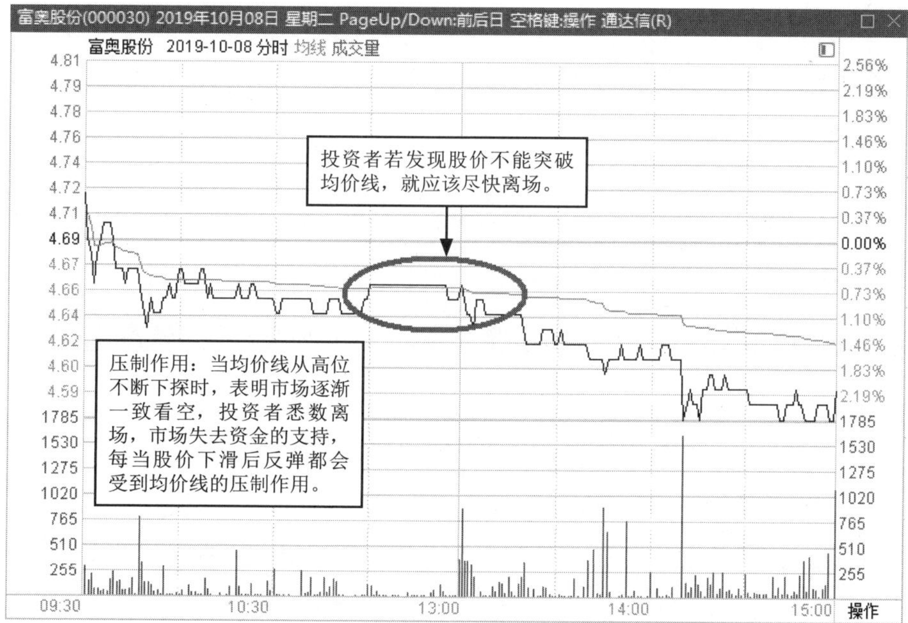

• 图 9-15 富奥股份（000020）分时图

如图 9-16 所示为深纺织 A（000045）分时图，从图中可以看出，由于均价线促进股价下跌，因此股价稳定地向下移动，最终收在跌停板上。

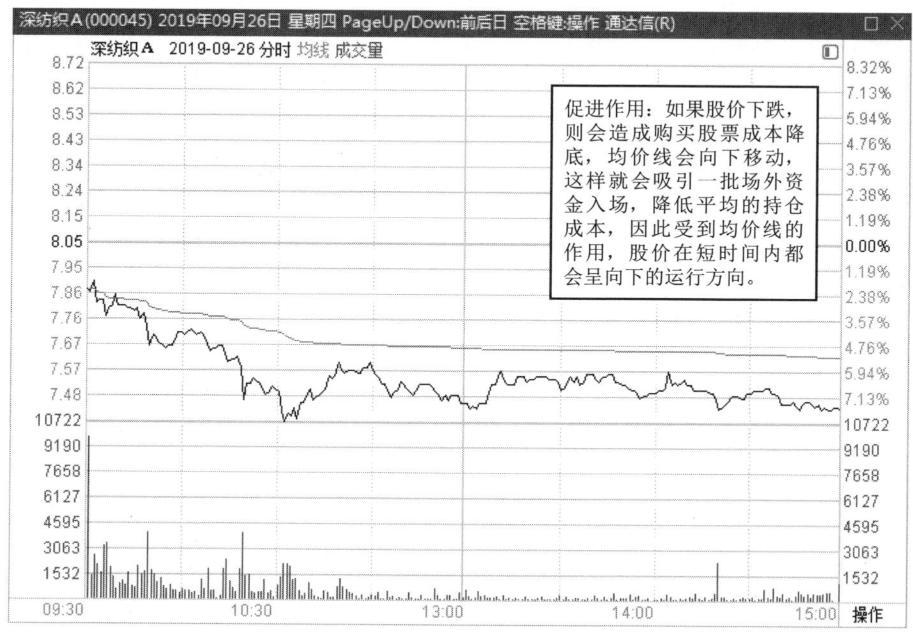

• 图 9-16 深纺织 A（000045）分时图

4. 股价与均价线横向运行

如果均价线处于横盘整理阶段，则代表多空双方力量均等。此时，投资者应该离场观望，等待方向明朗后再做出交易决策。

下面举例分析横盘趋势中的均价线。

如图 9-17 所示为深天马 A（000050）分时图，股价在尾盘前始终窄幅波动，股价围绕均价线上下运动。

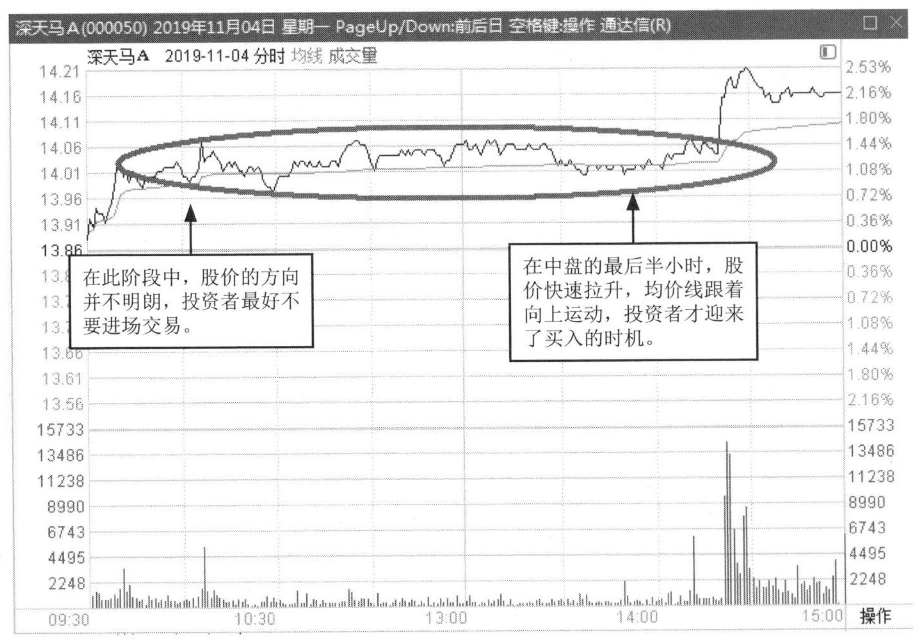

• 图 9-17 深天马 A（000050）分时图

如图 9-18 所示为德赛电池（000049）分时图，股价在开盘后快速上冲，均价线开始走平，股价波动范围开始缓慢。

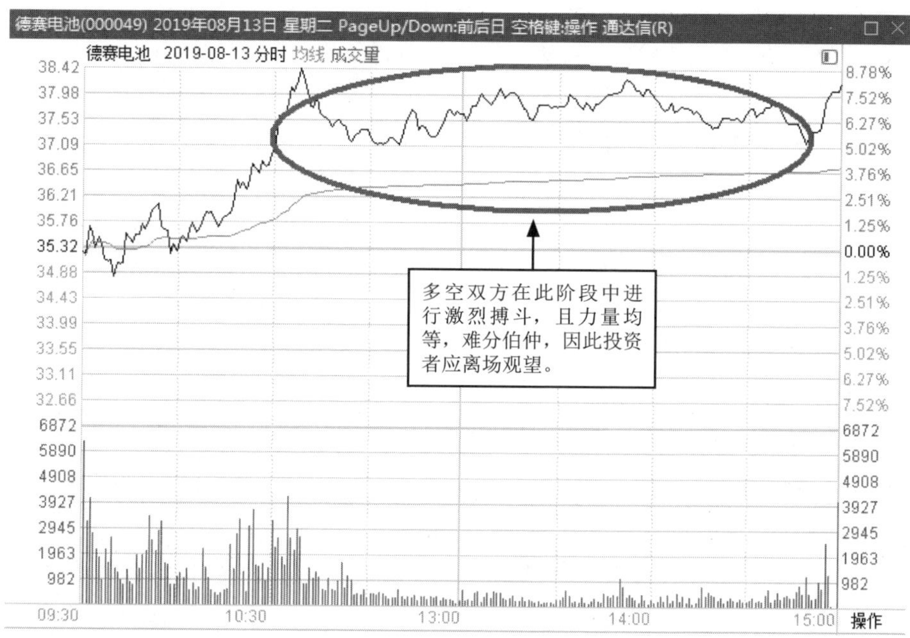

• 图 9-18 德赛电池分时图

5. 股价与均价线过度分离

均价线是超级短线实战的一个重要研判工具，它与分时线走势交叉错落，如影随形，临盘运用因人而异。下面介绍两种特殊走势中的均价线分析。

（1）均价线远低于股价

当均价线远低于股价时，说明股价上涨过快，已经远远超过了平均的持股成本，因此会有一部分投资者获利出场，股价也常常会出现向下回调，甚至出现反转。

下面举例分析均价线远低于股价。

如图 9-19 所示为深粮控股（000019）分时图，从图中可以看出，股价在盘中时几乎没有遇到任何阻力就快速上行，在图中标注的位置，由于涨幅过大，已经远远高出均价线，从而开始小幅回落调整。

如图 9-20 所示为广州浪奇（000521）分时图，从图中可以看出，股价两次在高位开始回落，而这两次高位的共同特点就是远远高出均价线。因此，短线投资者甚至超短线投资者可以根据均价线来选择时机卖出股票。

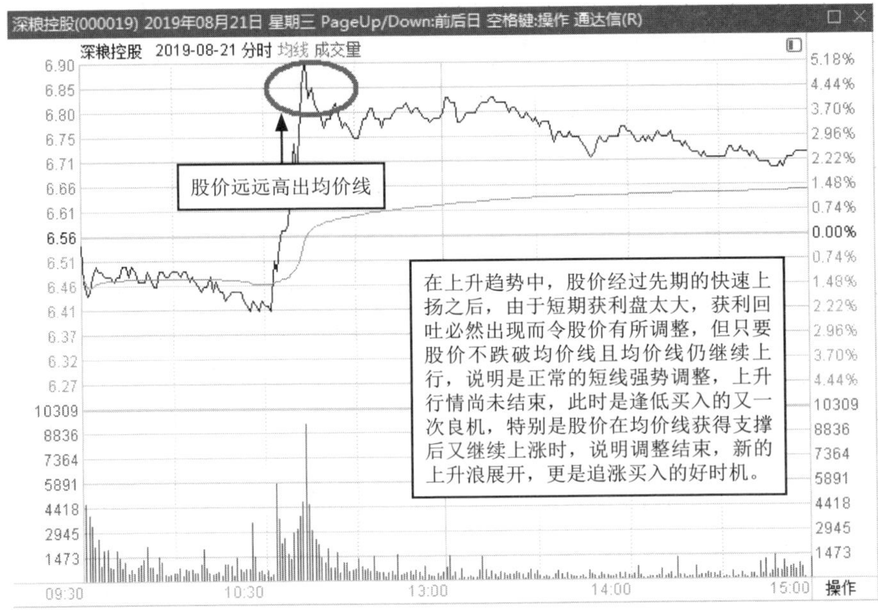

• 图 9–19 深粮控股（000019）分时图

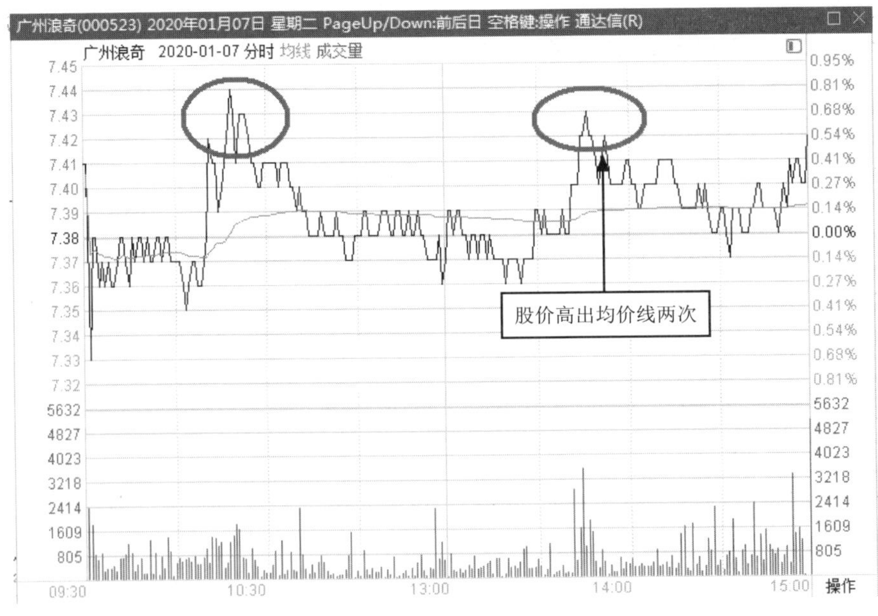

• 图 9–20 广州浪奇（000521）

专家提醒：特别当一轮极端炒作的主升浪行将结束之时，盘口拉高的股价突然一改强势上攻个性，击穿均价线后大幅回落，此后如果均价线失而复得，得而复失，则是超短线出局的信号。

（2）均价线高于股价

在股价下跌的趋势中，如果下跌速度过快，出现均价线远远高于股价的情况，说明目前股票价格被严重低估，一些激进的投资者会选择入场，因此很有可能会发生反弹走势。对于超短线投资者来说，这也是选择进场时机的常用规律。

如图 9-21 所示为深圳华强（000062）分时图，从图中可以看出，股价开盘一段时间后快速下跌，在反弹的过程中受到均价线的压制而未能成功，此后股价进入整理阶段，并在尾盘出现强劲的反弹。

• 图 9-21　深圳华强（000062）分时图

第10章

短线猎金，寻找最佳买卖点，捕捉翻倍黑马

短线操盘方法被广泛应用于散户投资者快进快出的操作之中，而本章则牢牢把握了投资者在探底反弹和上升追涨中都能通过短线操作的方式获取利润的主题，有的放矢地呈现给投资者需要的短线操盘技巧。

10.1 如何预判个股的短线走势

个股和大盘一样，短线走势几乎是难以预测的，除了影响因素非常多，个股的涨跌是由资金推动的。而资金在短线里的决策我们根本无法得知，主力也许因为今天出门不高兴，就不拉那只股票；也有可能看到市场有利好，临时在高位出货等，这些都是有可能的。

我们初中学物理的时候经常会说，假设在真空环境下、假设摩擦力为零等。这些假设可以让我们忽略次要因素的影响，看清问题的主要矛盾。

所以下面我们假设在市场没有临时因素的影响下，得出个股在理论上按照技术分析的方法所能得出的结论。

这个结论非常重要，因为它能帮助你理解个股的走势，至少让你有个抓手，知道你的股票在波动剧烈或长时间不动的情况下如何应对。

对于个股短线行情的判断，有以下几个维度可以参考。

1. 自身动能

自身动能决定了该股的股性。自身动能差的股票基本上会跟着大盘走，甚至弱于大盘；自身动能强的股票，才会有独立行情，受大盘影响较小。

我们做股票要尽量做股性活跃的，自身动能更强的股票。这类股票不但有可能获取更大收益，而且抗风险能力也更强。

2. 成交量

成交量是关键的技术因素，而且不能死板地去判断，比如出现放量，就判断该股未来的走势会上涨，这些都是不科学的。

股价位置不同、温和放量和放巨量、地量、持续放量、换手率等因素，都是成交量的指标，甚至可以互相组合。比如长期下跌的股票，股价位置比较低，这个时候如果能出现持续的底部放量，未来好转止跌的概率较大；但涨幅过大的股票，在高位突然放一根巨量，肯定是机构出货的表现。

3. 支撑和阻力

均线、切线、形态学、黄金分割、缺口、整数关口、前期高低点等都有可能对个股的走势构成支撑和阻力，如果是非常重要的支撑阻力，突破或者是未突破都是决定我们买卖股票的点，在判断股票买卖的时候，常常会观察支撑阻力的位置，从而也可以判断该股票的下跌空间和上涨空间哪个更大，做出对自己更有利的决策。

4. 价格

价格其实就是 K 线，K 线形态会影响我们对后市的判断。比如十字星的后面是容易选择方向的，方向确认再买卖更为合理；K 线实体更有利于行情继续发展，屡创近期新高或重心一直上移的股票有望继续上涨等。这些都可以帮助我们判断个股后市的行情。

5. 技术指标

KDJ、MACD、RSI、布林线等这些指标的运用，可以帮助我们决定个股的买卖。

6. 消息发酵

消息面是炒股的重要衡量因素，很多短线行情基本上是基于消息引发的。比如化工板块常常会受益于涨价，如果化工产品价格涨幅较大，而且有持续性，该股票也有可能会持续上涨；有些消息可能仅仅只是昙花一现，炒一下就“灭火”了。

10.2 擒牛绝技：短线抢反弹绝密技巧

通常在熊市中，都是以下降趋势为主，因此不少投资者尽力回避熊市也无可厚非，但一些短线投资者在熊市中同样能找到赚钱机会——反弹。反弹是熊市赚钱的绝佳机会，本节将逐一阐述经典的反弹技巧。

10.2.1 金针探底：暗藏积极信号

金针探底是一个K线形态，是指带有一根长下影线的K线。正是因为其带有较长的下影线，因此说明股价在当天完成了逆转，是股价见底回升的买入信号。

下面举例说明金针探底的短线操作技巧。

如图10-1所示为金花股份（600080）走势图，从图中可以看出，该股前期经历快速下跌，市场抛压得到一定程度的缓解。不久后该股盘中实现扭转，K线收出一根长下影线的小K线，之后股价止跌企稳，K线连续收阳，发出金针探底买入信号，投资者可以果断进场抢反弹。

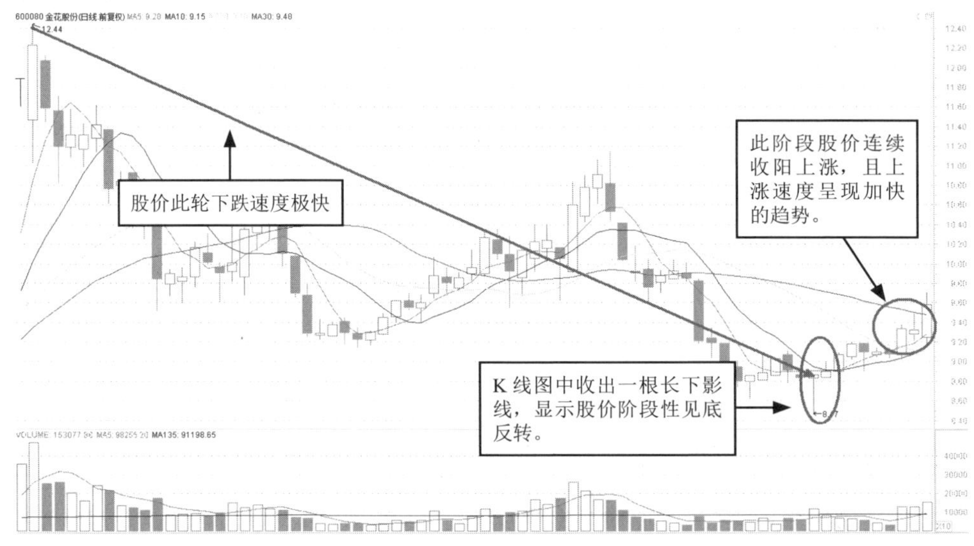

• 图10-1 金花股份（600080）走势图（1）

> **专家提醒**：虽然熊市下跌听起来十分可怕，但整体下跌走势不会一蹶不振，通常股价在下跌过程中会伴随出现反弹走势。金针探底的K线可以是阳线或阴线，尤其当出现长下影线的阳线时，其反弹欲望的表现要更大于阴线。总之，在股价下降趋势中，投资者利用金针探底来发掘股价反弹是十分有效的信号，必须加以重视。

如图10-2所示，我们可以清晰地看到该股下跌途中形成一轮反弹走势。正是标识位置的金针探底开启了反弹，因此短线投资者要积极在反弹信号发出后买入股价抢反弹。

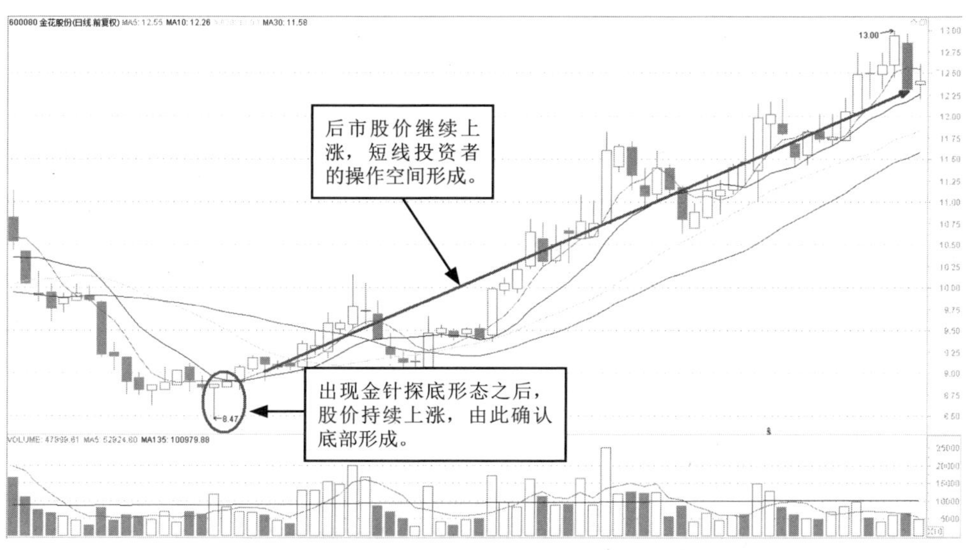

• 图 10-2　金花股份（600080）走势图（2）

专家提醒：除了金针探底之外，短线投资者还可以使用双针探底来确定反弹信号。双针探底是指两根有一定间隔或无间隔的带有长下影线的 K 线，同时下影线位置基本相同或相近，但第二根 K 线的最低价不能低于第一根 K 线的最低价。双针探底相对于金针探底而言，其实战价值更大。双针探底是一个较为常见的看涨反转信号，经常发生在一个较长期的下跌趋势中。双针探底预示着空头力竭，底部基本确认，市场可能即将转势反弹，多头将展开反攻。

10.2.2　待入线：市场底部反弹的信号

待入线是一种 K 线组合形态，由两根 K 线组成，第一根为阴线，第二根为阳线，且阴线和阳线实体之间存在缺口。在股价下跌后的低位区域，待入线的形成发出市场见底反弹信号。

下面举例说明待入线反弹信号的短线操作技巧。

如图 10-3 所示为哈高科（600095）走势图，从图中可以看出，该股股价很明显地进入了漫长的熊市下跌走势。不久之后出现一根阴线，随后 K 线收出低开高走的小阳线，待入线形成，预示股价见底。

如图 10-4 所示，该股之后股价持续收阳上涨，反弹行情已经开始，且反弹走势良好，投资者可以进行短线买入操作。

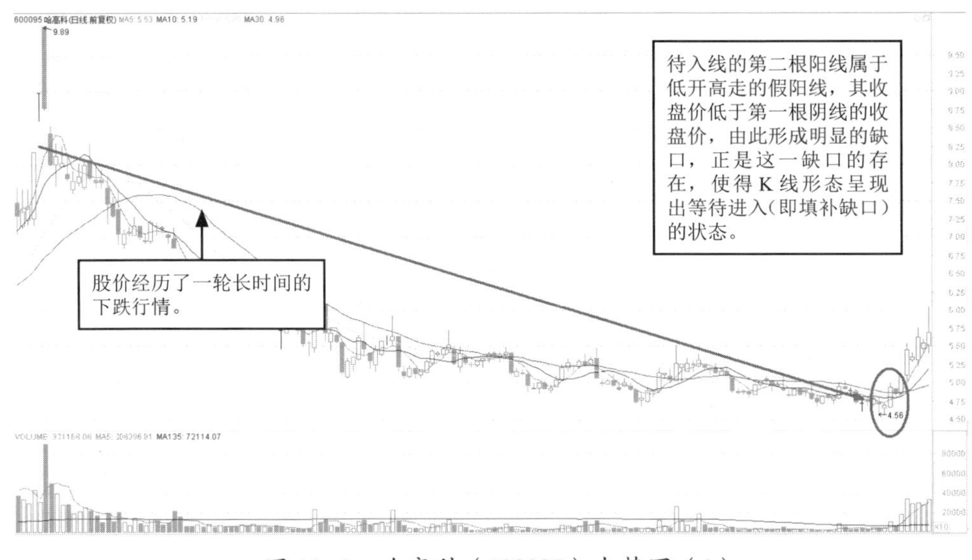

• 图 10-3　哈高科（600095）走势图（1）

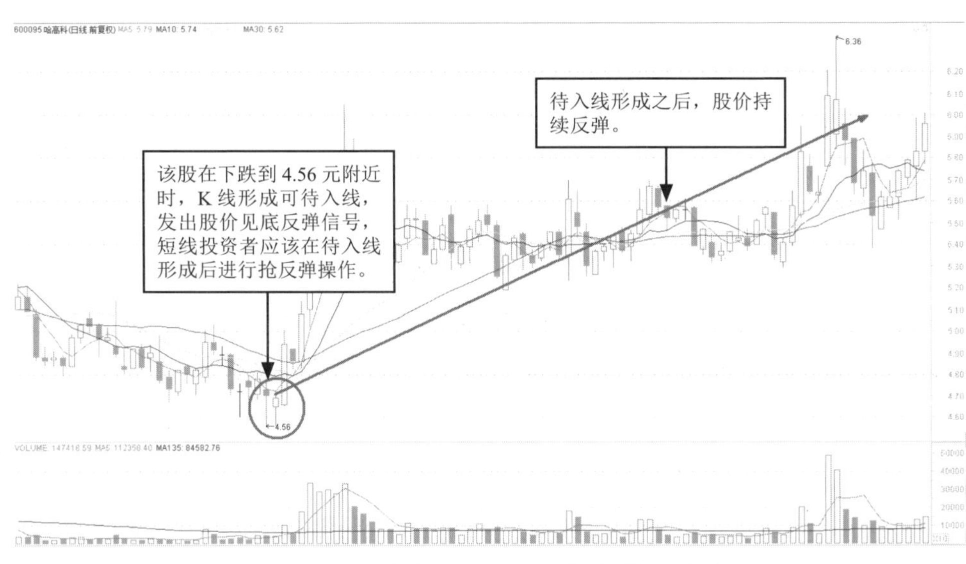

• 图 10-4　哈高科（600095）走势图（2）

10.2.3　抱线：有助于底部信号的把握

“抱线”的形态是由两根 K 线组成，基本形态：右边的 K 线完全包住了左边的 K 线，是一种低开高走的形态，一般伴随着成交量。

根据第一根和第二根 K 线的阴阳不同，抱线可以分为阳抱阴和阴抱阳两种，两种形态显示的市场信息一样，都发出了市场见底反弹的信号，因此短线投资者要利用这样的信号进行抢反弹操作。

下面举例说明抱线反弹信号的短线操作技巧。

如图 10–5 所示为明星电力（600101）走势图，从图中可以看出，该股股价走势以整体下跌为主，就是在股价下跌阶段，K 线形成明显的见顶反弹信号，即图中标识位置的抱线，发出反弹买入信号。

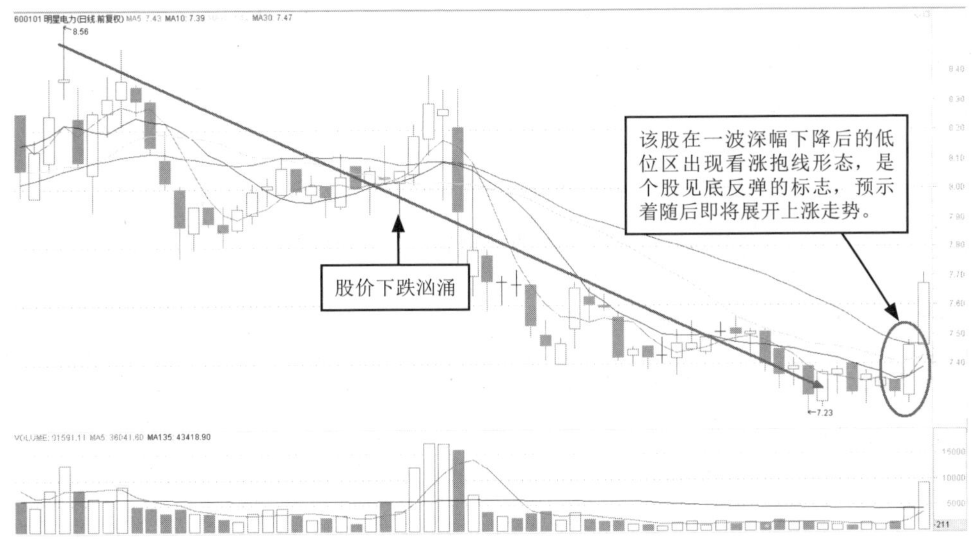

• 图 10–5　明星电力（600101）走势图（1）

专家提醒：对于抱线形态的基本判断标准如下：

- 在抱线形态之前，市场必须处于在清晰可辨的上升趋势或下降趋势之中，哪怕这个趋势只是短期的，但不能是横盘整理。
- 抱线形态必须由两根 K 线组成，其中第二根 K 线的实体必须覆盖第一根 K 线的实体（但不一定吞没前者的上下影线）。
- 抱线形态的第二个根 K 线必须与第一根 K 线类型（阴线或阳线）相反。

如图 10–6 所示，该股股价在熊市下跌走势中形成明显的快速反弹走势。抱线形态发出明确的见底反弹信号，因此短线投资者要及时进行抢反弹买入操作，后市将获得非常不错的收益。

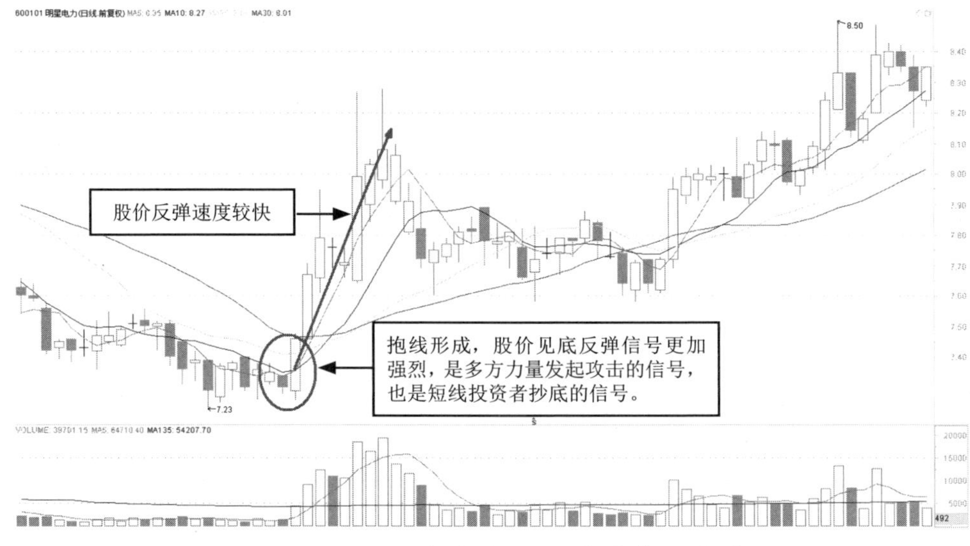

• 图 10-6　明星电力（600101）走势图（2）

专家提醒：抱线形态一般是这样形成的：大盘经过长时间的下跌之后，突然有一天，股价跳空低开，空方的力量非常凶猛，但是股价在低开后并没有继续下探而是出现了快速上涨，并一举吞没了前面的 K 线，形态上好像这根阳线完全包住了前面的 K 线一样。形同一个人抱着一个孩子，是一种典型的见底信号。它经常出现在下跌末端，但有时也出现在整理形态快结束的时候。出现在下跌末端往往预示着空方力量的衰竭，如果出现在整理形态的末端，往往意味着最后一次洗盘。

10.2.4　三川线：稳定的抄底 K 线形态

三川线是指由三根并列的 K 线组成的 K 线组合，其第一根和第三根性质一样，中间一根可以是阳线或阴线，说明市场短期内的横向整理，其第三根 K 线运行的方向就是横向整理后股价选择的方向。因此，具有反弹信号的三川线是由左右两根阳线和中间一根阴线组成，发出的是市场筑底信号；而左右两根阴线和中间一根阳线组成的三川线发出的则是看空下跌信号。

下面举例说明三川线反弹信号的短线操作技巧。

如图 10-7 所示为宏图高科（600122）走势图。从图中可以看出，该股熊市下跌走势明显，由此抓住反弹机会赚钱就成为短线投资者的目标。在股价下跌到 3.37 元左右时，股价很明显止跌企稳且 K 线形成三川线，发出见底反弹信号，短线投资者可以进行抢反弹操作。

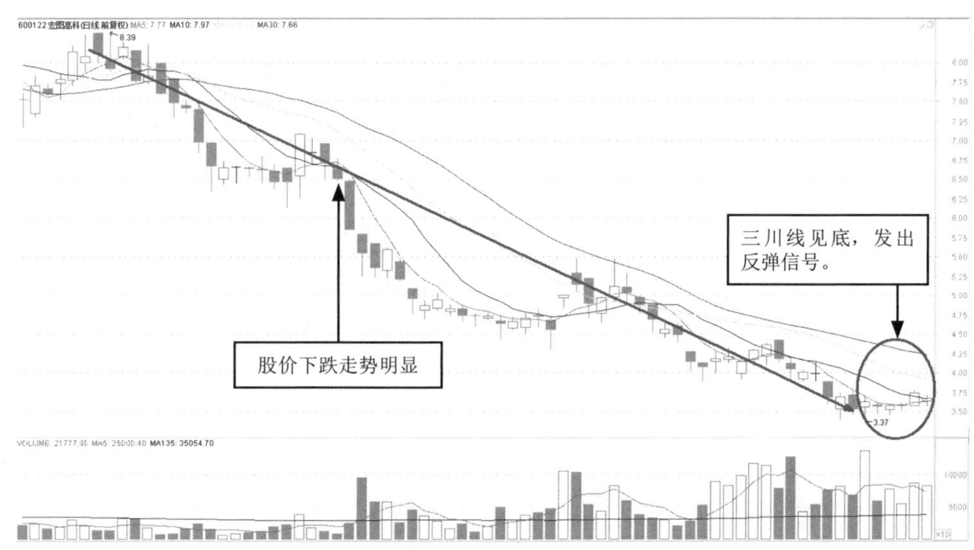

• 图 10-7　宏图高科（600122）走势图（1）

如图 10-8 所示，三川线形成后，股价一路反弹，从 3.37 元上涨到 6.23 元以上，反弹幅度超过 80%。

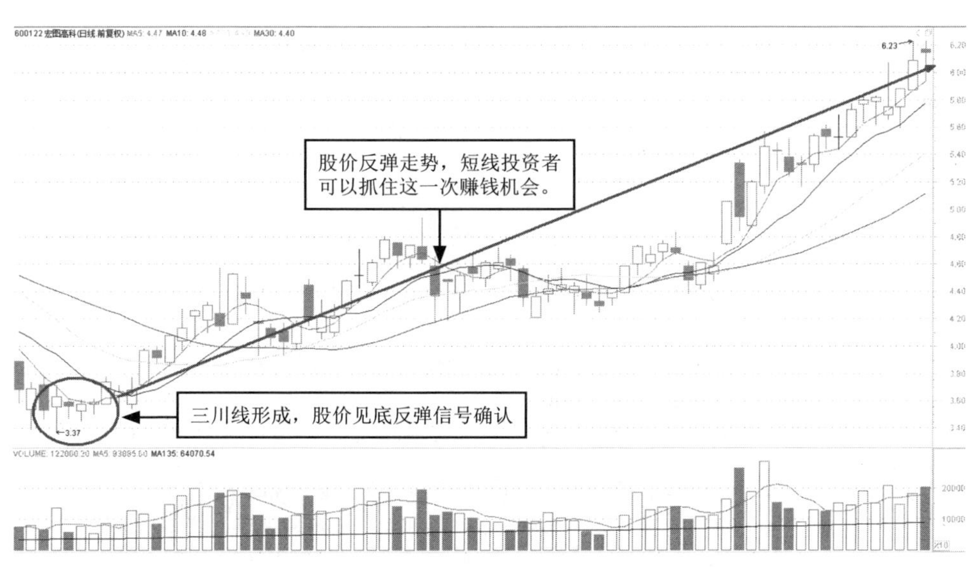

• 图 10-8　宏图高科（600122）走势图（2）

10.2.5　启明星：预示着行情逐步走向光明

启明星线是一种底部反弹形态，预示着价格的上涨，其形态特征是它前面有一根中阴线或大阴线，随后出现一个向下跳空的星线，再随后出现一根中阳线或大阳线，它明显地向上推进到第一根阴线实体之内。

下面举例说明启明星线反弹信号的短线操作技巧。

如图 10-9 所示为香梨股份（600506）走势图，此股在深幅下跌之后出现一个明显的启明星线的三日 K 线组合形态，这一形态的出现说明多方已于个股的深幅下跌之后有了明显的反击意图。从图中可以看出，在这一启明星线形态中的第三个交易日中成交量明显放大，这是多方力量较为充足的表现。因此可以说，启明星线形态是个股阶段性下跌结束的信号，它预示着随后即将出现反弹回升走势。

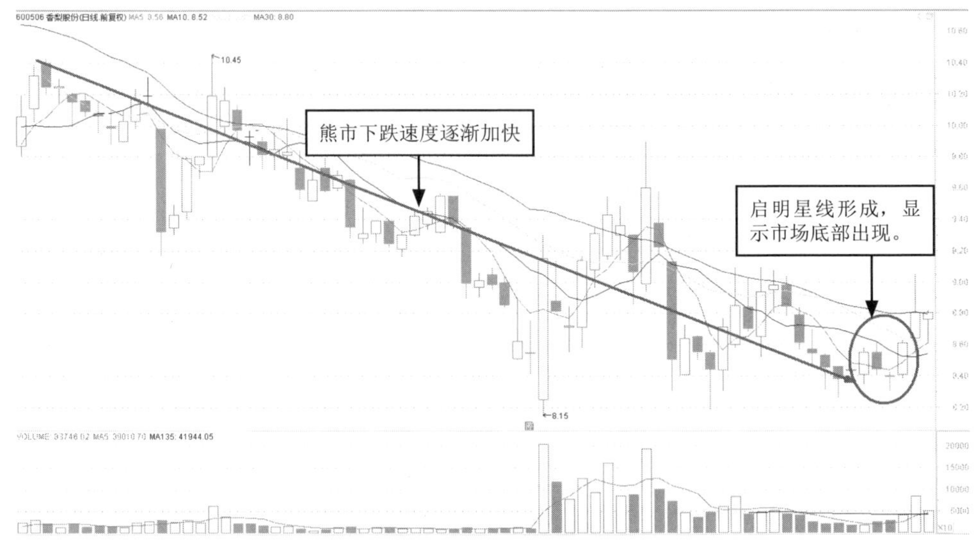

• 图 10-9　香梨股份（600506）走势图（1）

专家提醒： 启明星线形态属于底部反弹形态。它的名称的由来是这个形态预示着价格的上涨就像启明星预示着太阳即将升起一样。启明星线说明市场的主导权又重新回归到多方的手里，预示着价格的上涨。

（1）形态特征：理想的形态是启明星线与第三根阳线之间也要形成价格跳空，但这种情况似乎不容易见到，所以投资者可以适当灵活掌握。

（2）形态原理：市场在原有下降趋势中继续进行，随后出现的一根向下价格跳空较小的启明星线，表明原趋势空方的力量有所减弱，随后第三天向上深入阴线实体的阳线进一步表明多方力量的反击和夺取了统治权。

如图 10-10 所示，启明星线发出触底反弹信号，之后股价从 8.30 元快速反弹到 11.77 元附近，反弹幅度高达 41%。

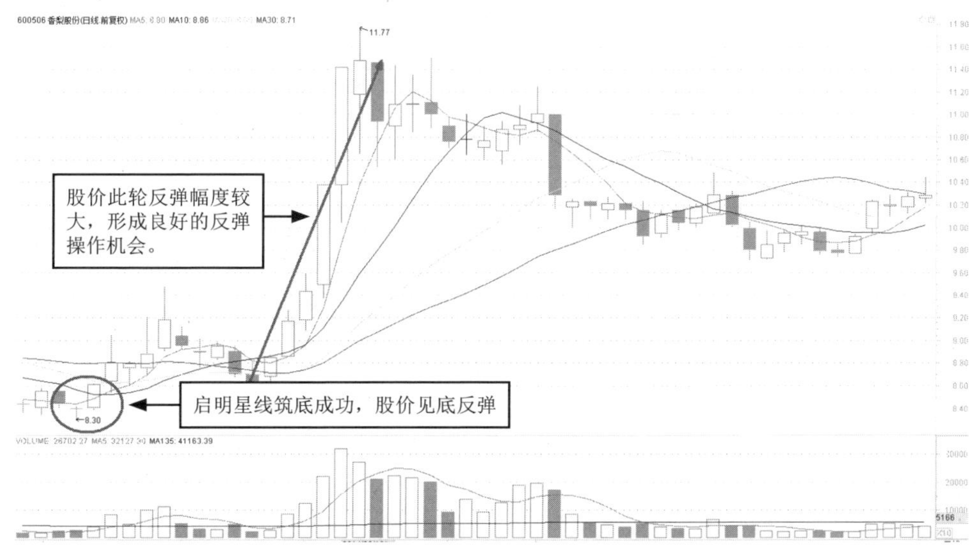

• 图 10-10　香梨股份（600506）走势图（2）

10.2.6　红三兵：及时出手，买在最低点

红三兵线形态是由三根短小的连续上升的阳 K 线组成，K 线收盘价一日比一日高，表示“红兵”勇敢前进，基础扎实，后势涨幅将继续加大。“红三兵”形态表明股价已经过充分换手，积累了一定的上升能量，如若成交量能同步放大，继续上涨的可能性极大。

在股价熊市下跌走势中，若 K 线形成红三兵线，表明下跌后的低位区域市场中有资金流入。在市场资金的关注下，股价从熊市下跌中短暂止跌，K 线上已经形成红三兵线，预示着股价之后的反弹上涨。

专家提醒：在下跌行情的底部出现红三兵线，是一种非常明显的见底反弹信号，这种上涨态势是非常可靠的，投资者可以在股价突破阻力线初期进入，等待短期的丰厚利润。

下面举例说明红三兵线反弹信号的短线操作技巧。

如图 10-11 所示为上海能源（600508）走势图。从图中可以看出，该股前期出现了单边下跌行情，股价在下跌中没有形成有效的反弹走势。在股价下跌到 10.23 元附近时，K 线形成红三兵线，股价止跌企稳，预示该股后市反弹上涨。

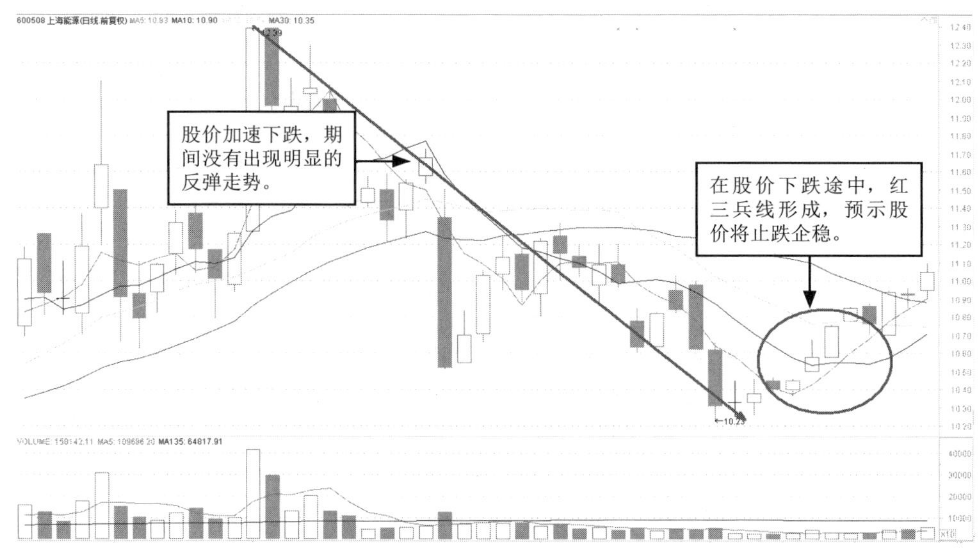

• 图 10-11　上海能源（600508）走势图（1）

如图 10-12 所示，该股下跌到 10.23 元附近时，出现了一轮反弹走势，而此轮反弹走势的起点就是红三兵线。红三兵线使得股价止跌企稳，同时涨幅不断加大的阳线也表明市场资金持续进入，由此更加确信股价见底反弹已经开始。

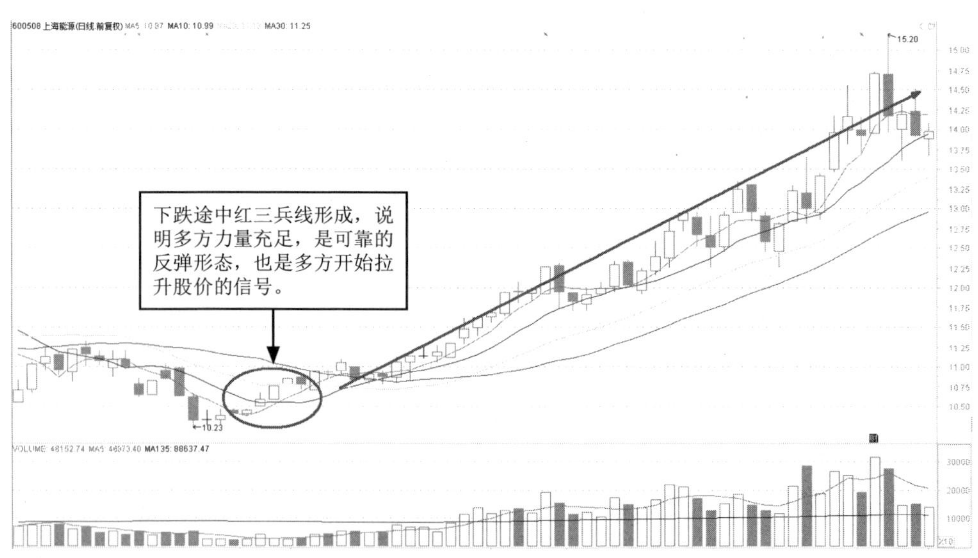

• 图 10-12　上海能源（600508）走势图（2）

专家提醒：红三兵线有三个特殊形态，即三个白色武士、升势受阻、升势停顿。

（1）三个白色武士：三个白色武士形态与红三兵线有相似之处，不同之处是最后一根阳线的上升力度比较大，出现这种形态将会呈现上升趋势。

（2）升势受阻（前方受阻红三线）：升势受阻与红三兵线有相似之处，不同之处是三根阳线逐渐缩小，其中最后一根阳线的上影线特别长，出现这种形态将会呈现下跌走势。

（3）升势停顿：升势停顿与红三兵线有相似之处，不同之处是其三根阳线也是逐渐缩小，特别是第三根阳线实体比前二根小得多，出现这种形态将会呈现下跌走势。

10.3 教你五招绝对好用的短线追涨技巧

牛市行情确保了股价整体趋势不断向上，投资者在决定对个股进行追涨时一定要掌握相关的追涨技巧，这样投资者才会更好地在个股的走势中去把握并且能够快速盈利。本节将介绍短线追涨的几个技巧性的策略方法。

10.3.1 狙击涨停板，大盘股强势涨停追涨

证券市场中交易当天股价的最高限度称为涨停板，涨停板时的股价称为涨停板价。中国证券市场股票不包括被特殊处理的 A 股的涨跌幅度以 10% 为限，当日涨幅达到 10% 为上限，买盘持续维持到收盘，称该股为涨停板，ST 类股票的涨跌幅设定为 5%，达到 5% 即为涨停板。

股价涨停显示出盘中多方力量的强盛，为一种普遍意义上的看涨信号。特别是股价处于较低价位时，如果出现一个涨停板，通常意味着股价的走势开始变强。而股价运行中出现第一个涨停板就更加具有一种象征意义，表明盘中多方力量开始爆发，股价将要在短期内进入加速上涨走势，发出强烈看涨信号。

下面举例说明第一个涨停板的短线追涨操作技巧。

如图 10-13 所示为格力电器（000651）走势图。从图中可以看出，该股涨停板开盘并一直保持到收盘，显示在利好消息刺激下多方完全占据主动。而之前该股一直处于低位盘整阶段，投资者可以断定未来股价将会有较大的涨幅。在第一个封涨停交日易当天，投资者可以果断地在涨停板上排队。即使这两个交易日无法成交，也可以在随后的交易日高开时追高买入，仍可获得十分不错的收益。

• 图 10-13　格力电器（000651）走势图

> **专家提醒**：当股价经过长时间的下跌或者低位震荡后，出现第一个涨停板时，说明盘中的多方已经占据了绝对优势，股价近期可能走强，此时投资者可以在股价涨停的最后时刻挂单买进。另外，在上涨走势中出现第一个涨停板后，往往是股价的加速上涨阶段，但这种加速上涨阶段持续的时间往往不会太长，所以投资者在达到自己的获利目标后，就应该及时止盈。

如图 10-14 所示为创维数字（600527）走势图。从图中可以看出，前期处于缓慢上升阶段的创维数字（600527）出现首个涨停板，预示着盘中积聚的多方力量爆发，股价将要进入快速上涨走势中，发出买进信号，买点出现。如果当天投资者挂单未能买进，可以在次日交易中估计继续走强时及时跟进。

> **专家提醒**：如果股价一直运行在缓慢攀升的走势中，当某一天股价在成交量的配合下快速封涨停板，说明股价的上涨开始加速，此时投资者应该大胆挂单涨停价，排队买进，如果当天未能买进，可以在次日交易中股价继续走强时追入。
> 需要注意的是，投资者在追涨之前一定要分析股价目前所处的位置是否可以追，如果股价所处的价位太高，那么投资者应该谨慎操作。

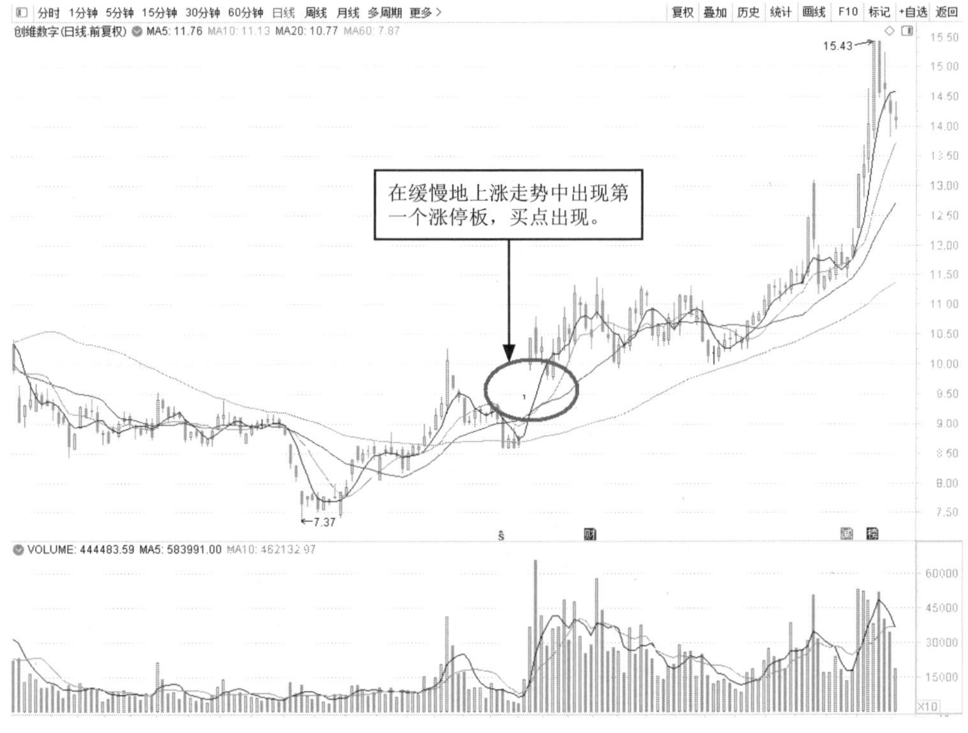

• 图 10-14　创维数字（600527）走势图

10.3.2　突破前高买入法，助你实现短线擒牛

当股价突破前期高点时，意味着股价的上涨将要进入新的阶段，是一种较为强烈的看涨信号。其中的前期高点，可以是阶段高点，也可以是历史高点。

专家提醒：如果股价向上突破前方的阶段高点时，说明股价还将要再上一个台阶，发出买进信号，此时投资者应在股价突破后积极介入。

下面举例说明突破前期高点的短线追涨操作技巧。

如图 10-15 所示为黄山旅游（600064）走势图。从图中可以看出，该股经历了一波较长的上涨行情，股价到达 21.84 元的顶部时冲高受阻回落。

如图 10-16 所示，运行在上涨走势中的黄山旅游（600064）股价向上放量突破历史高点，表明股价新的上涨空间已经打开，买点出现。但由于股价此时的价位较高，为了减少可能出现的回调走势带来的损失，投资者可以轻仓买入。

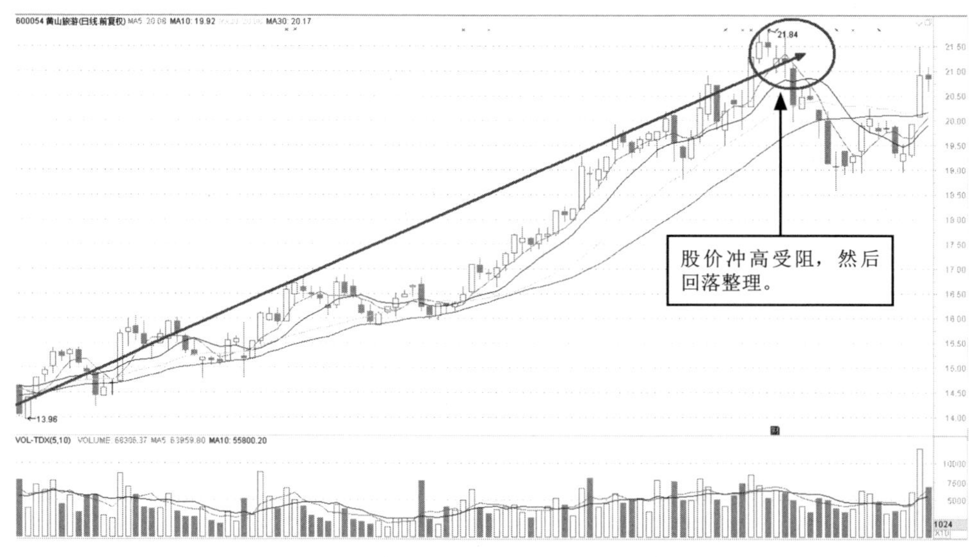

• 图 10-15　黄山旅游（600064）走势图（1）

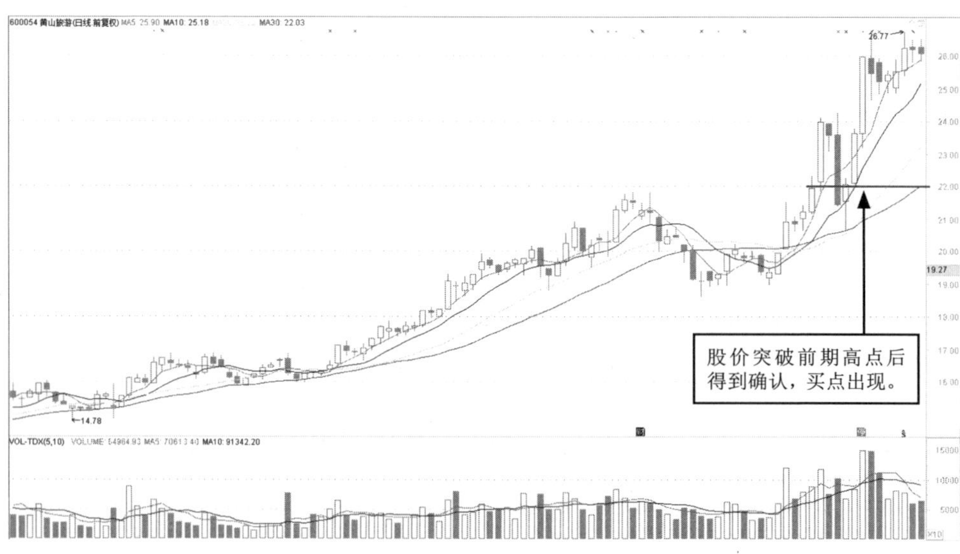

• 图 10-16　黄山旅游（600064）走势图（2）

专家提醒：如果前期形成的阶段高点均处于同一个水平价位上，说明此价位处的阻力较大，当股价向上突破此阻力位时，发出的看涨信号会更加可靠。另外，如果股价向上突破历史高点时，说明股价新的上涨空间被打开，上方不再有额外的阻力位，发出看涨信号。不过，由于此时股价过高，投资者需要注意控制风险。

10.3.3 高开快速封板，市场强势的绝对表现

高开是指开盘价较前一个交易日的收盘价有较大幅度的上涨，快速封板是指主力快速拉升股价直接封死在涨停板上，这一过程往往只有几分钟，使得广大投资者没有追涨机会。通常来说，股价在早盘放量涨停都是市场强势的绝对表现，特别是在牛市上涨中出现的高开快速封板更是一个不可多得的看涨买入信号。

下面举例说明高开快速封板的短线追涨操作技巧。

如图 10-17 所示为宏达股份（600331）走势图。从图中可以看出，该股经历了一波较长的下跌行情，股价见底后显示出金针探底的反弹信号，随后股价企稳回升。

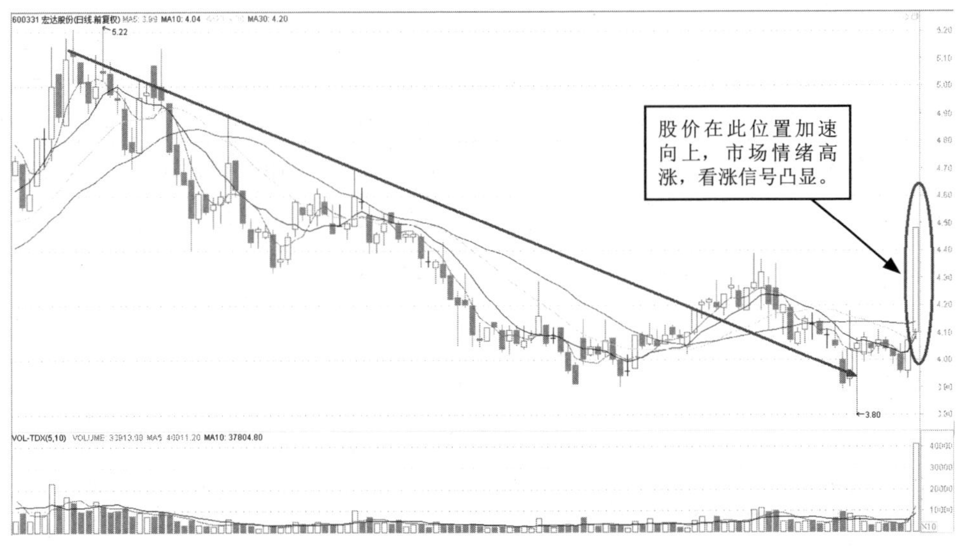

• 图 10-17　宏达股份（600331）走势图（1）

如图 10-18 所示为宏达股份（600331）分时走势图。从图中可以看出，该股在当天出现早盘放量涨停买入信号，投资者不应错过这样的机会，应积极追涨买入。

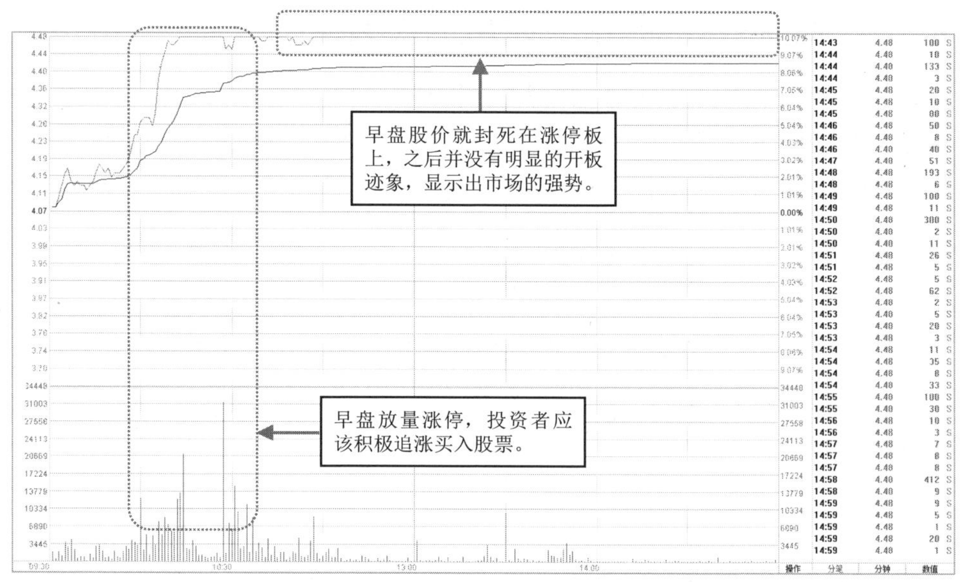

• 图 10-18 宏达股份（600331）分时图

如图 10-19 所示，该股股价经历了由下跌反弹到爆发的上涨过程，后期该股进入波段式的拉升阶段。在股价开始拉升时已发出早盘放量涨停的看涨买入信号，因此投资者买入机会出现，应该果断进场买入股票。该股之后继续强势上涨，后市都有非常不错的收益。

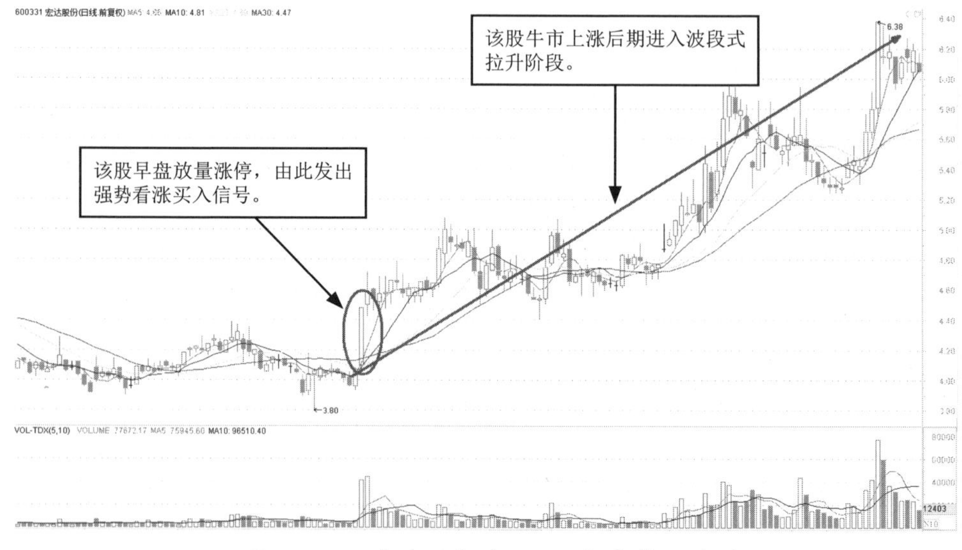

• 图 10-19 宏达股份（600331）走势图（2）

10.3.4　突破压力线，意味着股价将继续上涨

压力线也称阻力线，是指由前期股价运行期间形成的阶段高点连接而成的直线。压力线对于股价的上涨具有一定的阻力作用，当股价在压力线附近遇阻回落时，说明股价的上涨走势即将结束，短期内将要出现下跌行情，市场发出看跌信号；当股价向上突破压力线，则意味着股价将要进一步上涨，市场发出看涨信号。

下面举例说明突破压力线的短线追涨操作技巧。

如图 10-20 所示为云南铜业（000878）走势图。从图中可以看出，在震荡中不断上涨的云南铜业股价向上突破了由前期高点连接而成的上涨压力线，预示着股价进入加速上涨走势，买点出现。

• 图 10-20　云南铜业（000878）走势图

> **专家提醒：** 一般来说，压力线大多结合通道、整理形态等一起出现，比如上升通道的上轨线、三角形整理形态的上边线等都是压力线。

如图 10-21 所示为澳柯玛（600336）走势图。从图中可以看出，处于震荡

下行走势中的澳柯玛股价向上放量突破由前期数个阶段高点连接而成的压力线，预示着股价将要进入上涨走势，买点 1 出现。

随后股价出现了短暂回调走势，并在压力线处获得支撑再次翘起，验证了股价对于压力线突破的有效性，买点 2 出现。

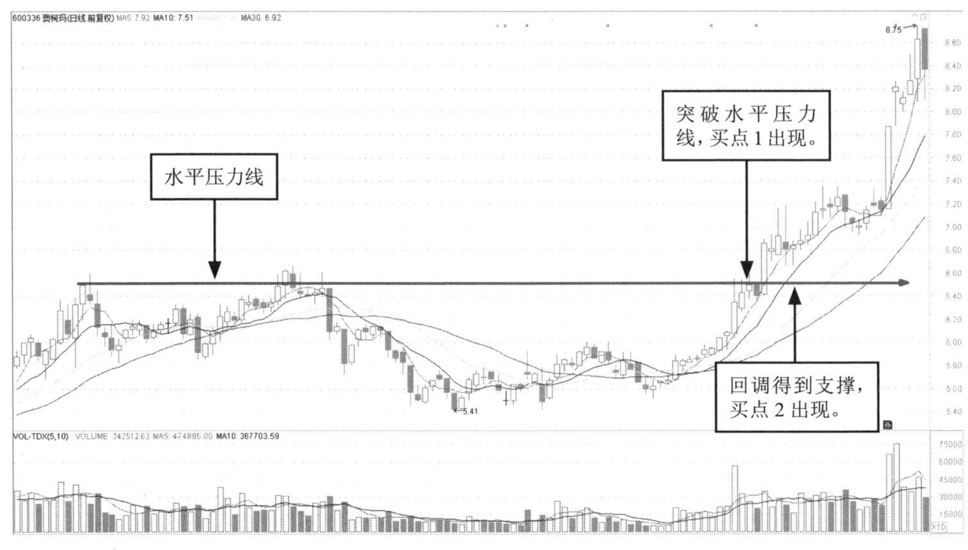

• 图 10-21　澳柯玛（600336）走势图

10.3.5　短暂封板试盘，暴利涨停追涨技巧

通常情况下，主力在拉升股价之前，都会进行试盘操作，即通过试盘来判断股价上方抛盘的数量。在主力进行试盘时，常将股价拉升至涨停，之后又快速打开涨停板，由此去判断市场中的抛盘压力。

专家提醒：试盘就是主力对将要开展操盘进行试验，从中测试盘中的相关信息，从而指导其操盘。主力建仓、拉升，出货等各阶段中都有试盘。试盘特别复杂，但投资者可以借用主力试盘，洞察主力的操盘意图，指导操作。

主力试盘的主要目的如下所示。

- 测试盘内筹码锁定的好坏。
- 测试盘内大户或其他主力的情况。
- 测试浮筹情况，测定市场追涨杀跌意愿。

试盘的各种情况探明了市场中的持仓情况。由此可见，投资者在发现主力以短暂封板的方式试盘后，应该高度关注股价的走势，随时准备进场买入。

下面举例说明短暂封板试盘的短线追涨操作技巧。

如图 10-22 所示为西藏珠峰（600338）分时走势图。从图中可以看出，股价早盘快速触及涨停，但并没有封死在涨停板上，之后股价一路下滑，发出一种拉升试盘的信号。

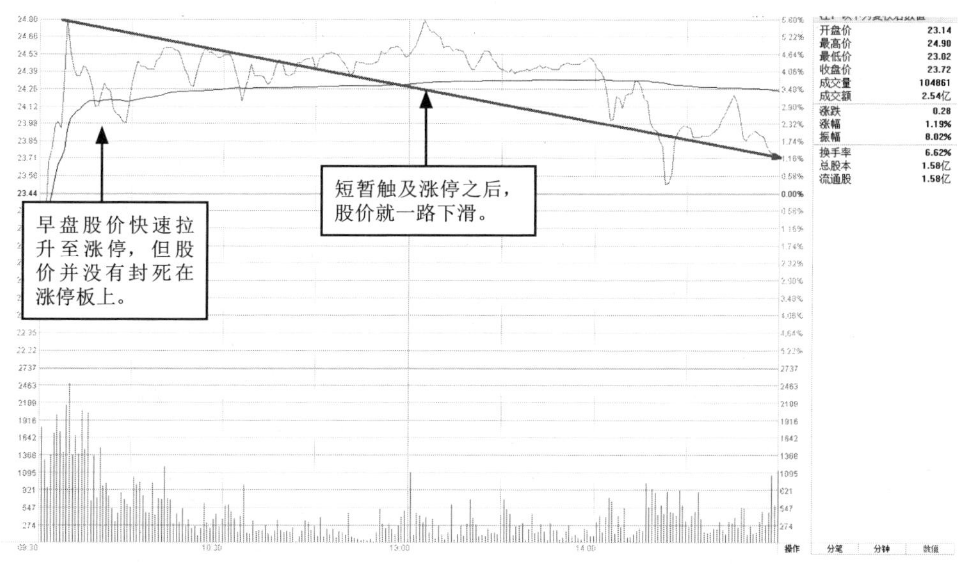

• 图 10-22　西藏珠峰（600338）分时图

究竟是否为主力试盘，该股的 K 线走势如图 10-23 所示。从该股的日 K 线走势图中可以很清楚地看出，该股主力在进行试盘操作。

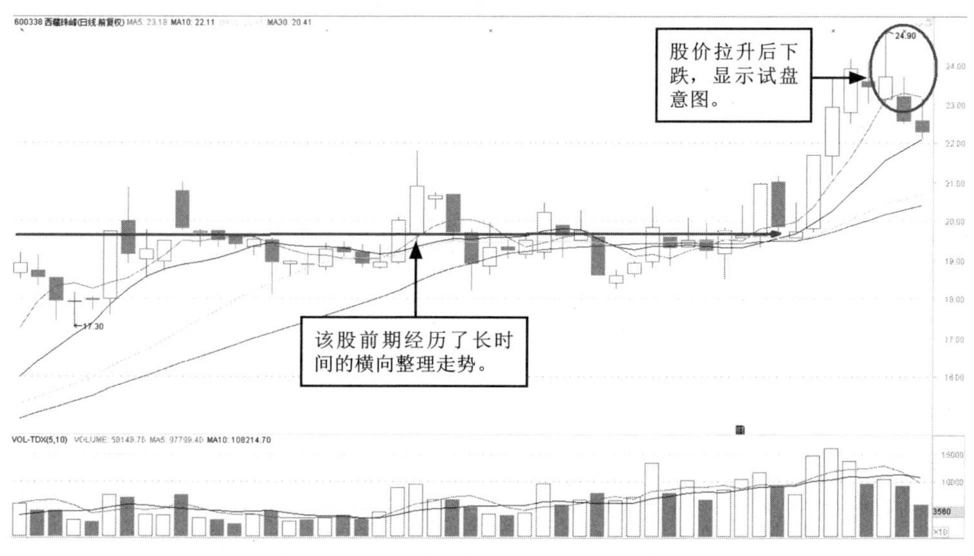

• 图 10-23　西藏珠峰（600338）走势图（1）

随后该股主力开始继续强势拉升，由此买入信号形成，如图 10-24 所示。从图中可以看出，主力在试盘之后主动打压股价洗盘，形成较好的介入机会。之后股价连续收阳创出信号，由此形成第二个买入机会，投资者可以在此位置大胆买入股票。

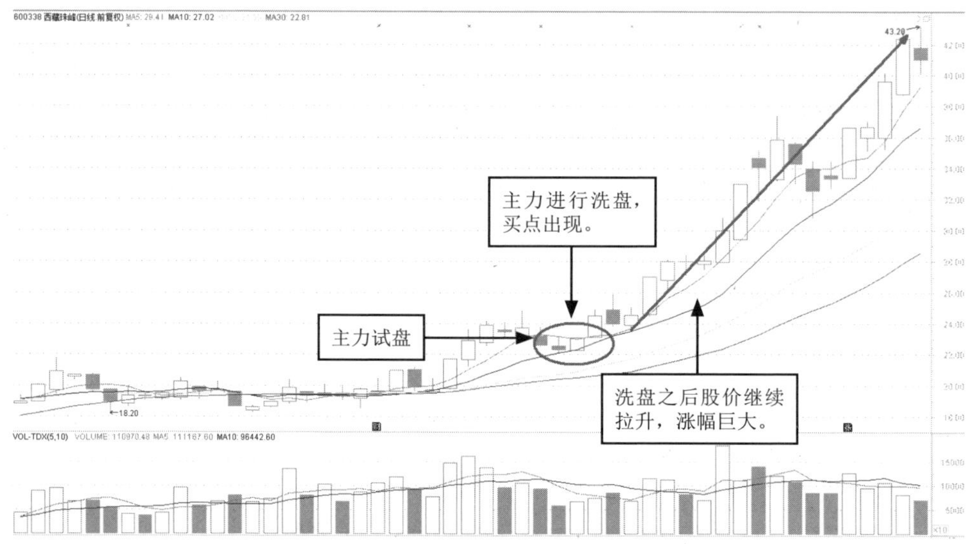

• 图 10-24　西藏珠峰（600338）走势图（2）

专家提醒：技术性的突破后，股价一般都会出现回调确认动作，因此即使是以涨停的方式突破压力位，股价也可以回调突破位置，以寻求支撑。抓住回调这一点，短线投资者就可以在股价回调位置进行更为安全的建仓买入操作。

第 11 章

跟踪主力的步伐，逐渐迈上股市的成功之路

“股市无主力不活，有主力的股票是个宝，无主力的股票是棵草。”从这句话可以看出主力是股市发展和变化的领头人，“跟踪主力步伐”主要是通过识别主力来分析个股未来的行情变动，正确识别主力股后便可以跟庄操作，从而逐渐迈上股市的成功之路。

11.1 主力股：趋势的制造者

主力股是指股价涨跌或成交量被主力控制的股票。如果某只股票有主力入驻，则该股股价在未来一段时间内会呈现上涨趋势，散户发掘出该股并认真分析则可以顺势盈利。

11.1.1 七个阶段：主力控盘过程解析

“股不在好，有主力则灵”成为一句至理名言，很多投资者唯主力马首是瞻，形成了与主力共舞的操作思维。

由于主力是大户投资者，他为了达到盈利的目的，会通过操盘的手法来控制股价的涨跌，一个完整的主力控盘流程包括建仓、试盘、整理、初升、洗盘、拉升、出货、反弹、砸盘、扫尾，如图 11-1 所示。这是一个比较完整、标准的主力控盘流程，以其思路清晰，操作性极强而被称为学院模式。

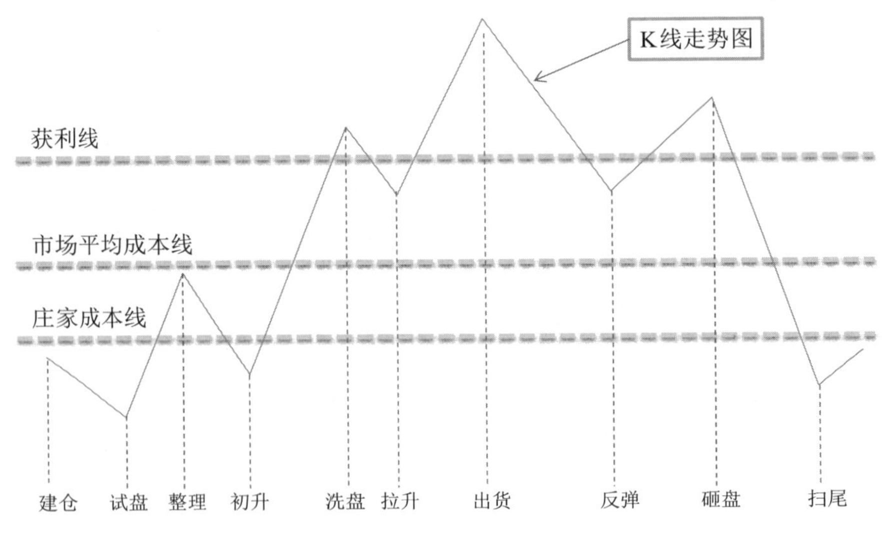

• 图 11-1　主力控盘流程

（1）建仓：主要是指主力在经过对某一只股票进行长时间的分析和考察后，选择何时开始买入该只股票，此时标志主力进入该只股票实质性的操作阶段。通常主力都是选择股价较低时开始吃货。

（2）试盘：试盘就是主力对将要开展的操盘进行试验，从中测试盘中的相关信息，从而指导其操盘。主力吸货完毕之后，并不是马上进入拉升状态，虽然此时提升的心情十分急切，但还要最后一次对盘口进行全面的试验，其目的如下。

- 测试盘内筹码锁定的好坏。
- 测试盘内大户或其他主力情况。
- 测试浮筹情况，测定市场追涨杀跌意愿。

（3）整理：整理是为了构筑底部形态，调整一些主要的技术指标，有的时候是因为大势的状态，需要等待机会得到更多条件的配合。

（4）初升：主力往往通过快速拉升股价的方式，让股价迅速脱离自己“底仓”的成本区域，使自身的筹码首先处于一种盈利状态，从而为后期的市场运作赢得主动控制权，进可攻，退可守，完全左右市场的未来动向。

（5）洗盘：主力会利用自身丰富的盘中操作技巧，采取股价瞬间的巨幅震荡和各类图形形态组合的方式，刻意来误导场外的散户投资者。并会适当地保持上市公司信息面处于真空状态，市场上股价的大起大落，此时常常会让散户投资者心绪不定，进退两难。

（6）拉升：拉升的过程比较短，速度也比较快，大多数主力都喜欢借助于大盘的上扬惯性，这样比较轻松和容易，为下一个出货步骤做好铺垫。

（7）出货：主力准备出货之际，经常会通过各种渠道来散播各种“利好”消息，引诱场外的散户投资者进场接货，慢慢使自己手中持有的“底仓”大比例的流向散户手中，最终实现自身出局套现获利的目的。

（8）反弹：主力不可能一次完成出货，在股价下跌 30% 左右后，将出现反弹行情，但是这个阶段的特征就是价升量减，上涨不能连续，这是一个多头陷阱，这也是没有卖掉股票的散户最后的“逃命”机会。

（9）砸盘：主力前面出货基本已完成了 90% 以上，因此剩下来 10% 的股票成本是非常低的，因此完全可以不考虑价位全部清仓。虽然可能会使自己的获利减少一部分，但是却能够及时兑换自身持有的所有股而获利。

（10）扫尾：扫尾基本上就属于打扫战场的性质了，一方面清理战果，同时为下一次运作做准备。有时候，为了适当地调整一下持仓结构，同时为了吸引更多的跟风者介入，以便更多地出货，主力还会在扫尾前进行反弹操作，即主力常常会有低抛高吸的市场行为。

专家提醒：主力风格多种各样，并不是每个主力都要经过这十个阶段。另外，主力流程的步骤和顺序不是绝对的，比如试盘，可以是拉升前的试盘，也可以是下跌前的试盘。

11.1.2 轻松读懂主力的几种盘口语言

盘口语言是指资金在进行股票交易时的运动方式。只有在盘中频频出现大资金运动的个股，才会在其走势中流露出盘口语言，这才是投资者应该真正重点关注的对象。如果说主力的实力大小全凭资金说话，那么主力的说话方式就是盘口语言。对于一只股票来说，投资者可以通过盘口语言发现其有主力还是没有主力、是大主力还是小主力等。

对自己关注的个股必须长期跟踪，紧盯盘口，方能深入了解主力的盘口语言，读懂它的说话方式，同时这也是成为一个成功者的基本功。如表 11–1 所示为盘口语言的简单分类。

表 11–1　盘口语言的简单分类

盘口语言	基本含义
承	“承”是指主力或在下方（挂买盘）承接。出现“承”时的资金通常是实盘，是主力的建仓盘。“承”按走势划分有下跌式、横盘式、推高式；按力度大小划分有大单承接式、小单承接式；按时间划分有连续式、间隔式等
护	“护”即护盘，就是主力资金托住股价不使其下跌过多。护盘往往出现在主力刚想拉升时，突遇大势不好，或个股突遇利空消息打压；也见于主力因各种因素将股价打压到自己的成本价附近，不让场外客买入比自己更廉价的筹码而护盘。“护”按走势划分有下跌抵抗式、横盘式；按时间划分有尾盘式、早盘式；按功能划分有实盘式、虚盘式等
吸	“吸”多见于吸筹阶段。“吸”有多种方式，比如打压吸筹、拉高吸筹等。“吸”这种盘口语言是较难掌握的，特别是打压吸筹和拉高吸筹，与“出货”之间的区别很难分清。“吸”按走势划分有横盘吸筹、打压吸筹、拉高吸筹；按开盘方式划分有低开高走式、高开低走式；按力度划分有强吸式、缓吸式等

续表

盘口语言	基本含义
转	"转"又称对倒或对敲，多见于拉高阶段、派发阶段。不要看盘中买盘一浪高过一浪，但主力的筹码并没有增加，一手进一手出而已，有时甚至在减少。根据主力的目的不同，"转"有不增仓位的转、适量增仓的转和派发筹码的转等不同方式
停	"停"即指涨停或跌停，对股价的走势意义重大。例如，开盘即巨量涨停，第二天可适当追涨；巨量跌停，则绝不可买入。"停"按时间划分有开盘即涨停或跌停、早盘停、午盘停、尾盘停等；按挂单量划分有巨量停、少量停等
震	顾名思义，即大幅震荡。"震"的目的主要有震仓和震荡出货两种，两者的差别如下： ● 看股价从启动以来到现在的涨幅有多少：一般来讲，如只有不到 50%（根据市场力道强弱适当调整）的涨幅，多为震仓；如有 70% 以上或 100% 甚至更多的涨幅，则多为震荡出货。 ● 看盘口：震仓时筹码是进多于出，至少不进不出，震荡出货则大单频频，抛盘沉重，虚进实出
异	"异"指有别于常规的走势，如大幅高开，然后迅速拉至正常价位。出现异常交易情况的个股，除了个别因投资者偶尔失误之外，应是主力刻意为之。根据其价位及市场情况，在很大程度上可以猜测到主力的目的所在

投资者之所以要善于读懂主力的盘口语言，就是为了确定资金流向的真实性。另外，在分析盘口语言时，投资者必须结合 K 线组合、单笔成交股数等其他行之有效的分析办法，才能更有效地分析主力的行动目的。

11.1.3 了解主力的人员组成和选股依据

要了解主力操作流程，就必须先清楚主力的人员组成。股市上的主力主要是指有能耐操控个股涨跌，甚至是大盘走势的一小群人，包括机构、炒家、主力或者上市公司本身。

一般来说，不同类型的主力，如政府背景的主力、基金主力、券商主力或是上市公司主力、私募等，其人员分工差异很大。常见的可以分为以下这几个角色：总管、调研人员、公关人员、调资员和操盘手五种。

主力一般都独具慧眼，会看中那些久久在低位横盘，每日成交量如豆粒状的个股。这样的个股，散户都不太注意，或者视之为鸡肋，但是正是这类股票，一旦被炒醒，不用扬鞭自奋蹄，便会势如破竹，价格会快速飙升。

主力用资金这只"看不见的手"决定着某只个股是否有行情以及行情的大小。

因此，散户选股时不能单从个人喜好出发，应首先查看主力喜欢什么样的股票，买入有实力的主力介入的股票。

选择目标股的实质就是对市场信息和自身研发能力的评判。主力会对目标股的基本面及其改观潜力、技术面、题材和概念、操作价值等方面进行全面考察，最后确定最恰当的介入时间，如表 11-2 所示。

表 11-2 选股依据

依据	名词解释
基本面及其改观潜力	首先，综合考虑宏观经济环境、市场人气、公司情况等方面的因素。其次，主力会重视分析个股募股配股资金产生效益的质量与时间；未分配利润及资本公积金，净资产值；有无送股历史，流通股比例；基本面有无改观潜力
流通盘技术分析	主力总是选择总流通股与自己拥有的资金实力合适的品种进行考察，并会考察筹码的分布情况，分析目标个股当前走势，考察目标个股是处于下跌过程，还是已经初步完成控底
题材和概念	在主力的操作步骤中，出货是最为关键的一环，因此题材的选用也是十分重要。每天都可以在各个媒体上看到或是听到各种各样的题材和概念，这些都是主力利用出货的借口
操作价值	主力在资金使用效率上的要求一般都比较高，而且必须少有失误。许多主力选股时偏好那些股性活跃、包袱较轻的个股，以求稳定。特别是在股价处于高位或是低位时，主力会坚决地逆反操作

专家提醒：主力通常会研究炒作对象，等待最佳时机介入股市。在主力看来，摸准行情配合大盘炒作比控制行情更为重要。主力在选择进场时机时，应主要考虑以下三个因素。

（1）考察国民经济状况

好的经济环境也能鼓舞市场参与者的信心，吸引更多的投资者介入市场，活跃股市，这有利于主力的操作。

（2）借助中期上涨大势

在大行情之前没有动手，主力会在大势中途借助于上涨之中的调整及时介入。

（3）上市公司的利空消息

主力会别有用心地夸大各种消息、题材，渲染效果，让散户们心生惶恐，主力就达到借助利空打压吸筹和借助利多拉高出货的目的。

11.1.4 怎样看穿主力资金的流向

炒股的核心是资金，主力资金的整体占比其实非常小，不到 20%，但资金量超过 80% 的散户却永远“玩”不过主力，因为主力资金可以形成一个方向的合力，甚至能主导一个方向，但散户永远是不定向的，永远是多空分歧的一盘散沙，无法拥有主导权。

所以，我们要做的其实是紧跟主力节奏，去做有主力机构介入的股票。散户的资金量小，进出都比较容易，这是我们在股票市场里唯一的优势，我们要充分利用这个优势。

可以快速跟进已经有主力介入的股票，也可以马上卖出已经有主力逃跑迹象的股票，这些在盘口的数据里其实都是可以观察到的。

既然想知道主力资金的动向，我们就得先知道主力是谁。基金、私募、券商、信托、保险、外资、游资、牛散等，这些都是主力，他们的风格也各不相同，大多数主力都是中长线投资，游资打涨停板做超短线的比较多。

从哪里能看到主力资金的动向呢？一般在下面几个地方——上市公司财报、龙虎榜、数据中心、成交量。

我们看到上市公司财报的时候，往往已经是几个月之前的事情了，非常滞后；龙虎榜里有机构席位和营业部，机构席位往往是基金或券商自营，营业部就是游资；数据中心可以看到外资的具体流向；成交量的放大一定伴随着主力的动作。

跟随不一样的主力，当然就有不一样的操盘手法。游资是典型的超短线打板型手法，作风狠辣，“妖”股基本上都是他们搞出来的。

很多人喜欢看龙虎榜，其实游资打板的这种操作方式并不适合散户，成功率要很高才能赚钱，因为如果做错一笔，有可能会亏很多钱，风险收益往往都是成正比的。哪怕是极为出名的游资，也有折戟沉沙的时候，而且屡见不鲜。所以不要疯狂的迷信主力，亏钱甚至亏光的主力不计其数，每年的龙虎榜都会有更新换代，这是纯粹的投机行为，甚至类似于赌博。

此外，游资资金体量一般，但足以搅动盘子不太大的个股，即使这样他们也有可能亏损，更别提我们这种一点话语权没有，只能跟风的小散户了。

主力基本上投的都是绩优白马股，大型的国企等，但也不要觉得有主力的公司就一定好，主力的操盘手一样也规避不了财务造假或者董事长被抓等这些“黑天鹅事件”。

这里要说一点，主力护盘这个词已经被大家用烂了，通常我们确定是主力护盘的情况只有一个，那就是“石化双雄”和工商银行放量暴力拉升，其他的基本上都是游资所为，有人觉得证券板块暴涨也是主力护盘，这只是想象而已，证券板块的每次暴拉往往都是游资的行为，看龙虎榜就能知道。

其他的一些主流资金基本都会以中长线为主，有些主力建仓周期甚至都要几个月，甚至几年，他们是真正有投资价值的主要玩家。我们要找到有主力资金介入的优质上市公司，跟着主力操作，这样赚钱的概率就会更大。

11.1.5 操盘高手巧用“换手率”识别强主力股

换手率也称为周转率，是指在一定时间内市场中股票转手买卖的频率，是反映股票流通性强弱的指标之一。其具体判断方法可以从换手率与股价走势关系以及累计换手率值两个方面进行。

1. 换手率与股价走势关系

挖掘领涨板块首先要做的就是挖掘热门板块，判断是否属于热门股的有效指标之一便是换手率。对于换手率与股价走势关系，可以参考如图 11-2 所示的数据。

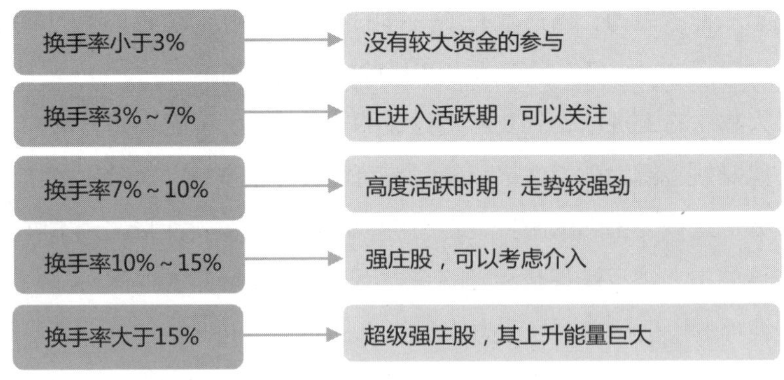

• 图 11-2 换手率与股价走势关系

> **专家提醒：** 投资者需要注意的是，强主力股在不同的市场环境下，其定义不同。在强势市场环境下，涨幅翻倍的股票属于强主力股；在弱势市场环境下，涨幅超过同期大盘走势的股票属强主力股。因此，在定义强主力股的时候，必须要考虑同期大盘的走势。

投资者在选股的时候可以将每天换手率连续成倍放大的个股放进自选或者笔记本中，再根据一些基本面以及其他技术面结合起来选出其中的最佳品种。

2. 累计换手率值

换手率在市场中是很重要的参考数据，应该说它远比技术指标和技术图形更靠得住，假如从造假成本的角度考虑，尽管印花税、佣金已大幅降低，但成交量越大所缴纳的费用就越高是不争的事实。

假如在 K 线图上的技术指标、图形、成交量三个要素中选择，主力必定是最没有办法时才会用成交量来骗人。因此，研判成交量甚至换手率对于判定一只股票的未来成长是有很大帮助的。

在 3 ~ 5 个月之内，股票的换手率如果累计超过了 200%，近期股票换手率高于前一阶段股票换手率的 80% 以上，且这种换手率呈继续增加的趋势，此时也可以判断该股票可能有主力入驻。

底部放量的股票，其换手率高，表明新资金介入的迹象较为明显，未来的上涨空间相对较大，越是底部换手充分，上行中的抛压越轻。此外，强势股代表市场的热点，因此有必要对它们加以重点关注。

专家提醒：换手率高一般意味着股票流通性好，进出市场比较容易，不会出现想买买不到、想卖卖不出的现象，具有较强的变现能力。值得注意的是，换手率较高的股票，往往也是短线资金追逐的对象，投机性较强，股价起伏较大，风险也相对较高。

11.1.6 如何用成交量判断强主力股洗盘

通常情况下，随着股价上涨，成交量会同步放大，某些主力控盘的个股随着股价上涨，成交量反而缩小，股价往往能一涨再涨，对这些个股可重势不重价；主力持有大量筹码的个股，只要在其上涨过程中不放大量，就可一路持有。

如图 11-3 所示为同济科技（600846），其股价经过大幅下跌后期，成交量急速萎缩，不久后股价止跌企稳，在上升过程中，成交量明显增大并突破 135 日均量线，资金发生异动。之后，股价在 6.50 ~ 7.50 元价位区间附近大幅波动，说明该股可能有主力入驻，投资者可以做好介入准备。随后，股票放量突破前期盘整高点走高，后市股价在 60 日平均线上方大幅拉升。

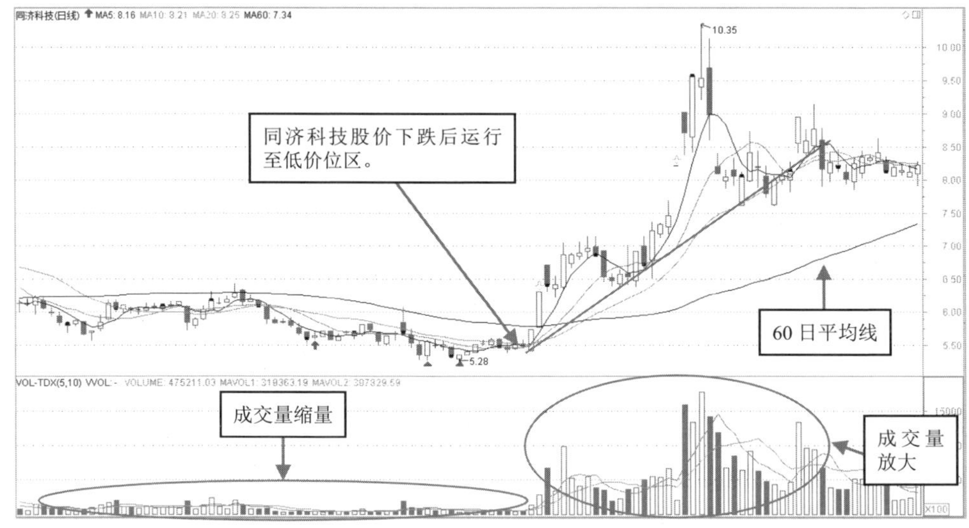

• 图 11-3　同济科技日 K 线

专家提醒：股价在大幅下跌的过程中，成交量并不大，当运行到底部横盘整理时，成交量较前期下跌过程明显增大，且股价间断性地出现宽幅振荡，同时多次出现较大的成交量，但股价并未出现明显上涨，此时可以判断庄家可能进场。

11.2 寻找主力方向，轻松与主力共舞

作为散户，在这个高风险的股票市场中，应当有自己的撒手锏来对付主力的各种手法。孙子曰“知己知彼，百战不殆。”本节将重点介绍主力的关键步骤，为散户提供了解主力的窗口，提高散户的操作技巧。

11.2.1 识别主力建仓盘面：从此做到一买就涨

主力控盘的前提是要收集筹码并建仓，只有收集够控盘所需的筹码，才便于将来其他操作。如表 11-3 所示为分析了主力建仓的五种常用方式。

主力建仓是一个筹码换手的过程，主力买入，散户卖出，主力的吸筹建仓区域就是所持股票的成本区。因此，主力总是会想尽一切可能的办法来降低持仓成本。

主力在建仓时所走出的 K 线形态和分时图，犹如一个人在雪地上行走一样，

不可能踏雪无痕，必然会留下痕迹，而一旦主力开始对一只股票建仓，也必然会通过 K 线形态及分时图反映出来。

表 11-3　主力建仓的五种常用方式

建仓方式	基本方法
拉高建仓	让投资者获利，使短线投资者出局，拉升段成交密集，说明主力在建仓。拉高建仓后期，股价一般长势凶猛
反弹建仓	主力采用股价反弹的方式建仓，即主力拉高股价，利用市场散户的“反弹出货”或“高抛低吸”的弱点，几次大量吸纳市场外抛出的筹码
拉锯建仓	主力在很短的时间内把股价拉上去，又快速砸下来，来不及反应的散户只好匆匆离场而去，将筹码送给主力
横盘震荡建仓	主力在某一个价格高点挂出大量卖单，给股价上行带来压力。同时在某一个价格低点挂出大量买单，使股价在一个箱体内做小幅震荡整理，K 线图上的走势几乎呈一条横线运行
潜伏底建仓	主力战略性建仓后，先打压股价，之后基本不主动操作，使个股仿佛处于“无主力”的状态，导致散户纷纷抛出手中的筹码。待时机成熟后，主力只需再最后收集一部分筹码，便能轻松控盘

专家提醒： 一般来说，随着股价上涨，成交量会同步放大，某些主力控盘的个股随着股价上涨，成交反而缩小，股价往往能一涨再涨，对这些个股可重势不重价；主力持有大量筹码的个股，只要在其上涨过程中不放大量，就可一路持有。

11.2.2　认清主力整理盘面：看出股价的抬头迹象

在主力介入建仓后，股价出现一定的上涨，为降低后期拉升的成本，主力通常会进行多次洗盘来清理浮筹，使那些持股意志不坚定的获利盘和跟风盘退出。横盘洗盘的目的主要是让普通投资者在相对低位卖出手中筹码，其手法是通过长时间的横盘震荡来“折磨”普通投资者的持股耐心和信心，事实上，有绝大部分普通投资者在横盘震荡的区域乖乖地向主力交出了手中的低价筹码。

下面介绍两种主力常用的横盘整理方法。

1. 短线暴跌整理

主力采用短线暴跌洗盘的目的是将在低位买入股票的投资者清理出局，让他们在相对高位将股票卖给新入场的普通投资者，从而提高普通投资者的持仓成本，主力此时也会逢低吸纳一些筹码。在这个过程中，成交量基本都是缩量，且股价不能跌破均线的支撑，及时跌破也要很快拉回，否则下跌趋势将继续。

如图 11-4 所示为兴发集团（600141）股价运行到相对高点后回落，随后连收三根阴线，形成“黑三鸦”形态，之后大阴线跌破短线均线。

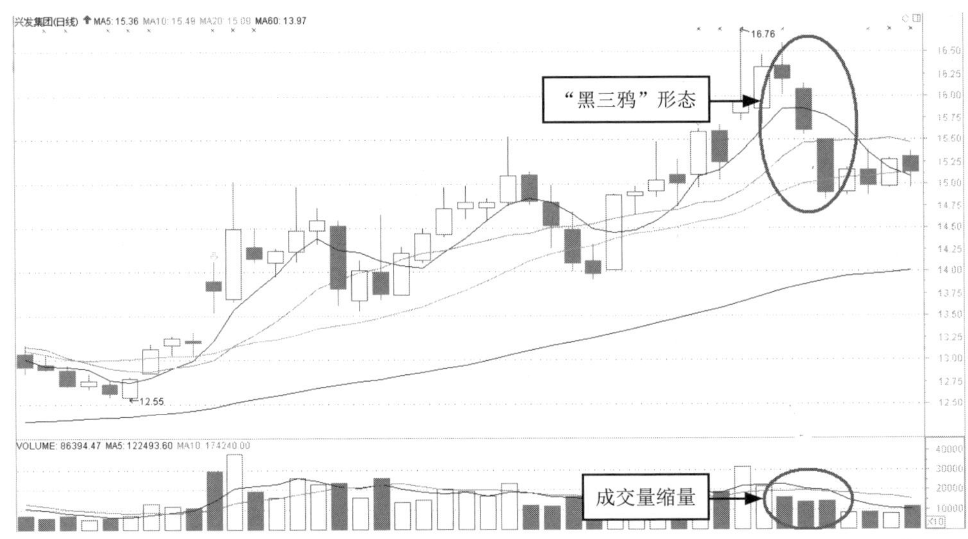

• 图 11-4 兴发集团 K 线图（1）

之后股价跳空低开低走收大阴线，缩量跌破 60 日平均线，短短数日股价跌幅超过 10%，如图 11-5 所示。

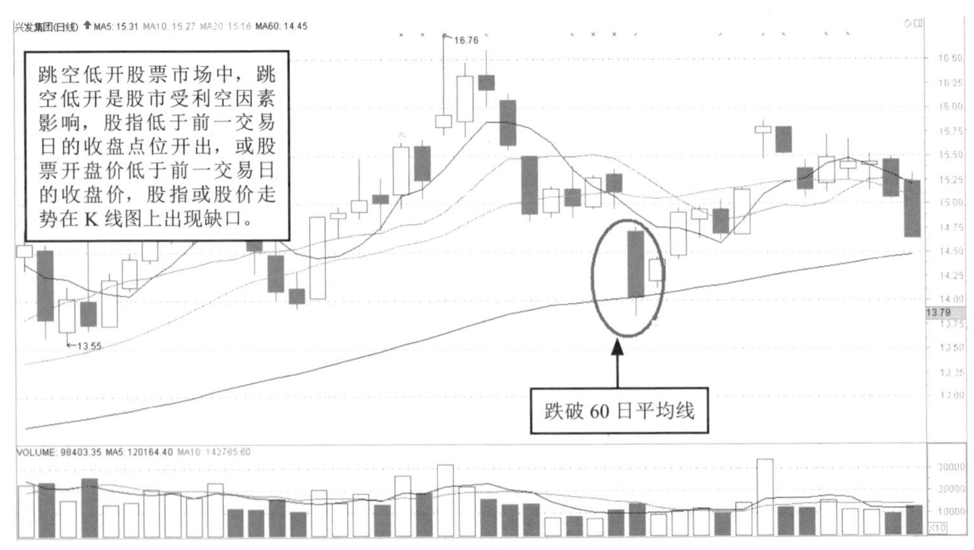

• 图 11-5 兴发集团 K 线图（2）

股价在 60 日平均线位置获得支撑之后股价温和放量拉升，成交量突破 135 日平均线。随后，股价依托 5 日平均线在 60 日平均线上方攀升，投资者回调介入后在股价上涨的任何位置抛售均可获利，如图 11-6 所示。

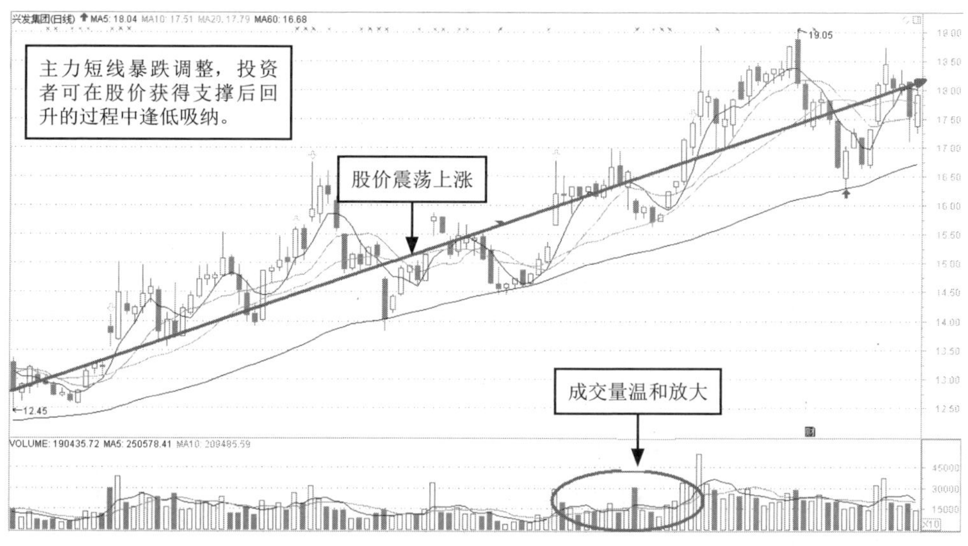

• 图 11-6 兴发集团 K 线图（3）

专家提醒：在短线暴跌洗盘期间，主力在低位买入的筹码并未抛出，而现实交易中也确实有大量投资者在大盘及个股短线暴跌的过程中卖出了股票，又有不少投资者在相对低位抢反弹买入股票，但这个“相对低位”仍比主力的平均持筹成本要高，这部分投资者在日后主力拉抬股价的过程中客观上也相当于帮助主力锁定了筹码。

2. 缩量横盘整理

缩量横盘整理主要是股价在上升过程中出现缩量横盘的形态，主力采用该方式洗盘，主要是通过较长时间的滞涨，使前期获利盘失去持股耐心而抛售手中的筹码。

主力通过放量洗盘可以清除许多低成本的获利盘，同时也在巨量出现时进行加仓买入，但这种放量洗盘也会给其他聪明的机构逢低买入的机会，造成原有主力手中筹码的丢失，有一定的危险性。

如图 11-7 所示为神州数码（000034）K 线走势图，图中出现了明显的主力缩量横盘整理过程。

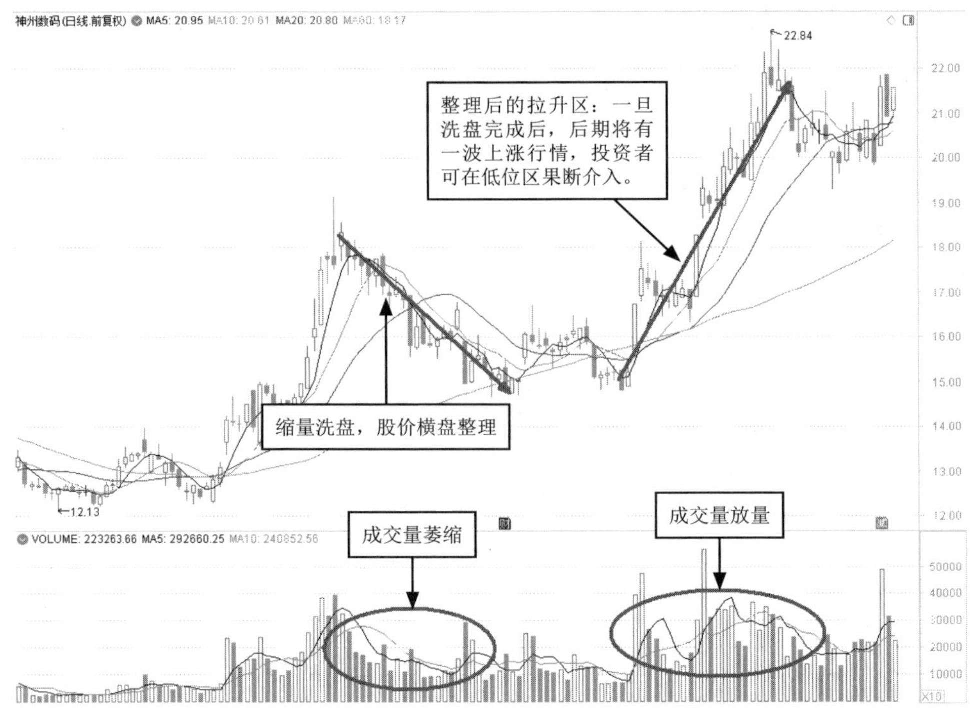

• 图 11-7 缩量横盘整理

主力为了既达到洗盘目的又不失去手中的筹码，就会采取另一种无量洗盘的方法。无量洗盘的 K 线形态使主力在股价下跌的过程中成交量越来越小，与前期的放量相比，当前的量能大幅萎缩，缩量洗盘在技术形态上很容易区分。此时，投资者在买入的安全性方面也比放量买入的安全性要高得多，因为主力是无法在不断萎缩的成交量中完成出货操作的。

11.2.3 发掘主力拉升盘面：逢低介入，短期持有也可以获利

在股市中，主力可以通过操盘手段主动拉升股价，而散户只能等待股价上涨。因此，在前期未介入的散户投资者，在这个阶段逢低介入，短期持有也会获利。

一般来讲，主力在盘中拉高股价时往往多采用急速拉高、缓慢拉高、波段拉高和震荡式拉高的手法，但无论其使用何种拉高手法，都必须有成交量的配合，没有成交量的配合就无法推动股价的上涨。

下面介绍两种主力常用的拉升盘面方法。

1. 急速拉升

急速拉升是指主力在短时间内使用大量的成交量大幅拉升股价，甚至涨停。一般情况下，如果出现这种情况，说明主力的资金实力雄厚，在拉升初期，投资者可建仓介入，持股待涨。

如图 11-8 所示为中国宝安（000009）的急速拉升盘面分析。

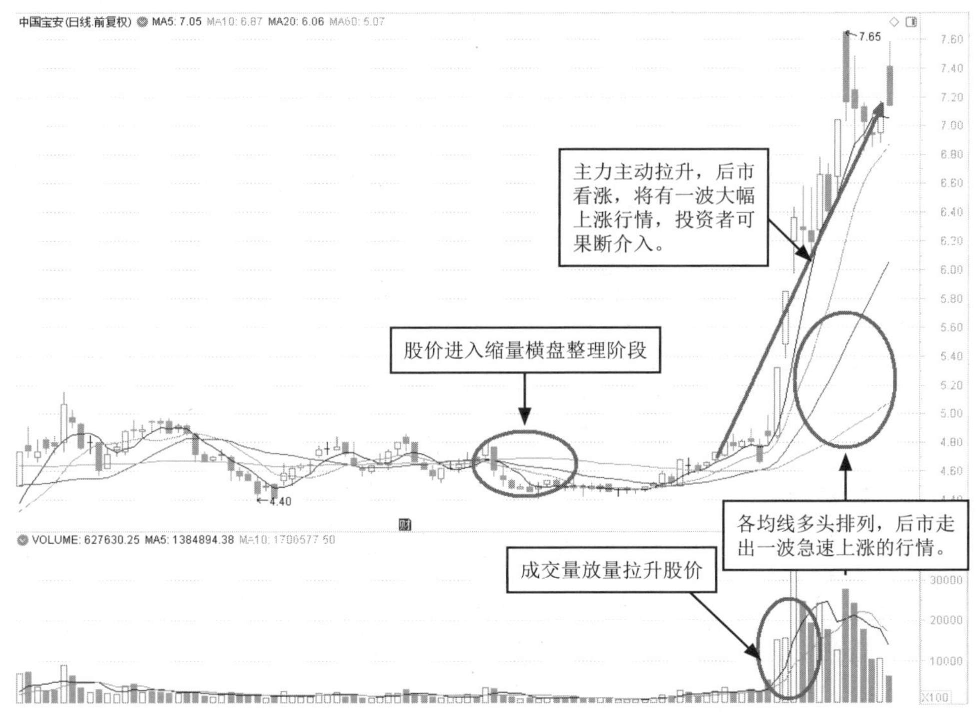

• 图 11-8　急速拉升盘面分析

当然，主力绝对控盘的股票及短期内市场一致看好的股票在短期暴涨时会出现缩量上涨的情况，主要是因为市场筹码被高度锁定的原因，这在日 K 线图中不易看得出来，但在分时图上依然可看出有成交量的配合，如图 11-9 所示。

投资者可以从日 K 线图中找到主力的拉高动作信号，但仅从日 K 线图中来进行分析还是不够的，也是不及时的。投资者还必须将其细化到当天的分时图中，通过对当天的分时图进行分析，就能进一步并且在第一时间抓住主力拉高时的种种迹象，从而抢占先机，把握市场主动权。

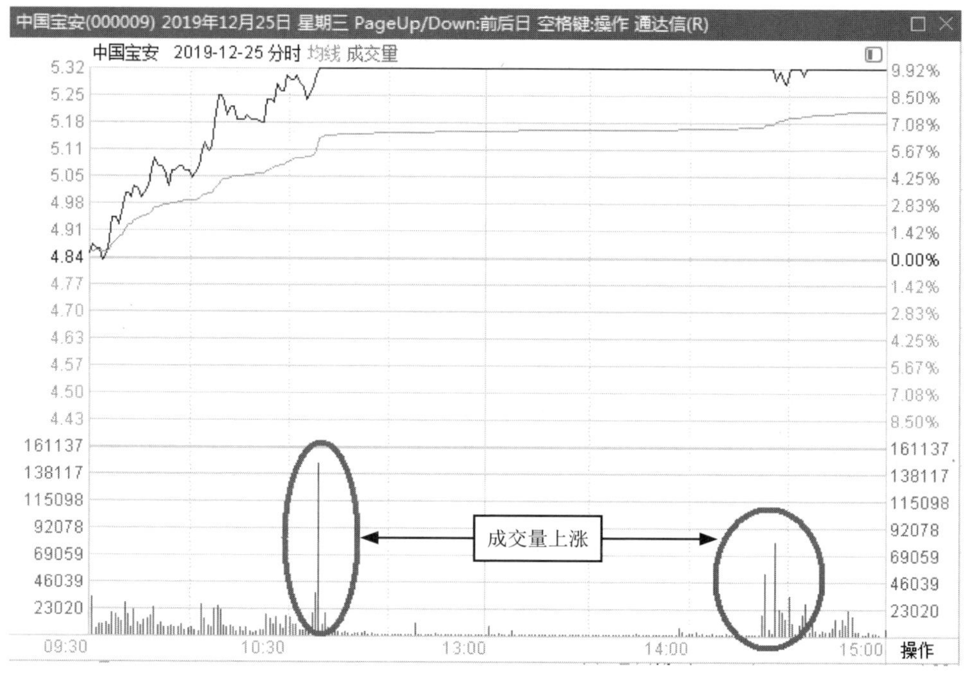

• 图 11-9 急速拉升分时图

2. 对敲拉升

对敲拉升主要是利用成交量制造有利于主力的股票价位，对敲拉升有一个显著特点：早盘时一般卖盘大于买盘，而尾盘却是买盘大于卖盘，在 5 分钟 K 线图中常常出现连续的小阳线，实体相近而无大起大落的迹象，并且该股会有价量同步上升的情况。

专家提醒：主力拉升控盘阶段的特征如下。

（1）拉升阶段初期的典型特征：成交量稳步放大，股价稳步攀升，K 线平均线系统处于完全多头排列的状态，或即将处于完全多头排列的状态，阳线出现次数多于阴线出现次数。

（2）拉升阶段中后期的典型特征：伴随着一系列的洗盘之后，股价上涨幅度越来越大，上升角度越来越陡，成交量越来越大。当个股的交易火热，成交量大得惊人之时，大幅拉升阶段也就快结束了，因为买盘的后续资金一旦用完，卖压就会倾泻而下。因此，此阶段后期的交易策略是坚决不进货，如果持筹在手，则应时刻寻找机会出货。

如图 11-10 所示为思达高科（现更名为智度股份（000676））的对敲拉升盘面分析。

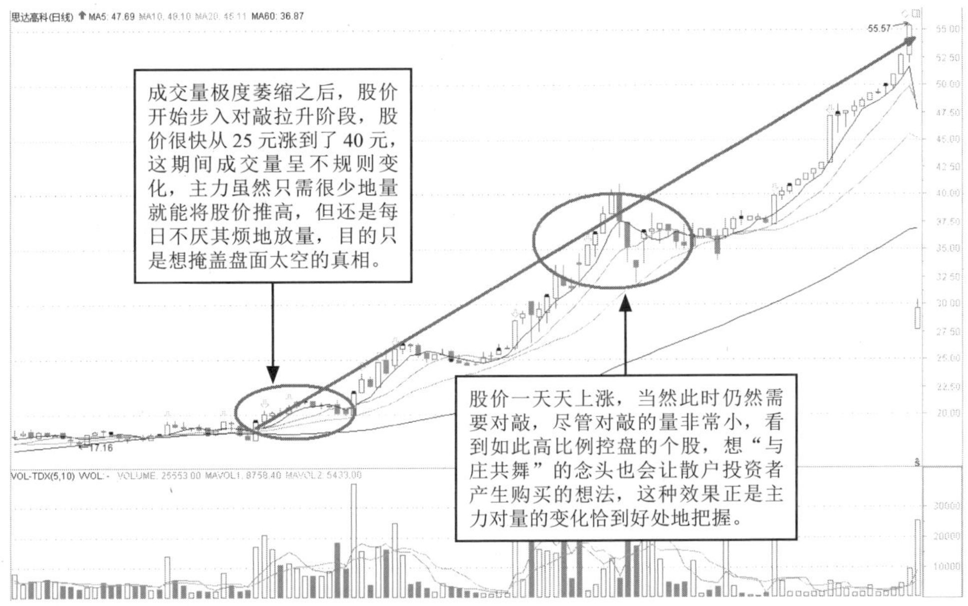

• 图 11-10　对敲拉升盘面分析

11.2.4　小心主力出货盘面：不抱幻想，走为上策

主力将股价拉升到预期高位时就会抛售手中的筹码，为了能够保证顺利出货，通常会制造一些向好的股价形态误导场外资金追踪入场承接主力抛盘。因此，洞察主力出货的操盘手段，可以避免高位套牢。

1. 拉高出货

拉高出货又称诱多出货，是主力较为隐蔽的一种出货方式，采用这种出货方式的股票一般为强主力股，同时股票本身通常有较好的后续题材的配合。

如图 11-11 所示为德赛电池（000049）的拉高出货盘面分析。

> **专家提醒：** 拉高出货的特点是股价前期都有过不小的涨幅或者说是经过一波拉升，在接近阶段性顶部时股价快速拉升，同时量能较前期拉升时有明显放大或经过前期大幅拉升后股价做平台整理，但平台整理时量能并没有缩小，然后再度拉升，量能较前期拉升时有明显放大但股价却没有相应的涨幅。当股市出现这种情况时，投资者一定要提高警惕，严密跟踪，因为此时主力随时都可能出货。

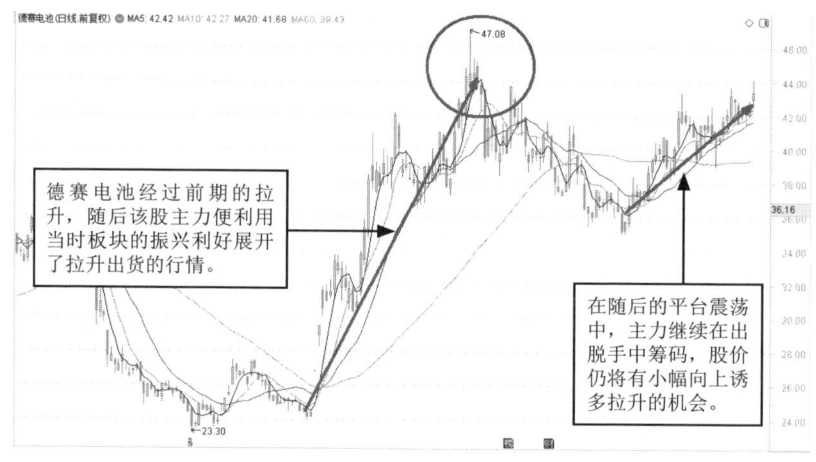

• 图 11-11　拉高出货盘面分析

2. 震荡出货

震荡出货的方式包括高位平台（小区域）震荡出货、高位横盘（中级区域，两个交易周以上）震荡出货、“低位”（利用除权）震荡出货几种。这种出货的共同特点都是放量滞涨，其盘整的时间长短由主力所持筹码的数量而定，一旦在高位出现这种情况，主力出货的概率极大，投资者最好紧跟离场。

如图 11-12 所示为深圳机场（000089）的震荡出货盘面分析。

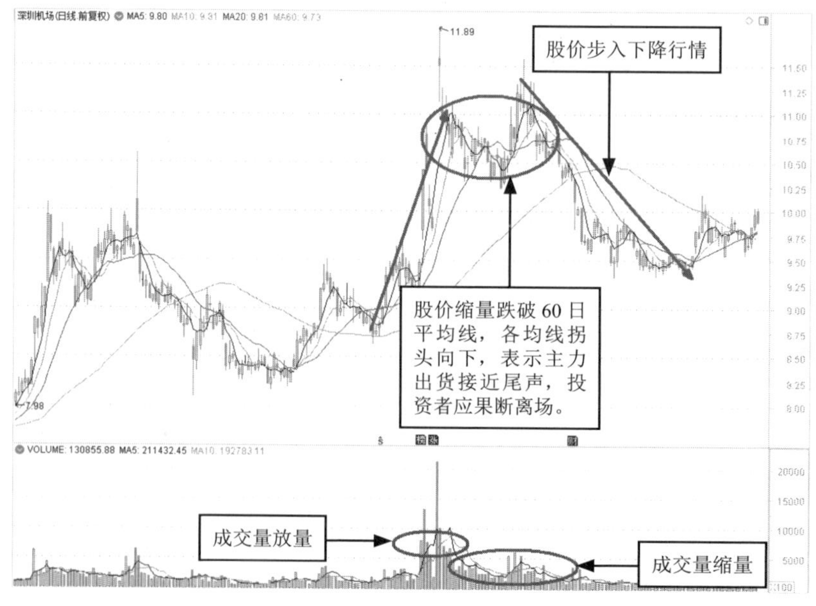

• 图 11-12　震荡出货盘面分析

通过在高位区域震荡出货的股票对主力来说主要有以下两大优势。

（1）优势一：可以将股价卖个好价钱。

（2）优势二：主力手中筹码较多，通过反复震荡的方法可以出脱较多的筹码。

在主力股中，震荡出货方式与其他几种出货方式相比，是主力运用得较多的一种出货方式，值得投资者认真研究。

专家提醒：投资者需要注意的是，同一个主力在出货时使用的手法并不是固定不变的，有时也交替使用，具体使用哪一种手法要根据大盘和个股本身的情况及主力自己的需要来确定。上面所列举的几种出货方式，并不能完整地描述主力出货的所有细节，而且主力出货的手法也在不断更新，投资者切不能以“窥一斑而知全豹”的眼光去看待主力出货的问题。

第12章

揭露股市陷阱，始终把本金安全放在首位

无论在移动端还是在电脑端，我们与“财”之间的距离越来越近，若投资者使用软件不当，很容易损失自己的股票财产。同时，一些不法分子针对炒股投资者设置了大量陷阱。因此，每个投资者都要做好炒股的误区和风险的防范工作，并把本金安全放在首位。

 如何正确认识和防范股市风险

股市风险通常指投资者进入股票市场后，在买卖操作中所面临的不能盈利甚至无法收回成本的危险，主要体现在股民以一定价格买入某只股票后，股票价格大跌，结果不能以高于买入时的价格将股票卖出，发生套牢现象。那么股市风险有哪些？如何认识和防范呢？本节主要介绍正确认识和防范股市风险的相关知识。

12.1.1 什么是股市风险

风险，是指遭受损失或损害的可能性。从风险的定义来看，股票投资风险主要有两种：一种是投资者的收益和本金的可能性损失；另一种是投资者的收益和本金的购买力的可能性损失。

股票投资风险具有明显的两重性，即它的存在是客观的、绝对的，又是主观的、相对的；它既是不可完全避免的，又是可以控制的。投资者对股票风险的控制就是针对风险的两重性，运用一系列投资策略和技术手段把承受风险的成本降到最低限度。

12.1.2 股市的风险来自哪里

俗话说“成也股票，败也股票”，直接反映了股票高风险和高收益的特色。为了尽最大可能地规避风险并获得利润，投资者需要了解各种常见的股市风险，如表 12-1 所示。

表 12-1 常见的股市风险

风险	名词解释
不可分散风险	指发生原因跟上市公司无关的市场风险，一般会导致股市上所有股票价格的下跌，影响面较大

续表

风险	名词解释
可分散风险	可分散风险是与整个股票市场的波动无关的风险，一般只是造成个别股票价格下跌，从而给该股票的持有人带来损失的风险
客观风险	客观风险的内容比较复杂，包括不可分散风险和可分散风险，此外传言也是客观风险
主观风险	主观风险主要源于投资者对于股市的认识和心理上的误区。很多新入市的股民具有只在牛市购买股票、只买便宜的股票、过分依赖技术分析、不设止损点和止盈点等风险

专家提醒： 人们常说：在股市上，凡夫的直觉有时会胜过行家的理论。亚当理论的创立者韦尔德在研究了多年技术分析之后，最终把自己的研究成果全盘否定。就是因为他认为在股市中趋势是不可能被预测的，所有的分析工具都有不可避免的缺陷，任何分析工具都不可能绝对准确地预测出股市的走向。

技术分析里面所有的数据、图表只代表过去，只是对过去信息的反映，对于未来的预测只是有一定概率的可能，而相对于变幻莫测的股市，没有什么是不可能发生的。对于技术分析，股民要辩证地看待，将技术分析结果与实际走势相结合，顺势而为，尽可能地规避风险。

12.1.3 股市风险一如既往，如何避免被股市套牢

风险与陷阱的存在是无法改变的，但是投资者可以应用相关经验和知识，尽可能地避免风险与防范陷阱。

1. 掌握证券专业知识

新入市的投资者在进行股票交易之前，要规避风险，并从投资中得到收益，必须做到以下两点。

（1）详细的了解和认知相应的股票知识，才能了解其风险与陷阱所在。

（2）根据一定的专业知识，进行分析和规避这些风险和陷阱。

2. 避免股市操作误区

尽管许多普通投资者在入市后谨慎再谨慎，却还是有不少资产随着指数涨落而如流水般失去。这主要是因为很多投资者在实战操作中都存在或大或小的误区，下面来看看投资者在股市中有哪些常见误区。

（1）没有止损概念

止损和止盈的设置是非常重要的，很多投资者总是幻想在最低点买进，在最高点卖出，认识不到股场如战场，当破位时一定要立即止损。

（2）只买便宜的股票

须知股票的低价格只是相较前期而言，如果上档套牢盘过重，股票上升动能不足以冲过阻力区，股价也很难上涨，盲目地只根据价格便宜而购买这类股票只会给投资者带来更大的损失。

（3）喜欢预测大盘

很多投资者喜欢通过技术分析“预测”股票价格。其实，对于技术分析，投资者要辩证地看待，将技术分析结果与实际走势相结合，顺势而为，尽可能地规避风险。

（4）被套时，等解套后再卖

从技术上讲等待深套的股票解套是不可取的，投资者不能被动地等待结果，积极采取措施才是正道。

（5）跟踪购买热门股票

通常在热门股票上涨前后 15 分钟左右的短时间就需要购买，当普通的投资者发现热门股票时，往往已经错过最好的买入时机。

3. 分析环境把握时机

俗话说“选股不如选时”，选择好的投资时机，可以降低所选股票出现下跌的可能性，可以有效地规避系统风险。要把握大体的投资时机，投资者可以注意以下两个细节。

（1）政治因素

政治因素很容易影响社会的稳定，如果政权更迭给社会带来动荡，则股市会发生下跌。

（2）物价上涨

一般情况下，物价上涨后，一般与其相对应类型的股价随之上涨；物价下跌，与其相对应的股价随之下跌。

投资者要适当关心政治事件、通货膨胀、物价变动等大环境，培养对国家大事和国际时事的敏感度，了解国家政策实施和经济发展，对宏观政治、经济变动给经济形势可能带来的影响有敏锐的判断力。

4. 选择合适的投资方式

股市毕竟是一个高风险的地方，即使采取再多的技巧、学习再多的理论，也不可避免地会遭遇风险。选择合适的投资方式，能够有效地规避股市中的各种风险。

（1）采用多样化的投资方式

对不同的股票根据其特点使用不同的投资方式，通过多样化的投资方式可以达到分散风险的目的。投资者不能只采取单一的投资方式，还要长线、中线和短线多种投资方式相结合。

（2）分散投资，并留够备用资金

分散投资的目的是分散风险，降低风险，规避风险，其方法是将不同证券组成投资组合。当然，风险也不是越分散越好，而是应适可而止。对本金不多的散户应相对集中，这样相对成本低，容易形成规模效益。

5. 制定合理投资方案

实际上有很多投资者在买入股票时，通常是乱买一通，在自己的账户里买了多种不同的股票，但结果往往是购买了一大堆亏损的股票。鉴于每个投资者的年龄、职业、收入以及经济状况等因素各不相同，因此应该要有自己的投资方案：

（1）根据自己的投资能力选择投资策略。

（2）根据自身的财力决定投资规模。

（3）根据可使用时间和资金确定投资周期。

（4）根据自己对风险的承受力决定投资方向、选择投资对象。

（5）根据投资者的精力制定投资方案。

6. 警惕不良咨询机构

全国的股民都在赔钱，而咨询公司却将大把大把的钞票轻松收入囊中，其中玄机，外人难窥门径。

多数股票咨询机构都在遵循着“不炒股票炒股民”的运营方式，他们信奉：如果大家都相信河对面的山上有黄金，你不应该也去淘金，而应该在河上经营渡船。因此，再一次提醒投资者，炒股还是要相信自己，不能轻易相信任何小道消息！

7. 网上炒股注意安全

随着网络发展和电脑的普及，上网的人越来越多，网上股票交易也逐渐成为一种趋势。网上交易的优点很多，操作也很简单，不受地域限制，但是在进行网上交易时，也需要注意其安全性。

（1）保护交易密码

经常更改密码，确保密码不被他人知晓。另外，在利用互联网进行交易时，不要轻易下载来路不明的软件，以免给黑客提供可乘之机。

（2）操作过程须谨慎

当网上交易出现故障，可以通过电话询问行情或者下达交易指令，避免操作不及时引起不必要的损失。

（3）全面退出交易系统

在完成交易后，投资者要正确地退出账户并关闭交易系统，不能给图谋不轨者留下机会。

12.1.4 骗子的套路，如何坑那些新来的“韭菜”

多数人都会在震荡或下跌波段里跌下神坛，不管是谁，要么产品巨亏，身败名裂，要么涉嫌造假，被依法调查。

1. 免费进群送牛股

这类骗术比较简单，一般都是每天说几只强势股，强势股比较容易找，所以只要强势股继续走强成“妖”，他就可以做一个夸张的图片，说自己推荐的股票几天之内上涨百分之几十，连续多少个涨停板，用这类话语给你洗脑。

所以常常有股民问我某某群推荐的股票怎么样，可不可以交会费跟着他们一起做。我观察了一段时间，确实都走得不错，但是我当然不能和他们一起做。因为每天挖掘牛股这事，只要是技术水平好点儿的人都能做，对我来说简直是太简单了。但问题是你在操作的时候，能不能买到，能不能在合适的位置卖出，这是一个大问题。

也许你看到的股票能涨 8 个点，甚至 10 个点，但有的只是冲高一下，你根本无法在高低点位置操作，有的时候是你根本不敢买，当然即使买对了，赚钱的时候你可能是赚点儿小钱就出来了，亏钱的时候可能因为很难卖出导致亏大钱。

只要跟这类人操作过的都知道，虽然天天有“好股”，但费了半天劲也赚不到钱，但你不试试总是觉得心有不甘，觉得这是一个机会。但是你不知道的是，200 个人的群里可能有 100 个人都是他们的营销人员，天天在群里说过去推荐的股票多厉害，还有各种截图，让你看他们的聊天记录看得心里直痒痒。甚至电视里还曝光过 40 多个人骗 1 个人的新闻，利用的就是你的心动和好奇心。

2. 加入会员带你打板

打板是一种很神奇的操盘方法，游资最擅长，尤其龙虎榜上的那些知名游资，做过的成功案例无数。

但打板并不是容易的活儿，知名游资被闷也是常事，每年知名游资也都有更新换代，这种追涨停板的炒股方法可能收益大，但风险也大。

正是因为有这种方法，所以有些团队就开始借着“给你短线大幅拉升的股票”的名义，让你加入成为他们的会员。

开始的时候，为了获取你的信任，“她（通常是美女头像）”会在中午的时候，也就是下午 1 点之前，给你下午开盘拉升的股票；当日收盘后或第二天早上 9 点前给你当天上午要拉升的股票。

他们给你的股票在开盘后通常都会有 4% ~ 10% 的拉升，用不了几天你就会觉得真神，特别想跟他们操作，每天赚点儿钱。

我曾经加入过一个这样的组织，然后整理了他们一个月内给出的股票，并复盘了一下它们的走势，这些股票有如下三个特点。

（1）都是小盘股，而且近期换手不高，极其容易拉升。

（2）当日拉升后，大多数情况会一路下跌，有些能涨停，甚至连板，不过概率很小，基本都会回到当初拉升前的位置。

（3）行情好的时候，这类骗子就会大批量的涌现，而行情差的时候通常他们会销声匿迹。

这“套路”很简单，他们给你看的往往是他们拉高出货的股票，那个时候追进去肯定会“死”。当你花钱成为他们的会员之后，就会给你他们没出干净的股票，而不是他们即将拉高出货的股票。

所以这些人基本上是“股票”+“会费”，两头赚钱。为什么要在行情好的时候做，因为行情好的时候不容易失败，而且成交量往往比较好，出货容易出干净。

这些人不见得一定在市场里赚钱，能不赔钱就不错了，他们赚得更多的是会费，而且这些人都经常换头像，韭菜割一批拉黑一批，再换一批继续“行骗”，是最“缺德”的一帮人。

3. 直播或免费授课

到一定程度开始收割，每个月收几千元钱会费带你操作股票。这类骗子是打擦边球的，他们没资质的不合法，有资质的不合规，根本不让代客理财，但他们依旧做这种事。

行情好了他们带着做一批，没准真能赚钱，但这种行情往往你自己做也可以赚钱；行情差的时候他们亏得一点都不少，所以不要过分相信那些牛人或大神，他们赚的也是你交的会费，能在资本市场赚钱，哪怕是稳定的赚点小钱，他都不用辛苦地带你操盘。

4. 神奇软件抓牛股，一年收你好几万

我有一次在线下讲课，一个女学员说，她听过一个老师的课，那个老师自己研发了一个软件，每天都能抓涨停板，一年使用费 20 万元，那个老师说很便宜，以后会涨价到 40 万元。

这当然是非常极端的例子，但市场上一年使用费几万元、几千元的软件特别多，都鼓吹自己的功能有多强大。

这个世界没有也不可能有一种方法“一招鲜，吃遍天”，因为市场是不断变化的，趋势不同，操作方法也不同。所以某种方法在任何时候、大盘任何位置、任何趋势的情况下都能表现优秀，那是不可能的，任何技术指标、量化模型都有其局限性，有的适合震荡市，有的适合牛熊市。

投资者不要迷信软件，找到适合自己的方法，不断调整自己的操作策略，在牛市的时候用哪种策略，熊市的时候怎么操作，震荡市的时候如何买卖股票……明白这些，你就可以在股市里赚到钱，软件只是辅助的作用，我们平时免费的软件已经足够用了。

12.1.5 主力是怎么利用 T+1 规则“坑害”散户的

新手或还没进入股市的人一般都会觉得炒股简单——不就是低价买高价卖

吗？几万元钱一天赚个几百元很容易吧！但事实是这样吗？

进入市场一段时间后，你会发现，炒股没想象得那么简单。你有时虽然当天看对方向了，账面也盈利，但由于股市是 T+1，第二天才能卖出，第二天能不能在合适的位置卖出并不确定；有时你看错了，下跌舍不得止损，明明亏三五个点可以出来，最后变成深套五六成。

所以，T+1 这个制度不能让你完全自由地进出，当日看对看错并没有多大意义，第二天开盘才能看出你的判断是对是错，而第二天又要面临高开低开的问题，所以买卖股票最好还是往长远看，即使做短线，也尽量做有长线投资价值背书的股票，这样不容易在短线上吃亏。

12.2 股市各种诱惑陷阱，避开了就等于赚钱

陷阱与风险不同之处在于陷阱是运用不正当的手段人为制造的，目的是故意引诱投资者进入，从中谋取私利。本节主要介绍股市中常见的陷阱。

12.2.1 注意！这些都是虚假交易的套路

虚假交易，是操纵市场的行为之一，具体有以下四种。

（1）假装买卖：包括空报价格，不进行实际成交，自己既为买方又为卖方；或事先约定由甲卖给乙，事后乙再以原价返还，但不转移证券所有权。

（2）通谋买卖：即甲、乙双方以约定的价格一买一卖，反复炒作抬高股价，再真实地以高价卖出获利。

（3）假装买卖和通谋买卖的委托或受托：利用委托方和受托方进行假装买卖和通谋买卖来控制股价。

（4）虚假造势：对某种有价证券连续反复买进或卖出，以显示该种股票交易的活跃，造成疯涨的声势，诱使他人上当。

12.2.2 为什么股评家不可信

股评陷阱是指有一部分股评人士利欲熏心，为了达到某种目的错误地引导股

民。因此，股民在听股评时也要小心谨慎，不能完全相信，并时刻牢记自己才是真正做决断的人，股评人士只是提供参考意见，不会为股民的损失负责。

股评是股票行业中较为资深人士对股票进行的一种分析活动，其遍布各类财经媒体。

由于股民并非都对股票有深入研究，而股票的知识和需要分析的数据有很多，所以由专业人士做的股评是很多股民买卖股票的指引。对此，股民应注意以下内容。

（1）通过股评设置陷阱：由于股评专家在股民中有一定的影响力，所以主力和上市公司想方设法与一些所谓的专家进行合作，通过其股评设置骗局，引诱投资者按照其想法操作，最后达到非法盈利的目的。这类股评消息的危害是极大的，投资者对于股评消息，一定要谨慎，坚持独立思考。

（2）股评也只是预测：影响股市行情的因素复杂多变，股市本身的风险不可预测，任何股评专家对于股市的预测只是建立在某种理论分析上的可能性，并不能准确地预测股市走向，也不可避免会出现错误判断，而错误的判断被股民采用后将会造成十分严重的损失。

专家提醒：投资者应审慎客观地对待书籍中的观念、股评，不盲从、不迷信名家、不人云亦云，学会使用逆向思维，因为大多数人总是错的，掌握真理的永远只是少数人。

12.2.3 骗线陷阱，很多人都被坑过

大户利用股民迷信技术分析数据、图表的心理，故意抬拉、打压股指，致使技术图表形成一定线型，引诱股民大量买进或卖出，从而达到他们大发其财的目的。这种欺骗性造成的技术图表线型称为骗线。

主力在派发过程中，为了使其撤退过程更为顺利，经常会使用各种手段来吸引跟风盘，以便于自己全身而退。下面是主力派发时常用的骗线手法。

1. 假突破骗线

主力在图形上制造整理形态的向上突破，甚至还有价升量增的假象，但这种突破却是假突破，尤其在相对顶部阶段，其目的是吸引投资者跟进，如图 12-1 所示。通常这种强势并不能持续多久，几日后往往会出现冲高回落的走势，并同时放出巨大的成交量，这就意味着跳水动作的开始。如果投资者碰到这种情况，

应判断为假突破，并迅速离场。

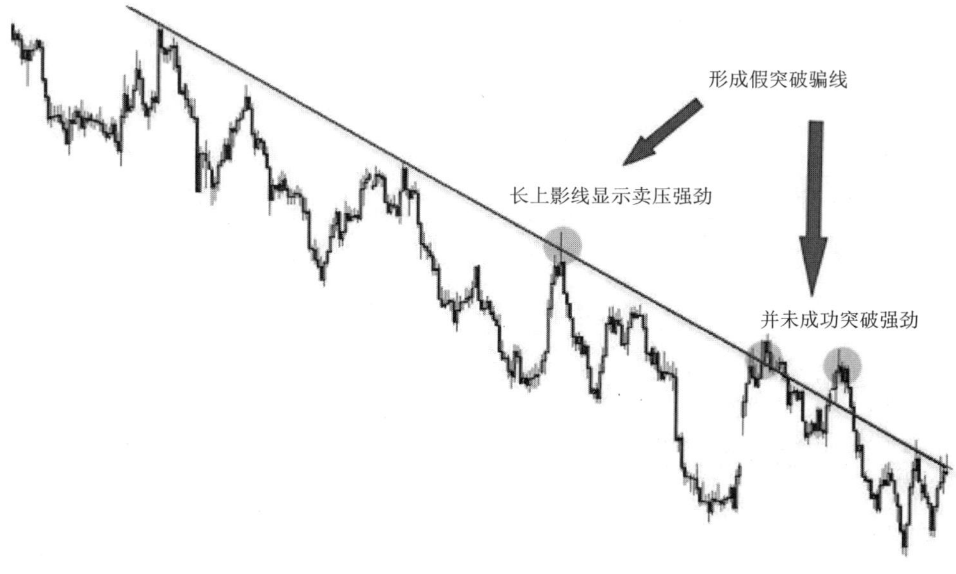

• 图 12-1 假突破骗线

2. 收盘价骗线

收盘价是指某只股票在证券交易所一天交易活动结束前最后一笔交易的成交价格。例如，散户看到某只股票某天一直是低开低走的，但到尾盘时突然高涨，使得 K 线图看上去非常有吸引力，借以吸引跟风盘。这通常是主力以小利来迷惑短线投资者，自己则趁机在震荡中出逃。

3. 拉尾市骗线

有些主力在整个交易日内都没有什么动作，而往往在邻近收市的几分钟内，主力却连续数笔大单将股价迅速推高，这种拉升称为拔苗助长式拉抬，一般来说，往往连续好几日都出现这样的拉抬，其目的是做收盘价，从而在日线图上制造出完美的技术图形。

多数股民主要都是通过 K 线和其他技术分析指标来分析判断股票的买卖时机，由此，很多股市操纵者就通过对股价和成交量的操纵，使技术分析图中呈现出一些表示虚假的买卖时机形态，就是通常所说的骗线。骗线的产生告诫投资者一定不要过分依赖技术分析指标，否则很容易上当受骗。

12.2.4 揭秘老鼠仓，原来我们的钱是这样被亏的

老鼠仓（Rat Trading）是一种无良经纪人对客户不忠的“食价”做法，如图 12-2 所示。具体指主力在用公有资金拉升股价之前，先用自己个人的资金在低位建仓，待用公有资金拉升到高位后个人仓位率先卖出获利。

• 图 12-2 老鼠仓

做主力本来是为了赚钱盈利的，但券商做主力很少有真正赚钱的，原因就在于券商把股票拉升后，大量底部埋藏的老鼠仓蜂拥出货，券商又在高位接盘。这样的结果就是券商亏损累累，老鼠仓赚得盆满钵满。这便是当今券商被掏空的主要形式。

“老鼠仓”的 K 线形态一般出现在股价即将拉升之际。而且在这种 K 线形成后的一段时间里，股价会表现出良好走势。老鼠仓的技术特征如表 12-2 所示。

表 12-2 老鼠仓的技术特征

技术特征	详情
出现背景	该上市公司并没有遭遇特大实质性利空，股价走势大多处于低位徘徊或温和上涨中，盘中的瞬间暴跌没有任何预兆。瞬间暴跌结束后股价迅速恢复原有走势，暴跌不会产生丝毫负面影响
形成时机	以全天最低价和全天均价（个股成交额 ÷ 个股成交量）相比，当最低价低于全天均价 10% 以上时，基本可以确认老鼠仓的 K 线基本形态成立
表现形式	老鼠仓 K 线的表现形式主要有两种：一种是长下影线，另一种是大幅跳低开盘形成的长阳线

12.2.5 内幕交易：不能说的秘密与不能越的红线

内幕交易是指在公司公开内部消息之前，通过不正当手段获取公司对股价有影响的内幕消息，并利用这些消息进行股票交易的行为，或者是泄露内幕信息，向他人提出买卖股票建议的行为。内幕交易的实质是利用不公平竞争手段达到非法获利的目的，违反了证券市场“公开、公平和公正”的原则，违反相关法规。

内幕消息在客观上是内幕人员利用内幕消息买卖证券，或者根据内幕消息建议他人买卖证券；是内幕人员向他人泄露内幕信息，使他人利用该信息进行内幕交易；是非内幕人员通过不正当手段或者其他途径获得内幕消息，并根据该信息买卖后建议他人买卖股票。内幕消息主要包括以下内容。

- 证券发行人订立了可能产生显著影响的重要合同。
- 持有发行人 5% 以上的发行在外的普通股的股东，其持有该股票的增减变化达到该股票对外发行总额的 2% 以上的事实。
- 可能对证券市场价格有显著影响的国家政策变化。
- 发行人未能偿还到期重大债务等违约的情况。
- 发行人生产经营环境发生重大变化。
- 发行人分红派息、增资扩股计划。
- 发行人进入破产、清算状态。
- 发行人发生重大债务。
- 发行人经营政策或者经营范围发生重大变化。
- 发行人发生重大的投资行为或购置金额较大的长期资产等行为。
- 发行人发生重大经营性或非经营性亏损。
- 发行人的收购或兼并、分立等。
- 发行人资产遭受重大损失。
- 发行人的董事长、30% 以上的董事或者总经理发生变动。
- 涉及发行人的重大诉讼事项。

12.2.6 不得不防，主力惯用的伎俩——空头陷阱

股价在低位区域突然出现向下突破的假象，比如突破长期均线的支撑，并伴随着各种利空消息。由于担心市场再次大跌，许多投资者在恐慌中卖出手中的股

票。但是，紧接着市场没有下跌反而上涨，一波牛市行情重新开始。

随着股价上涨，成交量也不断放大，股指突破重要的阻力线，这时可以将前面出现的向下突破的走势看作引诱空头做空（诱空）的陷阱，也就是空头陷阱。而在低点清仓或者不敢补仓的投资者，就成为空头陷阱的受骗者。判别空头陷阱可以从以下几个方面考虑，如表 12-3 所示。

表 12-3　判别空头陷阱的方法

方法	详情
了解宏观基本面	需要了解从根本上影响大盘的政治面因素和宏观基本面因素，分析是否有实质性利空，如果政策背景没有特别的实质性做空因素，或者是利空已基本出尽，由于市场跌幅过大，政策面已不断吹暖风，股价却继续暴跌，比较容易形成空头陷阱
了解市场心理	由于股市长时间下跌，会在市场中形成沉重的套牢盘，人气不断消耗，但往往是在市场人气低迷的时刻，股市反而能脱离真正的底部
技术形态	空头陷阱在 K 线走势上的特征往往是连续几根长阴线暴跌，贯穿各种强支撑位，有时甚至伴随向下跳空缺口，引发市场连锁恐慌情绪
成交量	空头陷阱随着股价的持续下跌，量能始终处于不规则萎缩之中，有时盘面上甚至会出现无量空跌或无量暴跌现象，个股成交十分不活跃，给投资者营造阴跌走势远无期限的气氛，而此时主力往往可以轻松逢低建仓

12.3 避免炒股误区，少走十年弯路

使用手机炒股毕竟是一种新型的理财方式，用户对此有许多误区是正常的。本节主要介绍在手机炒股中常见的误区，用户在这些误区中找到自己影子的同时，最重要的还是要早日走出误区。

12.3.1　价值投资里面没有止损的概念

止损和止盈的设置是非常重要的，很多投资者总是幻想在最低点买进，在最高点卖出，认识不清股场如战场，当破位时一定要止损。

投资者可以通过手机炒股软件中的预警功能来设置相应的止损和止盈位置，可以牢牢握住盈利的头寸，让盈利的头寸放开去盈，对错误的头寸要及时止损。

专家提醒：投资者必须要有一套交易和资金管理计划，在制订计划的时候，应该有入市价位和盈利目标。当投资者顺势交易时，只要是盈利的头寸，就应该持有，趋势不变，头寸不变。当市场价格走到重要的支撑位和阻力位的时候，要密切注意市场的动向，运用各种方法来分析研究市场是否有转势的征兆。若认为市场已经转势就应该止盈。

12.3.2 炒股 App 要越多越好

对于刚刚开始使用手机进行炒股的投资者来说，总是喜欢下载大量的炒股工具类 App，甚至一个 App 可以完成的工作偏偏要使用几个 App，以显示自己是手机炒股达人。这是完全错误的行为，手机下载过多的 App 会有产生很多不良后果，如表 12-4 所示。

表 12-4　手机下载过多 App 的不良后果

不良后果	详情
影响手机性能	App 安装得太多，占据的手机内存就越大（不是手机存储），手机的运行速度就越慢，会影响用户的操作体验
产生额外费用	随便下载 App，会让不良 App 浑水摸鱼，不但影响用户的正常使用，还可能让用户的手机产生额外费用
产生安全问题	许多手机 App 会追踪用户的一些隐私信息，如联系人、手机 ID 以及手机定位等，这就让病毒、木马程序可以趁虚而入，让用户的股票账户和资金账户等处于危险的境地

其实，许多手机 App 可以帮助投资者进行全方位的股票投资，例如同花顺、大智慧、腾讯自选股等，不仅可以添加自选股、查看资讯行情，还有走势分析、技术分析、止损止盈以及委托下单等功能。

12.3.3 盲目地只根据价格买便宜的股票

投资者为避免自己盲目地根据价格购买便宜股票，可以利用手机炒股软件的筛选功能，除了现价之外，还要利用涨幅、跌幅、换手率、振幅等因素来选择优质股，如图 12-3 所示。

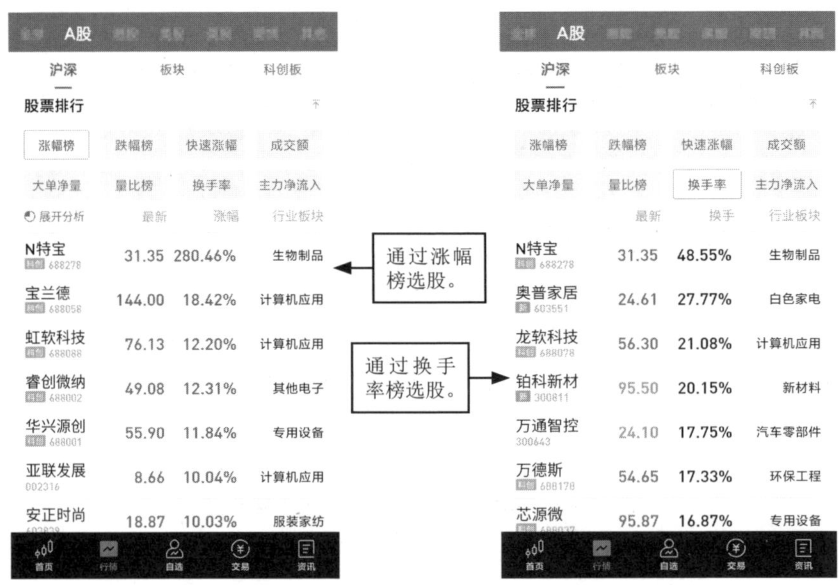

图 12-3　使用手机炒股软件选股

> **专家提醒**：俗话说：“不管 A 股、B 股，能赚钱就是好股。”如何选择一只好股票是投资者最迫切想要知道的。股票市场广阔且波动很大，没有固定的好股之说，对于不同的投资者，找到适合自己投资方式的股票是非常重要的。不管大盘下跌也好、上涨也罢，选股才是最重要的，选股不对你也很难挣到钱。

12.3.4　喜欢通过技术分析预测大盘走势

很多投资者喜欢通过技术分析“预测”股票价格。其实，对于技术分析，投资者要辩证地看待，将技术分析结果与实际走势相结合，顺势而为，尽可能地规避风险。

技术分析好学易懂，但难在会用，单靠技术分析很难取得持续的成功。有经验的股市老手，既使用技术分析，又不被技术分析束缚，更喜欢用简单的技术指标看盘，过于复杂的技术指标反而会弃之不用。

因此，除了技术分析之外，投资者还可以通过手机炒股软件分析研判宏观经济以及行业状况，如图 12-4 所示。全面掌握上市公司的基本面，看懂公司的财务报表。当然，要做到这些也并不容易，需要投资者下一番苦功夫。

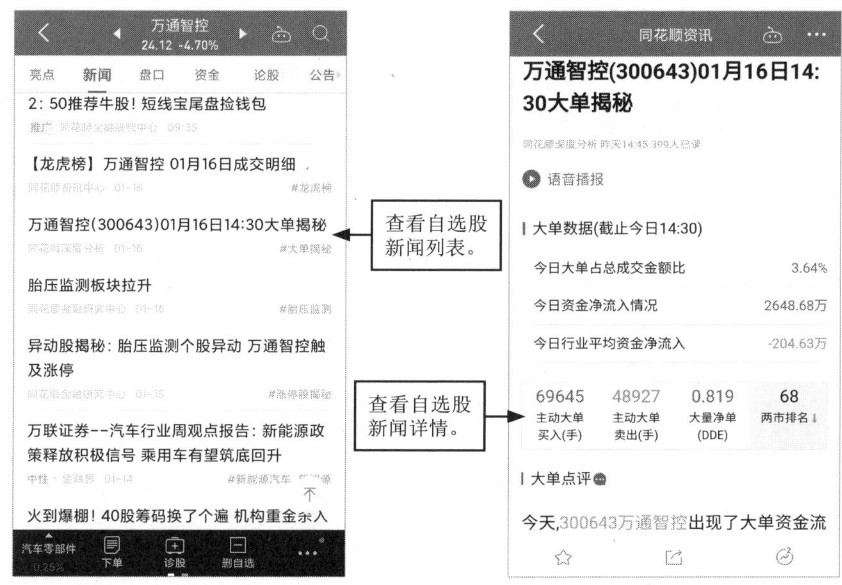

• 图 12-4　使用手机炒股软件分析个股基本面

> **专家提醒：**股价常根据一些特定经济指标、经济政策、全球经济形势、国内外突发事件等基本面宏观因素的起伏而变化，对这些因素的分析是判断股市当前行情以及选择一只好股票的主要依据。
>
> 基本面包含外交和政治、金融和经济、汇率和利率、国情和人气、社会需求和市场供给、经济周期和股市趋势、管理机构和上市公司、行业前景和产品结构、董事长和管理层、老与新和大与小、企业成长性和市场占有率、负债率和利润率、资源结构和市场容量等。要想全部了解和熟悉绝非易事，只有在平常边操作边学习，边学习边掌握，使得资本和学识、经验得到同步增长。

12.3.5　跟踪购买热门新票

通常在热门股票上涨前后 15 分钟左右的短时间就需要购买，当普通的投资者发现热门新股时，往往已经错过最好的购入时机。

通过手机炒股软件，即可快速查看新股资料并直接进行申购委托，如图 12-5 所示。另外，已开立资金账户但没有足够资金的投资者，必须在申购日之前（含该日），根据自己的申购量存入足额的申购资金；尚未开立资金账户的投资者，必须在申购日之前（含该日）开立资金账户，并根据申购量存入足额的申购资金。

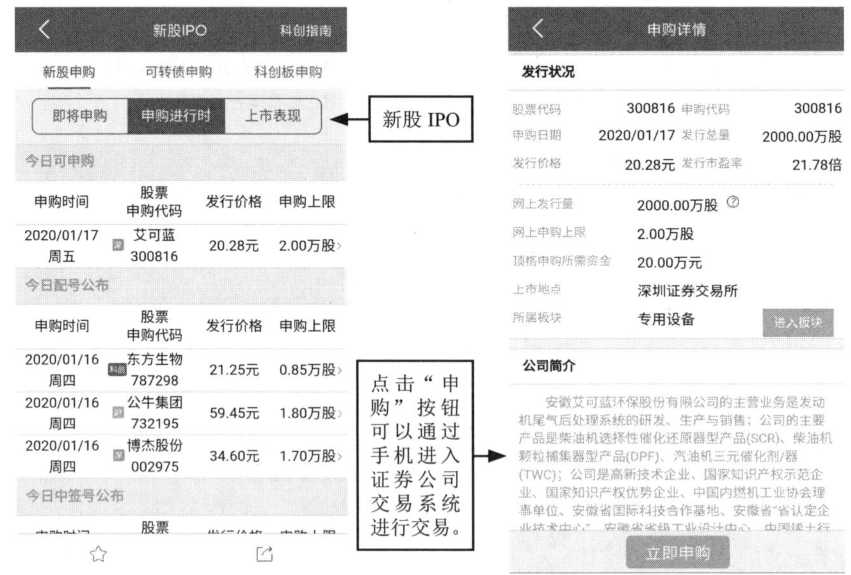

• 图 12-5　使用手机炒股软件快速申购新股

12.3.6　被套时，等解套后再卖

从技术上讲，等待深套的股票解套是不可取的，投资者不能被动地等待结果，积极采取措施才是正道。

1. 做好心理准备

投资者要有被套的心理准备，短期内股票不是上涨就是下跌，它们的概率各占 50%，所以被套很正常，不要有心理负担。

2. 止损解套法

面对股票下跌的情况，投资者在购买股票之前就要准备好应对的措施。如果是技术型投资者，可以设定相应的止损点位，到时候坚决执行就可以了。如果所买股票最后发现自己判断失误，那么就要马上止损卖出，即使跌了 50% 也并不妨碍再跌 50%。

3. 分批介入法

对于价值型投资者可以采取分批买入的策略，不要一次性满仓，这样股票下跌反而会降低投资成本，反而是一件好事。

4. 摊低成本法

如果对自己所买股票信心十足，也可以把其他估值过高的股票卖出，买入下跌较多的股票，但要注意股票的配置，单个股票最好不要超过总资金的 30%。不过，投资者无论怎样去摊薄成本，都要有较大的价差时再买入，至少应该达到 30% 左右，至于下跌 10% 左右去买入摊薄成本是没有什么意义的。

5. 等价换股法

如果投资者觉得自己的股票实在是没有什么机会了，就选一只与自己的股票价格差不多的，有机会上涨的股票来换，也就是等价（或基本等价）换入有上涨潜力的股票，让后面买入的股票上涨后的利润来抵消前面买入的股票因下跌而产生的亏损。

6. 加倍买入法

股票被套后，每跌一段，就加倍买入同一只股票，降低平均价格，这样等股票来一个反弹或上涨，就很容易解套出局。